TROUBADOUR

LA PROVENCE ... DOUZIÈME SIÈCLE,

DE

LA JEUNE FILLE DE LA VALLOUISE,

ORNÉS DE P... IS ET AIRS NOTÉS,

PAR

J.-C.-F. LADOUCETTE

Membre d'Académies ...çaises et étrangères.

SECONDE ÉDITION.

PARIS.
DAUVIN ET FONTAINE, LIBRAIRES,
PASSAGE DES PANORAMAS.

1843.

LE

TROUBADOUR

ou

LA PROVENCE AU DOUZIÈME SIÈCLE.

OUVRAGES DU MÊME AUTEUR

QUI SE TROUVENT CHEZ LES MÊMES LIBRAIRES.

Voyage dans le pays entre Meuse et Rhin; in-8° de 400 pages, avec cartes. . . . . 6 fr.

Topographie, histoire, antiquités, usages, dialectes des Hautes-Alpes; 1 gros volume in-8°, et atlas, deuxième édition. . , ... 8 fr.

Philoclès, imitation de Wieland, précédée d'une notice sur la vie et les ouvrages de ce littérateur (surnommé le Voltaire de l'Allemagne); 2 volumes in-8°, avec gravures, troisième édition. . . . . 6 fr.

Nouvelles, Contes, Apologues et Mélanges; 3 volumes in-12, chacun de 300 pages. . . . . 9 fr.

Helvétius a Voré, comédie en un acte, avec le portrait d'Helvétius, troisième édition. . . . . 2 fr.

Fables en vers, deuxième édition; 1 vol. in-8°. . . . . 5 fr.

Robert et Léontine, ou la Moselle au XVIe siècle, in-8°. . . . . . . 7 f. 50.

Imprimerie et lithographie de Félix MALTESTE et Comp., rue des Deux-Portes-Saint-Sauveur, n° 18.

LE
TROUBADOUR

ou

LA PROVENCE AU DOUZIÈME SIÈCLE,

SUIVI DE

LA JEUNE FILLE DE LA VALLOUISE,

ORNÉS DE PLANS ET AIRS NOTÉS,

PAR

J.-C.-F. LADOUCETTE

Membre de plusieurs Académies françaises et étrangères.

SECONDE ÉDITION.

PARIS.

DAUVIN ET FONTAINE, LIBRAIRES,

PASSAGE DES PANORAMAS.

—

1843.

AVANT-PROPOS.

Le tableau des mœurs de la Provence au douzième siècle, digne de l'attention des historiens et des philosophes, est curieux pour les gens du monde; je l'ai esquissé, en traçant la vie d'un troubadour né dans un village qui parait avoir dû son origine aux Romains, qui dépendit ensuite de cette province, et qui fait partie des Hautes-Alpes. C'est près de là qu'en 1804 j'ai découvert la ville de *Mons-Seleucus*, où se passent les premiers événemens que je vais décrire. Le souterrain du Mont-Viso, dont il est question dans mon récit, et que j'ai fait déblayer en 1805, se trouve dans le même département. La ville romaine et le monument ont été l'objet de notices dont j'ai fait hommage à l'Institut, et que je soumets de nouveau au public.

Mais attachons-nous particulièrement à Guillaume de Cabestaing.

Raymond de Miraval, poète de la fin du douzième siècle, a indiqué comme récente la mort de ce troubadour, et le fait a été confirmé, cent ans après, par Matfet-Ermengaud, de Beziers, dans le *Breviari d'amor*; il est parlé de cet événement tragique dans trois manuscrits, dont le plus récent est du quatorzième siècle. Le moine des Isles-d'Or, Hermentaire qui l'a copié, Hugues de Saint-Cesary, moine de Montmajour; ensuite, dit-on, Rostagny de Brignolles et Hilaire de Saint-Martin, religieux de St-Victor à Marseille, enfin, après ces cinq auteurs du quinzième siècle, Nostradamus, frère de l'astrologue et oncle de l'historien, n'ont pas oublié Cabestaing dans la vie des poètes provençaux. L'abbé Millot [*] avancé, d'après un manuscrit italien, que le château du comte Raymond était situé dans la province de Roussillon; et cette opinion a été

---

[*] Histoire littéraire des troubadours.

soutenue par M. Jaubert de Passa, qui réclame le poète pour les rives du Têt. On ne pourrait dire qu'il s'agit d'un Raymond, comte de Roussillon ; car le dernier d'entre eux se nommait Gérard, et mourut sans postérité en 1172, neuf années avant celle qu'on regarde comme l'époque de la fin déplorable de Guillaume. D'ailleurs Pétrarque, qui a longtemps habité près de la fontaine de Vaucluse, ayant d'un côté, à environ quinze lieues, le village de Cabestaing, et de l'autre, à une faible distance, celui de Roussillon, parle de « Guillaume qui consuma la fleur » de ses jours à chanter. » Il a probablement fourni des renseignemens à Boccace sur ses vers et les diverses circonstances de sa vie, lorsque l'auteur du Décameron fut envoyé par les Florentins, pour engager l'illustre amant de Laure à venir honorer sa patrie de sa présence. Ainsi, lorsque Boccace a consacré la onzième nouvelle de sa quatrième journée à Guillaume de Cabestaing, les mots par lesquels il la commence : *Ce qu'on raconte en Provence,* démontrent que les aventures de ce troubadour y étaient de croyance vulgaire. Mirabeau, qui a traduit Boccace, dit for-

mellement : « Guillaume Cabestaing était un no-
» ble troubadour, né en Provence. » Et dans ses
Dialogues des Morts, Fontenelle lui donne la même
patrie. Ginguené (*Histoire Littéraire d'Italie*) s'exprime ainsi : « La nouvelle de Guillaume est évi-
» demment tirée du provençal.... Boccace s'est
» tenu attaché à la tradition, telle qu'elle se trou-
» vait dans les vieux manuscrits provençaux, et
» que Mammi l'a imprimée dans son *Istor del*
» *Decam.*, page 506. » Enfin, Papon * place en
Provence le lieu de la scène.

Nostradamus attribue à l'amante de Cabestaing
le nom de Tricline Carbonel. Ce nom et celui
de Cardonel sont connus en Provence et même à
Roussillon, où se trouvait le domaine de la Carbonelle. Bertrand de Carbonel a été troubadour.
D'après Papon et Millot, notre héroïne s'appelait
Marguerite de Tarascon ; Bouche hésite entre les
deux noms. Nostradamus parle du philtre donné
par Bérangère de Baux, qui appartenait à une illustre famille, éteinte dans le quinzième siècle, famille tellement ennemie des rois d'Aragon,

---

* Histoire de Provence.

qu'elle n'aurait pas été vivre à leur cour, dans l'espoir qu'elle conservait de voir la Provence échapper à leur joug, et peut-être porter le sceptre dans sa propre maison. Ces divers auteurs racontent la fin de Guillaume à peu près avec les mêmes circonstances.

Non loin de la ville d'Apt, le village de Roussillon existe encore, et Millin a passé auprès des débris de son château, l'un des plus anciens de la Provence. Ces vestiges maintenant se devinent plutôt qu'ils ne se découvrent; ils annoncent des murs d'enceinte qui devaient être considérables, et leur épaisseur indique que le château était fortifié comme tous ceux de l'époque. On y jouissait d'un très beau point de vue; il dominait le village, bâti sur les flancs d'une colline, dans un large bassin, formé par la montagne de Luberon et la chaîne de celles d'où jaillissent les eaux de la fontaine de Vaucluse. Cette colline, assez élevée, a des pentes abruptes et sauvages. Sa formation géologique est d'ocre rouge et jaune, surtout du premier. De loin, cette couleur ardente produit d'autant plus d'effet, qu'à peine y aperçoit-on quelques touffes de thym et de lavande. A cette teinte rouge participent les maisons, les hommes et les animaux. L'ocre, incessamment soulevé en poussière extrêmement fine par les vents impétueux qui règnent une partie de l'année en Provence, retombe sur tous les objets, et cette circonstance n'est pas étrangère au nom que porte la localité. Ne peut-on pas dire que ce nom a sans doute induit en erreur des écrivains qui auront confondu la province de Roussillon avec le village de la Provence?

Il paraît, par les détails qu'ont produits MM. Jaubert de Passa et Henry, que le Roussillon renferme la plupart des noms de lieux et de personnes dont j'ai parlé dans mon ouvrage. Cette homonymie, vraiment singulière, ne détruit pas les témoignages que j'ai cités à l'appui de ma version. Au reste, des recherches opérées dans la chapelle et la cave du château de Roussillon, en 1759 et dix ans après, y ont fait retrouver une terre noirâtre et des ossemens; Boccace a dit et la tradition annonce que les amans y avaient été enterrés. Bouche reconnaît qu'elle avait conservé le souvenir de la fin désastreuse de la châtelaine, et l'on ne verra pas sans intérêt qu'on se rappelle encore de terribles circonstances à Roussillon et dans le village de Vienne, qui en est voisin.

J'ai puisé quelques traits dans la *Vie privée des Français*, par Legrand-d'Aussy; dans le *Voyage* de Millin, dans les *Mémoires* de Fauris de Saint-Vincent, dans l'excellent écrit de Raynouard sur les troubadours et les Cours d'amour. J'ai emprunté dans les couplets des pensées ou expressions à Cabestaing et à plusieurs de ses contemporains. On trouvera à la fin de l'ouvrage ce qui reste de ses poésies.

Le roman provençal est suivi d'une nouvelle dauphinoise, *la jeune Fille de la Vallouise*, dont la première édition a obtenu quelque succès; les lieux et les mœurs de ce pays remarquable sont décrits avec une extrême fidélité.

LE TROUBADOUR,

OU

GUILLAUME ET MARGUERITE,

HISTOIRE PROVENÇALE.

CHAPITRE PREMIER.

Origine, premières années de Guillaume.

> Le jeune homme. . . . .
> Aime le champ de Mars, les coursiers et les jeux,
> Est vain, facile au mal, rétif à la censure,
> Imprévoyant, léger, prodigue sans mesure.
> HORACE, *traduction du comte Daru.*

J'entends les romanciers et même les historiens s'écrier : « O le bon temps que celui d'Alphonse Ier, roi d'Aragon et comte de Provence ! Comme les chevaliers aimaient sincèrement les dames, et se trouvaient payés d'un juste retour ! Comme les troubadours célébraient les exploits des uns et les charmes des autres ! Sous le ciel pur qui se réfléchit dans les eaux impétueuses du Rhône et de la Durance, se succédaient rapidement les tournois, les carrousels, les fêtes galantes à la cour et à la ville ; les chants, les danses et les jeux animaient le hameau le plus solitaire ! L'âge d'or renaissait-il en ces lieux enchantés ? Il est permis d'en douter, et l'on ne se dissimulera pas au moins que des traits obscurs viennent rembrunir le tableau. N'hésitons pas à signaler quelques unes des contradictions qui existaient dans la société du moyen-âge. Voyez ces confrères que rassemble l'esprit de pénitence ; ils marchent, revêtus de sacs dont la couleur est blanche, bleue, noire, ou grise ; ils portent sur la poitrine l'effigie de la mère du Sauveur ; et le soir, ils vont sacrifier sur les autels de ces idoles qu'on adorait à Naxos et à Cythère ! Les mourans, au nom d'un Dieu de paix, enrichissent les communautés religieuses des biens dont ils se sont rendus maîtres par violence ; les chevaliers leur lèguent ce qu'ils ont de plus précieux, les chevaux et les armes ; elles possèdent presque la moitié de la Provence. Tout-à-coup, on voit arriver des bandes de Sarrasins, qui pillent les monastères et qui réduisent les moines à l'esclavage ; punition terrible des dissensions qui régnaient dans l'enceinte sacrée ! On court dans la Palestine, et on laisse les pirates dévaster le golfe de Lion et le littoral de la Méditerranée. On prend parti pour les Génois, on est attaqué par les Pisans. Des villes, des communes inférieures rétablissent une administration municipale; plusieurs, comme Arles et Grasse, se contentent de payer un tribut au comte de Provence; mais le régime féodal étend encore son sceptre de plomb sur la plupart des villages. Il faut quitter les champs où la charrue reste inactive, abandonner l'épouse malade ou infirme, le père au bord du tombeau pour suivre le seigneur au combat. Si les guerres ne durent que deux mois, les gens armés, qui vivent à leurs propres dépens, ou qu'entretiennent mal les communes, mettent le pays à contribution. Le suzerain traite avec éclat les chevaliers, les dames et les poètes; quand il est ruiné, il aposte sur les routes des satellites, et lui-même quelquefois se met à leur tête, pour dévaliser les marchands.

Ces contrastes de la vie humaine nous conduiraient à un traité de politique, ou du moins de morale et de philologie. Ne vaut-il pas mieux nous borner à l'histoire d'un troubadour et de celle qui occupe toutes ses pensées ? En observant les mœurs et les usages du douzième siècle, vous apprendrez quels furent les attraits de Marguerite, vous entendrez les chants de Guillaume; vous pourrez vous attendrir avec ces amans.

Mais il faut reprendre les choses d'un peu plus haut. L'art des origines n'est pas sans mérite. Nous aurons l'air de faire de l'érudition; on nous croira peut-être savans sur parole, ainsi que cela est arrivé à bien d'autres, et nous obtiendrons ainsi un certain relief en France, ou plutôt à l'étranger, qui se trompe bien souvent sur nos renommées littéraires. Apprenez donc, cher lecteur, que les Romains avaient fondé chez les Voconces une ville nommée *Mons-Seleucus*, à la jonction des voies de Milan et d'Arles à Vienne, dans une sorte de presqu'île entre des rivières et des ruisseaux. Magnence y fut vaincu par les lieutenans de Constance, le 11 août 353. (Remarquez l'exactitude de nos citations.) Depuis sa défaite, on ne le traite que d'usurpateur; malheur aux vaincus!

A peu de distance de cette ville, dans un lieu dit le Pas de la Ruelle, un éboulement de rochers ayant intercepté le cours du Buëch, ce torrent s'est rejeté sur la Malaise, et leurs eaux réunies, refluant sur Mons-Seleucus, y ont formé un lac. La colonie romaine, forcée de fuir et s'étant divisée en deux parties, la première se retira sur la pente de la montagne, dans une espèce de fort naturel, que l'on appela *Bastida Montis Seleuci*, et qu'on connaît maintenant sous le nom de la Bâtie Mont-Saléon. L'autre partie, à plus d'une lieue de là, construisit à la tête du lac un village qui en prit sa dénomination, *Caput Stagni*, tête de l'étang, et qui, dans le moyen-âge, fut appelé Capestaing ou Cabestaing; c'est de nos jours Chabestan.

Vous m'interrompez pour me demander de quelle utilité sont tous ces détails, et même ces mots latins qui doivent effaroucher le beau sexe. Encore quelques lignes et vous serez au courant.

Servirius, l'un des principaux habitans qui se réfugièrent à Cabestaing, appartenait à la tribu de *Voltinia*, l'une des plus anciennes et des plus illustres parmi les Romains ; cette tribu était fort répandue dans leur province. La famille Servirius éprouva beaucoup de vicissitudes. Son dernier rejeton, homme libre, n'avait jamais eu de serfs parmi ses parens ; il présidait le corps des municipes, successeurs des décurions. On l'appelait communément, non pas du nom de Servières, par lequel on avait traduit Servirius en langue romane, mais de celui de Cabestaing, dénomination de son village. A l'âge de cinquante ans, il eut un fils dont les traits réguliers, le nez aquilin, les yeux noirs et brillans, l'esprit ouvert et la grace facile, firent bientôt croire au brave homme que sa maison allait reprendre une nouvelle splendeur. Il donna à cet enfant le prénom de Guillaume, en mémoire du preux de Charlemagne, sous lequel un de ses aïeux s'était signalé, lorsqu'on chassa de la ville d'Orange les Sarrasins.

Guillaume reçut de son père une éducation robuste ; à seize ans on le voyait lancer des flèches avec un arc, des pierres avec la fronde ; s'exercer à la lutte et au pugilat ; sauter tout armé sur un cheval ; couper un arbre en deux d'un seul coup de coignée ; endurer la faim, la soif, la fatigue ; se couvrir d'un long manteau en été, d'une cotte simple en hiver. Si l'on représentait à Cabestaing la bataille de Magnence, ou des combats contre les Sarrasins, Guillaume se distinguait toujours, soit qu'il s'agît de s'emparer de la montagne d'Arambre, ou de forcer la tour d'Oze, soit qu'il fallût défendre le pont de Laric ou franchir les torrens. Hâtons-nous aussi d'avouer que le petit espiègle mangeait tous les plus beaux fruits de ses voisins; il tuait leur gibier; il battait leurs enfans s'ils ne voulaient pas être de ses jeux; il commençait à trouver leurs filles jolies, et sa mère craignait parfois qu'il ne devînt un mauvais sujet. Mais le ciel, qui dispose de tout dans ce monde, avait décidé autrement du sort de Guillaume.

CHAPITRE II.

Ville romaine. — Rencontre du troubadour Olivier.

> De toutes parts s'élèvent des édifices respectables par leur ancienneté ou par leur élégance.
> L'abbé Barthélemy, *Voyage du jeune Anacharsis.*

> Leur profession (des troubadours) eut bientôt tant d'éclat et d'avantage ; les femmes, toujours sensibles à la louange, traitèrent si bien ceux qui la dispensèrent, que des souverains se glorifièrent du titre et même du métier de troubadour.
> La Harpe, *Cours de Littérature.*

Un jour, s'étant promené sur le sol de Mons-Seleucus, parcourant les divers édifices, marchant au milieu des scories de fer et d'autres métaux, le jeune homme s'était amusé avec sa bêche à chercher des inscriptions, des médailles, de précieux débris des temps qui ne sont plus. Assis sur les ruines d'un autel antique, il venait d'y découvrir le couteau d'un sacrificateur et l'entrée d'un souterrain qui conduisait à la rivière le sang des victimes. Il se levait pour compter les colonnes qui restaient du palais romain, lorsqu'il vit paraître un homme d'un âge mûr, la tête couverte d'un chaperon brun, et vêtu d'une tunique noire, sur laquelle flottait un manteau orné de bandes de diverses couleurs. L'étranger tenait à la main une guitare, qui lui servit à accompagner des chants, avec un art inconnu dans la contrée :

La faux du temps brisa ces remparts, ces portiques,
Des poètes romains fit cesser les concerts,
Frappa les légions qui, des champs italiques,
Ont donné dans ces lieux un maître à l'univers.

Qui pourrait des rivages sombres,
Malgré l'inflexible Pluton,
Rappeler ces sublimes ombres
Dont Clio doit chanter le nom ?

Mais le pouvoir des dieux n'est plus qu'un vain emblème.
Respectons les décrets de notre Créateur ;
Il montre le néant de la grandeur suprême,
Pour élever nos yeux vers l'éternel bonheur.

Ayant écouté les chants du poète avec une attention toujours croissante, Guillaume croyait encore les entendre lorsqu'ils avaient déjà cessé. Emporté par son nouvel enthousiasme, il s'approcha du troubadour, et lui offrant ses services : « Le comte de Laric est absent, lui dit-il, sans quoi je m'empresserais de vous conduire auprès de ce digne seigneur. — Vous le connaissez particulièrement, mon bel ami ? — Oui-dà, c'est lui qui a renouvelé dans la personne de mon père la noblesse de notre famille.

Lorsqu'il apprit ma naissance, il donna à mes parens un baiser ; c'est là un honneur que les suzerains font rarement à leurs vassaux. Il m'a tenu sur les fonts de baptême. Monsieur le comte vous accueillerait sans doute avec un grand plaisir ; mais, en vaillant chevalier, il est parti avec ses amis pour la Terre-Sainte, après avoir, suivant l'usage, fait son testament et partagé ses enfans entre les personnes de sa famille. Consentez à m'accompagner sous le toit de mon père ; quelque modeste que soit cette habitation, j'espère que vous n'y éprouverez pas d'ennui. » Le troubadour répondit en souriant : « J'accepte ta proposition ; mais il faut que tu m'aides à emporter quelques richesses des ruines de ta ville romaine. Regarde ce groupe en marbre blanc, de la religion de Mithra ; il a pour objet l'adoration du soleil. Voilà Arion sur le dauphin à qui l'on dut la conservation des jours de ce grand poète. Sur ce jade verdâtre, Apollon, le dieu des troubadours, jette ses regards au ciel, et, d'une main, tient sa lyre. Cette pâte de verre présente, avec un beau style grec, Persée, qui coupe la tête de Méduse. N'oublions pas Mercure, le dieu de l'éloquence. Ton père me procurera les moyens d'envoyer dans ma demeure ces nouveaux pénates. Mais marchons, jeune homme ; il me paraît que tu aimes à t'instruire ; charmons par nos discours le chemin qui nous reste à faire. Olivier est prêt à répondre à toutes tes questions.

—Puisque vous m'en donnez permission, dit Guillaume, je voudrais bien savoir ce que c'est que les troubadours.

— Trouver, inventer, voilà notre devise, voilà l'origine de notre nom. En Provence, nous sommes des troubadours, et des trouvères ou trovères en Picardie, en Flandre, en Normandie. Cette noble association, à laquelle on doit la renaissance des lettres en Occident, embrasse toute la France, une partie de l'Espagne et de l'Italie; les *minnesinger* commencent à nous imiter en Allemagne; nous remplaçons les scaldes des bords de la Baltique, les bardes de la Gaule, de la Bretagne, de la Germanie; nous nous enrichissons du génie des poètes latins et de l'esprit vif des Arabes. Que dis-je? nous remontons jusques à Homère; ce rapsode illustre, le père des troubadours, allait déjà redire partout ses vers. — Je n'avais pas encore ouï parler de lui dans mon village. Mais quel est le genre de vos poésies? — Mon ami, ce sont des sirventes, discours qu'aiguise parfois l'esprit de la satire; des tensons ou jeux-partis dans lesquels on discute des questions délicates; ce sont des partimens spirituels, les aubades du point du jour et les nocturnes sérénades, des pastourelles qui offrent les tableaux rians de la campagne, des descorts sur les événemens du siècle, des lais qui expriment la douleur, des fabliaux et des novelles, inspirés par le sentiment ou la gaîté; des chansons dictées par l'amour, souvent par les graces, mais à l'aide desquelles on fait quelquefois fermer l'oreille à la pudeur.—Est-ce que de grands personnages s'honorent maintenant du nom de troubadours? — Je te citerai, entre autres, le duc d'Aquitaine, le dauphin d'Auvergne, l'évêque de Clermont, Richard qui sera, je le parie, surnommé *Cœur-de-lion*, et le plus chéri de tous, le roi Alphonse, comte de notre Provence. Des femmes brillent dans nos rangs, telles que la comtesse de Die, Azalaïs de Porcairagues, l'avenante Tiberge de Séranon, la tendre Lombarda de Toulouse. — Vous avez auprès de vous des jongleurs? demanda Guillaume en rougissant. »

Olivier jeta sur le jeune homme un regard scrutateur, et il continua de la sorte : « Ce que les écuyers sont aux chevaliers, les jongleurs le sont aux troubadours. Ils chantent ce que nous composons, et s'accompagnent des cymbales ou du tambour, manient la manicarde et la guitare, jouent, soit de la harpe, soit du psaltérion. Il en est qui font retentir les grelots. Les jongleurs sont chargés de nos messages; parfois on les a employés pour les intérêts du cœur, et, à défaut de troubadours, pour les négociations de la politique. — Y a-t-il plusieurs sortes de jongleurs? — Sans doute. Je sais qu'en Provence on s'obstine à confondre leurs diverses espèces. On a tort; elles reçoivent en Espagne des noms particuliers. Si l'on appelle jongleurs ceux qui imitent le chant des oiseaux, qui font danser des animaux dans les rues et dans les carrefours, qui jettent ou retiennent des pommes sur leurs couteaux, ou qui dans les châteaux vont singer les baladins, je prévois le temps éloigné, je l'espère, où on les prendra tous pour des charlatans; heureusement, le vrai jongleur est recherché par toutes les classes de la société; souvent à son tour il compose, et parvient à devenir un troubadour.» En s'entretenant de la sorte, ils arrivent à la maison de Cabestaing. Guillaume était rêveur; il commençait à croire qu'il avait jusqu'alors perdu son temps, et le feu du génie s'allumait dans son ame.

CHAPITRE III.

Olivier chez le père de Guillaume. — Départ du jeune homme.

> Venez prendre un peu de repos dans ma cabane, qui n'est pas loin d'ici.
> BERNARDIN DE SAINT-PIERRE, *les Gaules*.

> Cette surabondance de vie, source de la force et de la santé, ne pouvant plus être contenue au dedans, cherche à se répandre au dehors.
> BUFFON.

Le voyageur fut reçu avec tout le respect dû à son talent, et avec une cordialité qui prouvait la joyeuse humeur ou le bon cœur de ses hôtes. Tandis que Valérie, mère de Guillaume, préparait le souper, Cabestaing alla chercher du vin de Letret, renfermé dans une amphore de Mons-Seleucus, et que l'on but dans des coupes en poterie fine et d'un rouge brillant, qui venaient aussi de la ville romaine. « Le troubadour Horace aurait aimé ce bon vin, dit Olivier; pourquoi les nymphes du Mont-Viso n'ont-elles pas à servir un aussi doux nectar à ceux qui vont les visiter ? — J'ai ouï parler, dit Cabestaing, d'un souterrain qu'on a percé dans le roc du Viso. — Sa longueur est de trois cents pieds, répondit Olivier, et sa construction remonte à des temps inconnus. J'avais gravi la montagne, à mon retour d'Italie ; avant de pénétrer dans ce pertuis célèbre, je m'assis un moment ; et de quel spectacle magnifique je fus témoin ! C'est bien de ce point-là qu'Annibal a pu montrer à ses soldats cinquante lieues de la riche contrée dont il leur promettait la conquête. Comme la marche m'avait altéré, je puisai dans le creux de ma main à la source du Pô une eau bien fraîche sans doute ; mais alors j'aurais mieux aimé que le dieu du fleuve versât de son urne le jus divin de la treille. J'aurais été plus disposé à prendre part à la scène qui se développa sous mes yeux, lorsque, sorti du souterrain, je descendis vers la France. — Mon cher troubadour, vous piquez notre curiosité. — Je puis la satisfaire. La nuit venait de me surprendre, et je voyais successivement s'éclairer çà et là des points qui me parurent être des villages, des hameaux, des habitations éparses. Bientôt, de chacun de ces lieux sortirent des gens, qui, tenant de longues torches en main, sautaient et couraient avec des mouvemens et des circonvolutions assez étranges. Plus je m'avançais vers la plaine, plus s'offraient à mes regards des bandes aussi tumultueuses que celles des bacchantes de Thrace. Bientôt j'entendis distinctement chanter ce refrain :

Adiou paure, adiou paura,
Adiou paura carnava ;
Las merlucha sont trop chara,
Et las truffa à bon marcha.

» Arrivé au village, l'on me fit entrer dans une maison où j'appris que tous les ans on célébrait, par des usages renouvelés du paganisme, le premier dimanche de carême, qui est celui des *brandons*. Au bout d'un bâton de six à sept pieds, on attache de la paille, et l'on parcourt les chemins, après avoir mis le feu à ces torches, que l'on appelle *des cargues*.

» J'avais déjà remarqué un pareil usage, le premier jour de mai, dans la Souabe, dont les habitans superstitieux croient ainsi éloigner les sorcières qui voltigent dans l'air, comme des chauves-souris, prêtes à jeter un sort sur le bétail. — Grand Dieu ! interrompit Valérie ; parlez, à voix basse, de chose aussi dangereuse, ou plutôt, contez-nous tous les détails de votre visite au village qui avoisine le mont Viso. — Dans la chaumière où je m'arrêtai, le fils était bien triste ; l'on disait que sa maîtresse l'avait disgracié, et les garçons traçaient sur les murs une ligne noire depuis sa maison jusqu'à celle de la jeune fille. Naturellement un poète est le défenseur des amans ; j'allai voir celle qu'on accusait d'avoir rompu de tendres liens ; on m'introduisit dans une étable où, livrée à des soins vulgaires, elle découpait, avec un *tarouiro*, du pain qui avait eu deux cuissons, et qu'on gardait depuis plus d'une année ; sa mère, tenant un cierge qu'on avait bénit et porté en procession, le jour de la Chandeleur, s'en servait pour faire sur chaque mouton le signe de croix qui devait le préserver de toute maladie.

» Je parlai du désespoir de l'amoureux; la rougeur qui couvrit le front de la bergère me parut d'un favorable augure; je fis briller aux yeux de la mère quelques pièces d'or que m'avait données le sire de Saluces ; je les consacrai de grand cœur à une union qui eut lieu dès le lendemain. — Buvons à cette bonne action, s'écria Cabestaing » et il mêla dans le vin de l'Etret le miel de Ribiers et les épices de l'Inde, qu'un marchand avait apportées de Marseille; en réunissant la force à la douceur et au parfum, il composa ainsi une liqueur que nos pères regardaient comme voluptueuse. Le souper, quoiqu'il fût au reste assez frugal, dura longtemps. Avant de se retirer, on pria le poète de chanter suivant la coutume ; et puisqu'il paraissait content de la réception qu'on lui avait faite, la mère de Guillaume témoigna le désir d'entendre le récit de l'aventure la plus remarquable de la vie d'Olivier. Le troubadour montra de la surprise, de l'émotion, même quelque incertitude; mais il respectait trop les droits de l'hospitalité pour se refuser à la demande de Valérie; il accorda sa guitare et chanta les trois couplets suivans :

> Je vis la belle Corisandre,
> Et j'osai la prier d'amour.
> « Ton cœur, dit-elle, ô troubadour,
> A me plaire ne peut prétendre.

On ne vante point tes succès ;
Ta main n'offre aucune couronne.
Le bonheur n'a pour moi d'attraits
Qu'autant que la gloire le donne. »

Olivier parcourt les provinces ;
Il triomphe de ses rivaux ;
Sa lyre chante les héros,
Les nobles dames et les princes.
Il revient : « Galant chevalier,
Je cède à tes vœux, lui dit-elle,
Si tu peux nous associer
D'amans une troupe fidèle. »

A ce caprice il faut me rendre ;
J'appelle à moi tous les amans ;
Et déjà cent couples constans
Me suivent près de Corisandre.
Vain espoir ! Son perfide cœur
Demeure insensible à ma peine....
Vingt ans pèsent sur ma douleur ;
La mort a frappé l'inhumaine.

A ces mots, les yeux d'Olivier se mouillèrent de larmes, et un long soupir qu'il ne put étouffer fut un nouveau gage de sa douleur. Valérie reconnut qu'elle avait été indiscrète en rouvrant une blessure mal cicatrisée, et qu'il était temps de terminer cet entretien. « Noble troubadour, dit-elle, nous prêterions l'oreille à vos accens jusqu'au retour de l'aurore ; mais il faut songer qu'arrivé aujourd'hui de Gap, ayant parcouru toute l'étendue de notre plaine, vous devez avoir besoin de quelque repos. Mon fils, allume cette torche de bois résineux, et va conduire notre hôte dans le cabinet qui lui est destiné. Vous êtes habitué sans doute à une lumière plus éclatante. — Vous plaisantez, s'écria le poète ; c'était celle des temps héroïques de la Grèce. » Après de mutuels complimens, on se sépara, et Olivier serra affectueusement la main de Guillaume. Celui-ci avait cédé sa couche à son nouvel ami, et il s'étendit sur un lit de bruyère, de feuilles et de tiges de fleurs ; mais cette fois il ne put dormir ; il se représentait sans cesse les détails de cette journée, qui devait influer sur toute sa vie.

Le troubadour se leva de très bonne heure. En ouvrant sa croisée, et en saluant l'astre du jour, ses regards se portèrent sur les lieux, maintenant silencieux, où une nombreuse population s'était jadis agitée, et qui avaient été le théâtre de mémorables événemens. L'histoire, la religion, les lois de ces temps anciens n'étaient plus connus d'aucun des habitans de la contrée. Olivier se reportait aux poètes romains qui avaient immortalisé leur siècle, et dont les écrits offraient plus de durée que le marbre et l'airain. Il se livrait au cours de ces idées, en allant rejoindre ses hôtes, et il trouva Valérie qui avait déjà trait son petit troupeau. Le lait était déposé sur la table dans une jatte romaine, où l'on avait jeté de la pâte de lozans ; un quartier de chevreau, du pain d'orge, qui avait pris le goût des plantes aromatiques avec lesquelles on avait chauffé le four, de grosses raves cuites sous la cendre, quelques fruits un peu acides, et des noix confites, réservées pour les grands jours, formaient le déjeûner ; on n'avait eu garde d'oublier les coupes, et l'amphore, que l'on eut à remplir une seconde fois. Olivier, à la fin du repas, porta la santé de cette intéressante famille, et lui souhaita toutes sortes de prospérités, en se promettant le plaisir de la revoir un jour. Guillaume se leva précipitamment; il courut à sa guitare, et l'on crut qu'il allait la présenter au troubadour. Mais après avoir répété l'air d'une aubade que ce dernier avait fait entendre le matin même, le jeune homme chanta, à la grande surprise de ses parens et d'Olivier :

> Enfant, je suivais la bannière
> De l'ignorance et de l'erreur ;
> Mais je sens palpiter mon cœur,
> Mes yeux s'ouvrent à la lumière.
>
> Des poètes et des guerriers
> Le sang circule dans mes veines.
> Douce espérance, tu m'entraînes
> Vers de plus glorieux sentiers.
>
> Vous à qui je dois l'existence,
> Soutenez mes naissans transports ;
> De mon luth les premiers accords
> Sont ceux de la reconnaissance.

Valérie et Cabestaing embrassèrent Guillaume, et le conduisirent en silence vers Olivier. « Je vous comprends, s'écria le poète, et je me chargerai volontiers du soin de diriger les premiers pas de mon jeune ami. Je vous jure de ne le quitter que lorsque, élevé au-dessus des jongleurs, il s'assoira dans les rangs des meilleurs troubadours. »

Valérie alla préparer le trousseau de Guillaume, et ce bagage remplissait à peine une petite valise. La bonne dame attacha au cou de son fils une croix de cristal de roche des Hautes-Alpes, sur laquelle elle avait prié pour lui à l'heure de sa naissance. Pour Cabestaing, il présenta une épée à Guillaume, et lui dit : « Ce glaive appartenait au chef de la tribu Voltinia ; il passa chez nous de père en fils avec honneur, et je veux te le ceindre aujourd'hui ; tu seras constamment un modèle de valeur et de générosité ! »

On se mit en marche. Valérie saisit le moment de parler ainsi tout bas à son fils : « Mon cher Guillaume, ta valise renferme dans une escarcelle les petites économies que j'ai faites depuis dix-huit ans ; je voudrais avoir pu en réunir davantage. Pense souvent à nous, mon ami ; nous serons sans cesse occupés de toi. Graces à ta bonne conduite, je me glorifierai du jour où je t'ai donné la vie. Mais prends garde aux méchans, il y en a tant dans le monde ! Défie-toi de la sensibilité de ton cœur ! Si tu le sens battre à l'aspect d'une belle, songe que pour le mariage il faut beaucoup d'argent dans ce siècle de fer ; et malheureusement nous sommes pauvres ! Fuis à l'instant celle que tu trouverais trop aimable ; c'est le seul moyen de te conserver la paix et la liberté. » Ces conseils allèrent droit au cœur du jeune homme ; on peut se reposer sur une mère du soin de les donner à propos. Étant arrivé à la ville romaine, ce fut sur l'autel, éclairé par les rayons du soleil, que Guillaume, agenouillé, reçut la bénédiction paternelle. Il s'éloigna lentement, et avant de s'enfoncer dans les rochers, il se retourna vers les auteurs de ses jours; il les vit encore sur l'autel, les mains levées au ciel; il tendit les siennes vers Valérie et Cabestaing; puis s'adressant à Olivier qui paraissait ému : « Je vais, dit-il, suivre partout mon second père. »

CHAPITRE IV.

Voyage. — Amphithéâtre d'Arles. — Rencontre.

> Quel spectacle pompeux orne ce bord tranquille !
> J.-B. ROUSSEAU.

Nos voyageurs passèrent au milieu d'antiques tombeaux devant la ville de Serres, adossée à une montagne; une rue y domine l'autre dont le dernier étage devient ainsi le rez-de-chaussée de la première; d'ailleurs les Vitruve et les Fontaine n'ont jamais travaillé dans ce lieu. Après avoir traversé l'étroite vallée de la Blême où, depuis ce temps, on a percé une route à travers les rochers, et jeté deux ponts en marbre, Olivier entra dans le village de l'Épine, le jour même où, après une extrême sécheresse et à l'exemple de la cité d'Arles, on plongeait la fille la plus sage dans la fontaine dont l'eau, s'élevant en vapeurs, retombait bientôt en pluie fertilisante. Rosans ne paraissait pas mériter encore que Flore y établît sa cour; mais Guillaume trouva délicieuse la vallée de Nyons. Il se dirigea ensuite vers le Rhône, avec son maître qui, cédant aux instances des châtelains, leur faisait entendre des légendes en vers; partout on les priait de célébrer les exploits des chevaliers qui s'étaient signalés dans la Terre-Sainte. Lorsque, parcourant une très belle plaine, ils s'approchèrent des remparts d'Avignon, une multitude d'ouvriers était employée aux travaux d'un pont que l'on construisait en ogive sur le Rhône, dont les eaux sont là particulièrement remarquables par leur volume et leur rapidité. On raconte que, dans une vision, Bénézet avait reçu du ciel l'ordre de se livrer à cette grande entreprise.

Olivier alla visiter l'homme extraordinaire qui, de simple berger, était devenu le fondateur et le chef des frères Pontifes. Les statuts de cette communauté l'obligeaient à élever des ponts, à soigner les ouvriers dans les hôpitaux et à recevoir les pèlerins. Le troubadour conduisit son élève chez Bénézet. Il blâmait dans une partie de ses confrères une instruction trop superficielle qui ne leur permettait pas d'être assez forts de pensée, de varier le tour et l'expression, de chanter autre chose que les triomphes de la valeur ou ceux de la beauté. Lui-même, ne négligeant aucun moyen de former le cœur et l'esprit de son élève, saisit cette occasion de lui faire voir qu'il fallait chercher partout le génie, et accorder un plus haut degré d'estime à celui qui, dépouillé du prestige attaché à une origine éclatante, est l'unique auteur de sa célébrité. L'étude de l'antiquité était, suivant Olivier, une source intarissable d'observations précieuses.

Il remonta le Rhône jusqu'en face de Pierrelatte, et dans ce lieu très sauvage et très écarté, au dessus d'une grotte, il montra au jongleur un jeune guerrier, pressant du genou un taureau dont le flanc est percé, et qui recule, en se dressant. L'homme tient à la main un poignard dont la gaîne est suspendue à sa ceinture. Aux pieds du taureau, un chien s'élance comme pour se désaltérer avec son sang; plus loin, un serpent, replié sur lui-même, semble vouloir aussi s'en abreuver; un scorpion, suspendu entre les cuisses de l'animal, est prêt à dévorer sa proie.

Le soleil cependant darde ses rayons, et la lune est figurée par une femme entourée de nuages; cette scène est sculptée sur le rocher. Un vieillard à qui Guillaume s'adressa lui dit qu'elle remontait aux Druides, et qu'ils s'assemblaient jadis dans la grotte inférieure qu'on appelait la Grotte des Fées. » Vous vous trompez, lui répondit le fils de Valérie; j'ai vu dans des ruines voisines de mon pays un bas-relief de ce genre qui se rapporte à la religion de Mithra. Les adorateurs du soleil célébraient leurs mystères dans cet antre, et se réunissaient sur les gradins que nous apercevons taillés dans le roc. — Gardez-vous bien, reprit le paysan, dans son patois presqu'inintelligible, de prendre le gué, que vous apercevez en bas; vous y trouveriez la mort. — Prie donc pour nous, s'écria Olivier; » et nos poètes y traversèrent le ruisseau sans le moindre danger; ils contemplaient beaucoup de monumens qui existent encore dans ces montagnes. C'est à Pierrelatte qu'assistant à la fête de l'abbé de la Jeunesse, nom si célèbre dans le midi de la France, ils virent la farandole dansée par les pastourelles, qui tenaient des flambeaux rouges, et par les garçons dont elles avaient orné de rubans les branches de romarin.

Un autre jour, en descendant le fleuve, Olivier appela l'attention de son jeune ami sur l'arc d'Orange qu'il attribuait à Septime-Sévère. Il s'arrêta longtemps au pont du Gard, qui s'appuie et s'élève sur deux rochers ; en examinant les deux étages de grandes arcades et le troisième de petites, qui portaient d'une montagne à l'autre l'eau du canal romain : « Voilà bien, dit Guillaume, le chef-d'œuvre de l'art. — Tu as raison, il surpasse en grandiose tous les monumens antiques qui subsistent en France. »

Ils persistaient dans cette idée, même après avoir admiré à Nismes les Arènes célèbres où le peuple-roi applaudissait le gladiateur qui tombait sans pâlir; et la Maison Carrée, cet élégant sanctuaire d'un temple qui devait être magnifique.

En sortant de Nismes, ils rencontrèrent des Arlésiennes qui revenaient d'un pélerinage. Guillaume remarqua le goût avec lequel étaient arrangés la mousseline qui couvrait leurs têtes, le corsage de leurs robes, le drolet composé de trois bandes qui partaient de la taille, le jupon qu'une agrafe fixait sur les reins, et qui ne descendait qu'à moitié de la jambe dont ces jouvencelles pouvaient être fières; qu'on se représente en outre une figure piquante, des yeux noirs, remplis d'expression, un langage, un accent séducteurs, *la blancheur des Gauloises et la grace des Grecques* !

Ces aimables filles demandèrent des chants au poète; elles dansèrent avec le jongleur; bientôt elles s'éloignèrent en remerciant celui-là, en faisant à celui-ci des gestes affectueux. Lorsqu'elles eurent disparu: « C'est ainsi, dit Olivier, qu'on respire un moment le parfum des fleurs. » Ils n'eurent pas longtemps à penser aux folâtres pélérines.

Plusieurs troubadours, escortés par des jongleurs et des ménestrels, se présentèrent tout-à-coup : « Sire Olivier, s'écria l'un d'eux, venez avec nous au pays des belles. Frédéric Barberousse couronné dans Arles, il y a quelques années, vient de remporter sur je ne sais quel farouche sultan de l'Asie d'éclatantes victoires, que cette ville va célébrer par une fête. Berangère y présidera, en l'absence du baron de Baux son frère, que cet empereur a reconnu pour prince d'Orange. Une femme de son rang doit bien accueillir des favoris d'Apollon. » Olivier ne se fit pas prier, et peu d'heures après nos poètes entraient dans la cité d'Arles. Mais à peine purent-ils parvenir jusqu'à la place publique, aux pieds de l'obélisque en porphyre, que la reconnaissance a élevé en l'honneur de Constantin; toutes les avenues de l'amphithéâtre étaient obstruées par la foule. «Ami, dit à Guillaume son respectable guide, sois notre ambassadeur! Va présenter le myrte et l'olivier à Berangère; plus favorable que ne l'était Proserpine, elle fera disparaître tous les obstacles devant une joyeuse réunion d'Orphées. » Le fils de Valérie prit en main sa guitare et il en tira quelques sons ; on lui fit place, quoique avec peine, jusqu'à l'entrée des Arênes où il s'annonça par l'un des plus brillans préludes d'Olivier.

Berangère qui avait navigué sur le Rhône, dans une barque ornée de guirlandes, de rubans et de fleurs, venait de monter à l'amphithéâtre*. Avant de s'asseoir, à la place même qu'avait occupée Constantin, cette noble dame salua avec dignité les vingt-cinq mille personnes qui debout devant quarante-trois rangs de sièges agitaient des mouchoirs blancs. « C'est admirable ! s'écria-t-elle avec enthousiasme, jamais je n'ai assisté à un aussi grand spectacle*.» On croira sans peine que Guillaume, sorti des paisibles solitudes des Alpes, dut oublier ici la pétulance de ses premiers ans. Il fut encore plus intimidé, lorsqu'un des consuls étant venu le chercher, il se trouva près de Berangère ; elle portait une tiare en brocart de Venise brodé, enrichie de perles, et surmontée d'un voile en tissu d'argent. Les perles brillaient en boucles d'oreilles, en bracelets, en colliers où elles soutenaient une croix de Saint-André. La

---

* L'amphithéâtre a 388 mètres de circonférence ; son frontispice, 34 mètres de hauteur ; le grand axe, 138 mètres ; le petit axe 106 mètres. Sous le monument s'étend une galerie.

** On prétend qu'un auguste personnage se servit de ces expressions dans l'amphithéâtre de Nismes.

robe était d'un beau nacarat et garnie d'hermine. Guillaume tenait les yeux fixés sur Berangère; elle sourit et lui demanda vivement quel motif l'amenait auprès d'elle. Le jeune homme retrouva quelques paroles pour lui apprendre l'objet de sa mission. « Des poètes fameux ne pouvaient, dit-elle, choisir un plus digne interprète; cet air de simplesse et de cordialité, cache de la finesse, du génie, quelque chose qui annonce un cœur fait pour aimer. » A ces mots, Berangère pria le consul de lui amener les troubadours, et d'un signe indiqua à l'intéressant jongleur une place à peu de distance de sa personne. Guillaume reprit bientôt ses esprits; on eût pu remarquer que ses grands yeux, modestement baissés, se levèrent peu à peu sur la baronne, non sans quelque surprise, et probablement avec une certaine émotion de rencontrer ses regards : cette scène muette fut interrompue par les troubadours qu'on introduisit avec pompe; ils s'inclinèrent respectueusement vers Berangère, avec distinction du côté des consuls, et gaîment devant l'assemblée ; puis ils firent retentir ces immenses Arênes par les plus doux accords.

Après les jeux où l'on représenta une chasse et des combats de chevaliers, Olivier donna le signal de nouveaux chants. Aidé par ses compagnons habiles, il redit l'éclat dont Arles avait brillé, lorsque les empereurs habitaient cette Rome des Gaules. Il représenta la fureur des Sarrasins contre lesquels on avait élevé les tours carrées qui dominent encore les principales entrées de l'amphithéâtre ; il peignit le désespoir de ces guerriers terribles qui furent enfin exterminés sur la montagne des Cordes*. Il parla des statuts qui assuraient dans Arles la justice et l'ordre public ; il osa retracer les espérances que la liberté fondait sur Frédéric Barberousse, sur Alphonse roi d'Aragon, comte de Provence et sur la puissante maison de Baux. Il fit un tableau charmant de la joie qui animait ces lieux et de l'aimable accueil qu'on y recevait de Berangère. Chacun applaudit à ces descorts historiques. La baronne fit distribuer aux troubadours, aux jongleurs, et aux ménestrels des pièces d'or, frappées dans Arles, au coin de sa maison ; elle engagea fortement Olivier à venir passer quelque temps dans son château avec le gentil damoisel. Berangère donna ensuite audience aux personnes qui venaient lui faire la cour, tandis qu'un de ses pages offrit à Olivier de monter dans un char ou sur un cheval arabe ; mais le troubadour aimait mieux voyager pédestrement, à l'exemple d'Homère.

Il s'était arrêté près de la porte d'Arles, afin d'attendre les troubadours ; il leur avait promis de les accompagner jusqu'à Saint-Rémi, d'où cette troupe aimable comptait se diriger sur Avignon. Guillaume marchait seul et à pas lents ; il vit passer sur de belles haquenées deux dames, l'une touchant au retour de l'âge, l'autre dans la fleur de la plus brillante jeu-

* Cordoue.

nesse. On entendit alors redoubler les cris perçans et le cliquetis des instrumens sarrasins, avec lesquels les baladins annonçaient leurs jeux grotesques. Le cheval de la vieille dame s'effraya, se jeta au milieu d'un bouquet d'arbres et ne voulut plus en sortir; l'autre coursier, plus vif, allait s'élancer dans la campagne; malgré l'adresse et les efforts de celle qui le montait, il cherchait en se cabrant à se débarrasser d'elle. Guillaume, avec l'agilité d'un montagnard, vola au secours de la damoiselle, et son cœur battit bien fort lorsqu'il la reçut dans ses bras. Certes, ce ne fut pas sans regret qu'il déposa à terre un fardeau si précieux. Elle rougit, et de la voix la plus douce lui demanda comment il s'appelait. « Je suis, répondit-il, Guillaume de Cabestaing. — Guillaume, répartit-elle, je n'oublierai jamais ce que je vous dois. — Et vous, reprit-il ingénument, donnez-moi à conserver toujours le nom de la personne que je voudrais servir pour la vie. — Eh! bien, souvenez-vous de Marguerite. » La charmante damoiselle ne put en dire davantage; la dame arrivait, la bride de la haquenée tenue par son varlet, qui l'avait rejointe, après s'être diverti quelques momens avec les baladins : « Ma nièce, s'écria-t-elle, d'un ton absolu, Gancelin va vous aider à remonter; partons; je veux arriver de bonne heure à Tarascon, où je suis attendue. Je remercie le voyageur qui vient de montrer pour vous de la dextérité et de la résolution. » La dame, ayant ainsi parlé, sans jeter les yeux sur Guillaume, ne lui offrit point de venir avec elle, et n'attendit pas même qu'il pût répondre. Marguerite le salua avec un air de tristesse, comme si elle ressentait quelque peine en s'éloignant, ou qu'elle ne fût pas satisfaite de l'accueil froid qu'il avait reçu de sa tante; elle lui jeta un regard pour exprimer sa reconnaissance. Le jeune homme demeura à l'endroit où elle l'avait quitté, et ses yeux la suivirent jusqu'au point où il allait la perdre de vue; là elle tourna la tête, comme en signe d'adieu.

« Oh! ciel, se dit Guillaume, aurais-je pu lui inspirer de l'intérêt? je n'oserais jamais le croire. Marguerite est née bonne et affable; elle aura voulu me dédommager des mépris de sa tante. Cette dame orgueilleuse aurait-elle imaginé qu'elle s'abaisserait en m'engageant à l'accompagner? O mon Dieu! quelle différence entre cet air insultant et l'empressement gracieux que Berangère a mis en nous appelant dans son riche manoir! oui, Berangère connait les devoirs de la grandeur, et sait faire oublier la distance sociale qui nous éloigne d'elle; Berangère me regardait même comme si j'étais son égal!... Mais toi, Marguerite, frais bouton de rose, belle des belles, Marguerite, ne t'ai-je vue un moment que pour te redemander sans cesse?

Et il chanta.

> Nature est, dit-on, bonne mère,
> J'ose m'en plaindre et la blâmer;
> Elle ne te fit que pour plaire
> Et ne m'accorda que d'aimer.

Olivier et ses amis rejoignirent alors Guillaume. « Cher maître, dit celui-ci, allons-nous à Tarascon ? »
— Le nom de Saint-Rémi sonna bien désagréablement à son oreille. Il fallut obéir à Olivier, et pour la première fois ce fut à contre-cœur. Le fils de Valérie ne proféra pas un seul mot dans la route; lorsqu'il arriva dans les lieux où fut *Glanum*, son regard ne fit que glisser sur les débris imposans des remparts romains, sur les colonnes corinthiennes et les bas-reliefs représentant ici des Romains en tunique, et des Gaulois en *sagum*, et là des victoires ailées, qui décorent l'arc de triomphe; certes les trois étages, le péristyle et les statues du mausolée, ne l'occupèrent pas davantage.

Nos poètes reçurent l'hospitalité dans la maison de la cour, qui appartenait aux comtes de Provence; leurs propos joyeux à table fatiguèrent Guillaume, et il attendit avec impatience le moment où ils se retirèrent pour prendre du repos. Il repassa alors, dans son imagination, et les grands monumens de Nismes, et les gentilles Arlésiennes et les ingénieux troubadours et le spectacle des Arênes; il n'avait garde d'oublier Berangère; mais lorsqu'enfin il s'endormit, il pensait à Marguerite dont l'image embellit ses rêves.

CHAPITRE V.

Berangère. — La grotte des Fées.

> Les femmes sont extrêmes ; elles sont meilleures ou pires que les hommes.
> LA BRUYÈRE.

> Le nom d'amour est du fiel dans sa bouche,
> Sa main flétrit les roses qu'elle touche.
> BERNARD, *Art d'aimer*.

Chacun des troubadours fut presqu'aussi matinal que l'aurore ; ils donnèrent une aubade à leurs hôtes ; puis ils se rendirent à Avignon suivant leurs projets ; Olivier, accompagné de Guillaume, pénétra dans le défilé, où les Romains avaient ouvert une voie entre des montagnes. Dans cette terre classique, les bas-reliefs, les inscriptions, ont gravé jusque sur les rochers le souvenir du séjour et de la puissance de ces conquérans de la terre. Bientôt on découvrit la ville de Baux, entourée de boulevards, derrière lesquels, lors des invasions des barbares, ou lors des guerres civiles, les habitans des vallées voisines étaient venus trouver des asiles et des priviléges. Le château, ses bâtimens et ses jardins occupaient un vaste plateau, rempli de coquilles fossiles; il semblait placé par la nature et fortifié par l'art, de manière à défier tous les efforts des hommes. Berangère, fatiguée des occupations de la veille, n'avait pas encore quitté sa couche; étant informée de la venue d'Olivier et de Guillaume, elle envoya un page pour qu'on prît soin d'eux, en attendant qu'elle pût elle-même les recevoir.

On les introduisit enfin dans un appartement somptueux. Berangère, après les complimens d'usage, dit à Olivier : « L'un de vos plus dignes rivaux de gloire, Elias de Barjols, a composé, avec le titre de la *Guerra de la Baucenq*, un poème sur les combats que Raymond de Baux a livrés au comte de Barcelone pour la possession de la Provence. Je voudrais vous devoir des pages immortelles sur le berceau d'une maison qui, dans l'Europe entière, n'en voit point au-dessus d'elle. L'étoile d'argent qui brille dans ses armes représente celle qui dirigea les mages vers Jérusalem; elle a fait croire que notre origine remontait à Balthazard, l'un des trois rois. Mais, sans même s'attacher à cette opinion, vous savez que le vaillant Euric, s'étant emparé d'Arles dans le cinquième siècle, donna la partie méridionale des Alpines à l'un de ses lieutenans, qui était de la maison royale des Visigoths; celui-ci s'allia à une famille puissante du pays, et bâtit le manoir célèbre, où je vous ai reçus; leurs descendans héritèrent de leur fierté, de leur esprit d'indépendance. Je retrouve l'un d'eux dans Pons le jeune, qui fut parent de Boson II, roi d'Arles. Ils ont fourni des vicomtes à Marseille, des princes à Orange, des reines à Arles, des impératrices à Constantinople; ils ont possédé des principautés en Italie. Je vous donne ces détails, Olivier, afin que votre génie puisse s'en emparer. Raymond dont j'ai parlé, ayant épousé la comtesse Etiennette, qui présida les cours d'amour, ils réunirent des biens si considérables que la ville de Baux, chef-lieu d'une *cour d'appaux* et renommée pour ses archives, devint la capitale d'un état formé des 79 terres bassenques; dans Aix, il comprend la ville des Tours, et dans Arles le faubourg de Trinquetaille. Ce nombre est mystérieux et nous le conservons religieusement comme un augure de la perpétuité de notre grandeur. » Ici redoubla l'attention des deux voyageurs. « Le premier chiffre représente les 7 planètes, les 7 métaux, les 7 couleurs primitives, les 7 sages de la Grèce, les 7 merveilles du monde, les 7 vertus théologales. » — Olivier sourit en pensant aux 7 péchés capitaux ; et comme Berangère s'était arrêtée un moment : « Le nombre 9, dit-il, est celui des 9 muses ; il vaut 3 fois le chiffre qui dès la plus haute antiquité fut le nombre chéri des dieux. (Berangère fit un signe d'assentiment.) Madame, dans votre roman, nous célèbrerons surtout les faits et gestes de Bertrand, votre illustre père, qui a touché plusieurs fois avec succès notre lyre ; guerrier non moins redoutable, il remporta la palme dans le dernier tournois ; de sa lance il désarçonna le comte de Sault, jusqu'alors invincible; il fit mordre la poussière à vingt autres champions dont les coursiers ne quittèrent la lice qu'en boîtant ; le redoutable paladin n'avait pas même une blessure. — Je vous sais gré de ce souvenir ; mais vous, cher troubadour, avez-vous terminé votre poème de la prise de Jérusalem ? — Quoi ! madame, le sujet que je traite est parvenu jusqu'à vous ? Je comptais y mettre la dernière main dans votre château. — Je prétends, Olivier, que ces lieux vous inspirent de nobles chants ; j'accepterais volontiers leur dédicace ; mais afin de ne pas vous détourner de ce grand ouvrage, je vais mettre de mes promenades votre jeune ami ; je lui fournirai des articles pour notre histoire ; et nous commencerons ensemble ce travail que vous n'aurez plus qu'à perfectionner. »

L'arrangement fut conclu ; il procura à Berangère l'occasion de se trouver à chaque instant avec Guillaume ; que de fois ils parcoururent les jardins, ou s'arrêtèrent sur l'esplanade, du haut de laquelle on voit s'étendre les plaines alors fertiles de la Camargue, la Crau d'Arles où le sol disparaît sous les pierres, et la mer Méditerranée qui termine l'horizon ! Guillaume accompagnait Berangère, et dans les forêts où ils poursuivaient le cerf aux pieds légers, et à l'étang de-Baux où, dans une barque élégante, ils voyaient les pêcheurs jeter leurs filets et en sortir de nombreux poissons. Ils remontaient ensuite dans la tour des Briques, sur le mamelon qui domine l'étang, ou bien ils allaient s'asseoir tantôt près des fontaines de Joyeuse-Garde, tantôt sous les ormels de Mouriés. Souvent Berangère prit le bras du jeune homme pour errer le long d'un ruisseau serpentant entre les fleurs ; au clair de lune, qui était si bien en harmonie, disait-elle, avec son ame, naturellement mélancolique et rêveuse.

Dans le château, elle avait fait connaître à Guillaume les vastes salles des sires de Baux, leur arsenal contenant toutes les armes que le démon de la guerre avait inventées, et les tableaux qui représentaient leurs exploits ; elle lui laissa voir un jour en secret quelques peintures qui retraçaient les doux plaisirs de l'amour. Le jeune homme ne se les figurait que sous le voile du mystère, et il détourna ses regards d'images qui ne produisaient en lui qu'une impression fâcheuse.

Surprise de sa timidité, Berangère lui fit réciter dans son gynécée les passages les plus tendres de Guillaume IX, comte de Poitou, de Cadenet, de Bertrand de Ventadour ; il ne se borna encore qu'au rôle de jongleur. Un jour, au sortir de l'oratoire, elle s'avança avec lui dans un cabinet voisin, où deux rangs de rideaux de soie ne laissaient percer qu'un demi-jour ; le parfum de fleurs délicieuses y invitait à la volupté ; Berangère s'étendit sur les coussins d'un divan, meuble commode que l'on devait au luxe et à la mollesse des Orientaux. En cherchant à adoucir un son de voix peu agréable. « Venez près de moi, dit-elle à Guillaume ; approchez-vous donc ; n'est-il pas vrai ? on est toujours trop loin de ce qui nous attache à la vie. Il rougit, il en est mieux encore ; je voudrais quelques chants d'amour, Guillaume, improvisés par vous, sans préparation, comme sortis du cœur, et s'adressant à la maîtresse la plus chérie.... Vous gardez le silence, gentil damoisel. Croyez-moi, attachez-vous à une maison dont vous connaissez la splendeur; restez dans ce château; j'aurai du plaisir à vous garder comme page, comme écuyer, à vous faire un jour armer chevalier par Bertrand, mon père. Rendez-moi d'abord un léger service; on dirait que le printemps brûle déjà des feux de l'été. Détachez, je vous prie, un nœud qui m'oppresse; cet autre encore, afin que je puisse respirer en liberté. »

Guillaume s'acquittait de ses fonctions nouvelles avec une maladresse qui ne semblait pas déplaire à celle dont les yeux brillaient d'un feu extraordinaire. Le sein de Berangère palpitait avec vitesse, prêt à repousser la robe qui l'avait emprisonné. Le fils de Valérie éprouvait des sensations difficiles à décrire, lorsque cette dame lui dit : « Guillaume, je n'oublierai jamais ce que je vous dois. » C'étaient les mêmes mots que Marguerite avait prononcés, lorsque, peu de jours auparavant, il l'avait soustraite à un grand danger ; ces expressions lui retracèrent à l'instant l'image, le dernier regard de la damoiselle; voilà Guillaume reporté par son imagination ou par son cœur sur la route de Tarascon. Berangère perdit à ce cours d'idées, et voyant que les distractions de son page ne lui étaient pas favorables, elle se releva, le regarda fixement, et lui ordonna de la laisser seule; il obéit sur-le-champ.

La dame de Baux se promena à grands pas, livrée à des réflexions pénibles, à une agitation toujours croissante. « Quelque génie malfaisant, s'écria-t-elle enfin, s'oppose-t-il à l'accomplissement de mes vœux? Il faut que, sans tarder plus longtemps, je détourne sa fatale influence. » Elle appelle une de ses femmes, qui était sa confidente intime; toutes deux prennent un vêtement de paysanne, se couvrent d'un voile épais, et sortent par une porte dérobée. Elles se dirigent vers la montagne des Canonettes, et après avoir franchi un escarpement difficile, elles pénétrent dans un vallon et s'arrêtent à l'entrée d'un antre, qu'on appelle la Grotte des Fées. Là, Berangère frappe trois coups dans ses mains, et comme elle ne recevait aucune réponse : « En vérité, dit-elle, ces gens se conduisent toujours avec nous comme des êtres privilégiés; ils comptent sur le besoin que nous avons d'eux; tu vas ici m'attendre, veille à ce que je ne sois point surprise. » Berangère marcha, en courbant la tête, parce que l'ouverture de la grotte n'avait pas plus de quatre pieds; elle se laissa glisser le long d'un talus rapide et arriva à une salle où les chauves-souris voltigeaient sur elle, où les reptiles rampaient à ses pieds. Un passage étroit la conduisit à une seconde grotte; des stalactites y étaient suspendues à la partie supérieure, et offraient les couleurs diverses des substances qui y étaient jointes. C'était là que la sorcière avait établi son laboratoire. Berangère demanda un philtre amoureux dont la force fût irrésistible. Aussitôt, la magicienne, sans lui répondre, alluma ses fourneaux, se mit à broyer et à distiller des herbes et des plantes, tourna trois fois autour de la chaudière, en tenant à la main une baguette chargée de caractères symboliques et en invoquant tous les esprits infernaux. Elle remit la liqueur enivrante et en reçut le prix. Berangère rejoignit sa confidente et rentra secrètement au château, où l'attendait Olivier.

Notre troubadour avait le faible de tous les poètes; ses compositions l'absorbaient tout entier, et lorsqu'il s'y livrait, l'univers serait en vain tombé en éclats, autour de lui ; aussi il n'aperçut rien des moyens, à l'aide desquels Berangère voulait venir à bout de ses desseins, et il ne conçut quelques soupçons que lorsque, ayant mis la dernière main à sa Jérusalem, il put faire attention à ce qui se passait. Olivier commença à craindre que la dame de Baux ne l'empêchât de répondre à la confiance que Cabestaing et Valérie avaient mise en lui. Il résolut de sonder le cœur de Guillaume, et alla le trouver, peu de momens après la dernière entrevue que le jongleur avait eue avec Berangère. « Mon ami, lui dit-il, dans quelques châteaux où nous étions entrés jusqu'à présent, on semblait charmé de ta bonne mine et de ta modestie, de la grace avec laquelle tu chantais mes vers. Plusieurs damoiselles avaient l'air de désirer de plus gentils propos; leur as-tu fait quelques tendres confidences? — Olivier, j'ai trouvé dans les unes trop d'orgueil; je tiens de vous que la naissance rehausse les qualités et répand sur les défauts un jour plus désagréable. On aurait cru que les autres voulaient jouer la pruderie; j'ai évité toute occasion de me rencontrer avec des personnes qui paraissaient n'aimer qu'elles-mêmes. Près d'autres enfin, un défaut d'esprit que je trouvais insipide ne m'inspirait que de l'ennui. — Ensuite.... — J'avoue que la bonté, la candeur d'une damoiselle ajoutaient à ses agrémens; mais j'ignore le nom de sa famille, et pour elle, je ne la reverrai jamais. — Mais n'as-tu pas rencontré des femmes qui se montrent presque disposées à prévenir le désir même? avoue-le-moi; de vives prévenances peuvent-elles racheter à tes yeux le manque de pudeur?» Guillaume se jeta dans les bras de son maître, et bientôt il lui donna des détails qui ne laissaient aucun doute sur les intentions de Berangère; Olivier résolut d'annoncer leur départ.

La cloche du château indiqua l'heure du souper; ils se rendirent près de la baronne de Baux, qui les reçut avec un air de réserve et presque de cérémonie; les deux voyageurs furent placés comme à l'ordinaire à ses côtés; mais elle affecta de ne parler qu'à Olivier. Le breuvage, apporté de la Grotte des Fées, fut versé adroitement dans la coupe de

Guillaume. L'ellébore et le varvayre n'y étaient pas épargnés; aussi il éprouva bientôt des convulsions violentes; son teint devint pâle et livide; ses yeux sortaient de leur orbite. Olivier crut reconnaître des traces de poison, et sa grande connaissance des simples le mit à même d'en combattre les sinistres effets. Quoique le troubadour n'accusât que d'imprudence Berangère, vraiment effrayée de l'effet que le philtre avait produit, elle était encore le lendemain dans son gynécée lorsque les deux amis s'éloignèrent. Transportée de rage et rougissant de honte pour ses feux dédaignés, cette dame jura une haine éternelle au fils de Valérie. Elle courut à la Grotte des Fées; là elle le fit représenter par une figure de cire, sur laquelle la magicienne jeta un sort, en le maudissant, le vouant à une mort violente et enfonçant un poignard dans le cœur de l'ingrat. Guillaume, tu dois tout craindre de Berangère !

Afin qu'il pût échapper aux poursuites de cette femme, Olivier l'avait conduit vers la Durance, et il traversa cette rivière impétueuse dans un bateau d'osier, garni de peaux, dirigé par un utriculaire, comme au temps des Romains; il se porta jusqu'à Manosque, alors situé sur la montagne pyramidale qu'on appelle le Mont-d'Or, parce qu'elle fournit, pour ainsi dire, des trésors en vins, en huile et en fruits. « Si la Provence était un mouton, disaient les habitans de Manosque, notre ville et Pertuis en seraient les rognons. » Ils invitèrent les troubadours à rester le lendemain pour assister aux jeux nuptiaux ; les jeunes gens, couronnés à la lutte et à la course, y choisissent leurs épouses, parmi les plus jolies jouvencelles ; le comte de Forcalquier a promis de venir présider les jeux de cette année ; c'était pour Olivier un motif de s'éloigner. Le comte est ami de la famille de Baux, et qui sait si Berangère ne se rendra pas près de lui? Le troubadour s'enfonça avec Guillaume dans les montagnes. Mais apprenant que cette dame était à la cour du comte de Toulouse, ils reprirent la Durance, au bac de Mirabeau, entre des masses de rochers dont la beauté était horrible, et où ils regrettèrent que Bénézet n'eût point assis un pont[*]. De là, ils se rendirent dans la ville d'Aix pour y assister à la fête du Saint-Sacrement.

[*] On en a construit un en fil de fer.

CHAPITRE VI.

Guillaume à Aix. — Le roi Alphonse.

> Heureux, disait Mentor, le peuple qui est conduit par un sage roi ! il est dans l'abondance, il vit heureux et aime celui à qui il doit tout son bonheur.
> FÉNELON, *Télémaque*.

> Mais lorsque je te vois, d'une si noble ardeur,
> T'appliquer sans relâche aux soins de ta grandeur,
> Faire honte à ces rois que le travail étonne,
> Et qui sont accablés du poids de leur couronne.
> BOILEAU.

Frappé de l'alliance plus que singulière des fêtes chrétiennes et mythologiques, Guillaume dit à Olivier : « A votre avis, mon cher maître, qui a pu imaginer de placer dans la même cérémonie Jésus et Jupiter, les anges et les amours ? Il fallait au moins représenter le triomphe du vrai culte sur celui des idoles. Au reste, à la fin du cortège vient la Mort, armée d'une faux ; c'est avoir mis en action une pensée sublime, la dernière pensée de la vie ! » Ces remarques furent interrompues par un chevalier dont la suite était nombreuse, et qui demanda à Olivier pourquoi on ne le voyait pas à la cour.

« Seigneur, répondit le troubadour, chacun de nous admire et célèbre cet Alphonse, qui préfère notre Provence à son royaume d'Aragon, et qui fait souvent asseoir à ses banquets nos poètes les plus fameux. Nous savons qu'il cultive heureusement *la gaie science**, et qu'on répétera toujours ses chansons. Votre Altesse connaît le malheur qui depuis longtemps m'accable ; elle me permettra de renoncer....
— Tu regrettes sans cesse ta Corisandre ! Voudrais-tu bien te laisser mourir d'amour ? cette constance est belle, digne d'éloges ; je te préviens pourtant que la mode n'en prendrait guère en Provence. Crois-tu qu'il ne soit pas réservé à quelque beauté d'Aix ou de Marseille de te captiver un jour ? — Que ne suis-je comme vous, seigneur, à la fleur brillante de l'âge ! Mon pauvre cœur n'est plus susceptible de s'enflammer, et je ne ferai pas rire aux dépens du vieillard amoureux. — Ton maître Anacréon se plaisait à voir les Graces couronner de roses sa tête octogénaire. Bien des femmes, au reste, t'auraient peut-être abandonné pour l'agréable figure et les bonnes manières de ton compagnon de voyage. Est-ce un jongleur ? si jeune encore, serait-il un troubadour ? — Guillaume n'a songé jusqu'ici qu'à redire mes sirventes et mes pastourelles ; mais il est né poète, et si vous l'ordonnez ... — Mon bel ami, je suis impatient d'entendre le son de ta voix et les accompagnemens de ta guitare. » Olivier fit un

---

* On appelait alors la poésie, *le gai saber*, *la gaie science*.

signe à son élève, et le fils de Cabestaing, obligé de céder à sa volonté, lui dit : « O mon maître, que fera le pauvre Guillaume, privé de ces paroles ingénieuses, qui, seules, donnaient du prix à ses chants?»

Sa crainte se dissipant peu à peu, voici ceux qu'il osa adresser au monarque :

> Le flatteur vers le trône en vain veut s'élancer ;
> Alphonse des vertus cherche l'humble retraite :
> Lorsque loin des regards fleurit la violette,
> Le lierre embrasse l'orme et c'est pour l'étouffer.
>
> Des sujets d'un bon roi répétons les accens ;
> C'est un père, un ami que le ciel nous envoie ;
> Riche ou pauvre, on jouit de la paix, de la joie,
> Et le cœur a béni l'auteur de ces présens.
>
> Prince, ton avenir dépend du troubadour.
> Homère a révélé la gloire d'un Achille ;
> Notre âge eût-il appris, sans Horace et Virgile,
> Qu'Auguste bienfaisant des Romains eut l'amour ?

« J'aime sa franchise, dit Alphonse, et je jure par le Roi des rois que le nom de ce jeune homme ira à la postérité. Je veux qu'il ait mémoire du plaisir qu'il m'a fait. Guillaume, tu vois sur ma tête ce chapelet de fines perles : tu le porteras pour l'amour de moi, et tu auras soin de me faire part de tes succès. — Dieu permette qu'un don si précieux en soit le gage, répondit Guillaume en s'inclinant. » Tandis que le roi plaçait lui-même le chapelet, Olivier, tenant sa lyre suspendue sur la tête de son élève: « Guillaume, dit-il, sois dès ce moment le premier des jongleurs, et bientôt un digne troubadour! — Sur ma foi, j'en accepte le bienfait et l'augure, s'écria le fils de Cabestaing. — Je suis content, reprit Alphonse. Nous nous reverrons, Olivier; n'oublie pas que dans l'occasion je compte sur ton dévouement; mais il faut que je te quitte pour aller tenir un plaid sur le perron de l'archevêché. Messieurs, j'ai fait comparaître un seigneur déloyal qui s'est permis, comme si nous étions encore au neuvième siècle, de vendre des paysans pour esclaves aux juifs, qui les ont transportés sur les plages africaines. Alphonse, voir des chrétiens, ses sujets, dans les chaînes des Sarrasins! je veux que mon autorité soit tutélaire, et que sous ses puissans auspices chacun puisse dans mes états goûter en paix les douceurs d'une sage liberté. » A ces mots il s'éloigna et le troubadour dit à Guillaume : « Notre prince avait de grands ennemis, soutenus par l'empereur d'Allemagne, qui rêve toujours son royaume d'Arles. Alphonse conclura quelque jour un traité de paix honorable avec le comte de Toulouse; il a forcé au serment et à l'hommage la fière maison de Baux, et il s'est même servi d'elle pour décider le comte de Forcalquier à se reconnaître vassal. Apprends comme les rois gagnent à offrir l'exemple de la justice et de l'affabilité! Au milieu de ces actes de politique et de courage, la popularité d'Alphonse lui donne tous les cœurs; il sait que l'amour des peuples est le palladium des monarques. Mais as-tu remarqué les courtisans? En nous voyant l'objet des attentions du prince, comme les plus serviles se pressaient autour de nous! comme les plus superbes nous jetaient un regard de dédain! ceux que leurs talens et leurs vertus rendent recommandables semblaient seuls flattés des distinctions qui nous étaient accordées. »

CHAPITRE VII.

Anniversaire de la victoire de Marius. — Saint-Maximin. — La Sainte-Baume.

> Marius fit amasser le demourant (des dépouilles de barbares) en un grand monceau sur un bûcher de bois pour en faire un magnifique sacrifice aux dieux, étant tout son exercite à l'environ couronné de chapeaux de triomphe, et lui vêtu d'une grande robe de pourpre et tenant une torche ardente, laquelle il haussa premièrement contre le ciel.
> PLUTARQUE, *traduction d'Amyot.*

C'est avec de pareils discours que nos voyageurs s'éloignèrent de la ville d'Aix. Instruits du bon accueil qu'ils avaient reçu d'Alphonse, tous les seigners se disputèrent le plaisir de les posséder. L'été se passa de la sorte. Guillaume était retombé dans la mélancolie dont les bontés du roi ne l'avaient tiré qu'un moment. C'était avec une sorte de contrainte qu'il entrait dans un château. La froideur se mêlait aux hommages qu'il ne pouvait s'empêcher de rendre aux dames. Il craignait toujours de rencontrer une Berangère de Baux; il cherchait en vain une Marguerite. Tantôt Guillaume veut prier Olivier de le conduire à Tarascon; tantôt il songe que cette ville est trop près du manoir fatal où il a manqué de perdre la vie. S'il doit renoncer à l'espérance de revoir Marguerite, ne faut-il pas demander au ciel la force nécessaire pour l'oublier? Ce fut dans ce dessein qu'il se joignit, avec le troubadour, à des pélerins qui se rendaient à la Sainte-Baume. Arrivés à Saint-Maximin, ils y admirèrent l'église, dont l'intérieur est l'un des plus beaux de la chrétienté, et dont on n'a jamais terminé le frontispice. Combien d'ouvrages qui devaient être les chefs-d'œuvre de l'homme sont ainsi restés imparfaits! Mille lampes d'or et d'argent brûlent dans les caveaux du temple, où éclatent les richesses. Une foule d'*ex-voto* attestent l'heureuse puissance de Madeleine. La sainte porte une couronne d'or enrichie de diamans; les pierres précieuses étincellent autour de ses bras et aux doigts de ses mains, nobles témoignages de la pieuse munificence des comtes de Provence et de princes étrangers.

La belle plaine de Saint-Maximin se nommait anciennement *plaine de Marathon*; elle se termine au village de Nans, d'où la dévote caravane partit pour gravir la montagne. Dans une sombre forêt que la cognée respecte, s'élèvent des hêtres et des mélèzes, arbres qu'en vain on chercherait ailleurs dans la basse Provence; nos pélerins y cueillirent des feuillages dont ils entourèrent leurs chaperons. Après deux heures de marche ils pénétrèrent dans la chapelle qui occupe la grotte immense de la Sainte-Baume ; ils y retrouvèrent une opulence, une splendeur, au moins égales à celles dont ils avaient été éblouis dans les cryptes de Saint-Maximin. Près d'eux une goutte d'eau tombait, de seconde en seconde. « A chaque fois, leur dit un religieux, c'est une nouvelle larme de sainte Madeleine : les pleurs du repentir grossissent la rivière d'Huveaune, qui prend ici sa source, s'étend en nappe à peu de distance de la grotte, se précipite au bas de la montagne, et va porter le tribut de ses eaux dans la mer Méditerranée. »

Le moine aurait pu ajouter que Madeleine exerce un si grand empire sur les dames provençales que malheur aux tyranniques époux qui auraient voulu les empêcher de venir une fois par an porter à la Sainte-Baume des offrandes et des vœux.

Guillaume, aux pieds de l'autel, fit sa prière fervente où il ne craignit pas de placer le nom de Marguerite ; la piété est une sorte d'amour. « O grande sainte, disait-il, prends en pitié mon doux et constamment cruel martyre ; si je dois garder souvenir d'elle, et malgré tout ce qui pourrait m'en advenir, je t'en supplie, accorde-moi de la revoir, c'est le cri de mon cœur. » Guillaume avait la tête inclinée jusqu'au pavé du temple ; lorsqu'il releva les yeux, il crut que Madeleine les tenait fixés sur lui avec bonté, et que les lèvres de la sainte s'animaient d'un sourire, comme pour lui promettre ce qu'il sollicitait avec tant d'instance. Etait-ce une illusion ?

ou bien est-il permis de supposer que le ciel retire quelquefois un coin du voile qui nous dérobe l'avenir? Quoi qu'il en soit, l'espérance entra dans son ame, et lui rendit son air serein, son humeur enjouée. Sous les arbres épais qui entourent la grotte, il fit entendre des hymnes harmonieuses et d'autres chants où respirait la tendresse.

On passa la nuit dans le monastère qui est adossé à la Sainte-Baume. Le lendemain, tandis que divers groupes, pour cueillir des plantes pharmaceutiques, épiaient l'instant où de ses premiers rayons le soleil dorerait le sommet du Saint-Pilon, Guillaume gravissait déjà le pointe de ce rocher. On y a bâti la chapelle sur le seuil de laquelle sont empreints les fers de chevaux qu'une main invisible arrêta, au moment où ils allaient tomber avec leurs maîtres dans le précipice; ces chevaliers ont-ils par leurs vertus, par de grandes actions, justifié la grace de la Providence? On l'ignore. Et que de choses sont ainsi dérobées à la connaissance des hommes !

A l'élévation où était Guillaume, les montagnes lui paraissent à peine des mamelons, et pour lui la Provence n'est qu'une rase campagne. A ses pieds est la ville de Signes, plus loin le château de Pierrefeu, tous deux renommés par des cours d'amour. Il aperçoit cette contrée, qui, dans l'étendue des siècles, conservera le nom des auteurs de tant de désastres : les traditions abondent sur la forêt des Maures, la prairie des Maures, le bois des Enfers, la Chartreuse de l'Averne; les voyageurs s'éloignent toujours avec effroi de cet autre Tartare. Guillaume voit l'antique Heraclée, Tropetopolis et divers lieux célèbres ; au loin est cette île de Corse qui, dans les temps les plus anciens, respira l'amour de la liberté; des prophéties promettaient dans quelques siècles, à l'un de ses enfans, l'empire même du monde. On entendit tout-à-coup les sons de la lyre : c'était le signal du départ. On avait parlé au monastère des victoires remportées par Marius et en mémoire desquelles on solennisait à Trets depuis une époque très reculée une fête dont l'anniversaire revenait le surlendemain. Guillaume désirait aller partout où il pourrait espérer de voir Marguerite ; et Olivier, de son côté, lui proposa de visiter des sites inspirateurs. On a déjà vu qu'il saisissait chaque occasion d'instruire son jeune élève.

« Il fut donné, lui disait-il, à ce Marius, qu'on représente comme illettré, de reculer les momens funestes où la civilisation devait succomber sous les coups de la barbarie. Près du pont de l'Arc, à une lieue d'Aix, il triompha des Ambrons, et se porta avec une extrême rapidité contre les Teutons qui remontaient cette rivière. Il suivit leurs mouvemens, en gardant sur une ligne parallèle les hauteurs, et fortifia sur une montagne un mamelon d'où l'on découvre un territoire immense. Ses vivres furent déposés dans ce poste qui est en spirale et que tu pourras dessiner. Tous deux parcoururent la vaste plaine entre Trets et Pourrières, où la discipline et la valeur d'une armée assez peu nombreuse triomphèrent d'une multitude innombrable et d'un courage aveugle. »

Nos voyageurs recueillirent dans des tombeaux auprès de cette dernière ville quelques médailles, et en ramassèrent dans les champs un grand nombre qui remontent à Nerva et à Trajan; partout leurs pieds foulèrent des ossemens antiques. Près de la petite Pugère ils reconnurent les fondations d'un monument, faites avec tant d'art qu'elles semblent ne former qu'un seul massif de pierres. Un bas-relief offrait trois guerriers qui portaient sur leurs épaules un bouclier surmonté de la statue du chef; était-ce Marius vainqueur, ou, suivant d'autres, le roi Teutobochus? Pourrières, depuis l'époque de la victoire, avait pris pour armes un écu; ce qui faisait dire aux plaisans qu'il fallait trois hommes de ce pays pour porter une tuile. On montra à Guillaume un puits creusé par les soldats de Marius, et le souterrain Galigaï où l'on prétend qu'à la demande de sa sibylle il fit précipiter cent Teutons. Il n'y a plus de temple ni au bas ni au sommet de la montagne; un couvent d'où l'on aperçoit tout ce pays intéressant avait remplacé le monument consacré à la victoire; Guillaume y trouva des templiers. Il voulut chez eux amener l'entretien sur Tarascon, dans l'espérance d'obtenir quelques nouvelles sur l'objet de son discret amour. Mais ces fiers chevaliers, qui paraissaient n'aimer que le fer pour combattre les infidèles et l'or pour profiter des délices du monde, se bornèrent à parler des terres qu'ils possédaient sur les bords du Rhône, ou des chemins à la sûreté desquels ils veillaient, au moyen de la rétribution d'un setier de froment par charrue. Ils ne donnèrent aux élèves d'Apollon qu'une attention légère et une hospitalité peu cordiale; aussi, dès le crépuscule du matin, Olivier descendit la montagne et se rendit à Pourrières. Il se mêla aux nombreux spectateurs qu'y attirait la cérémonie.

On sortit des murs; une marche représenta celle des Romains; on alluma un bûcher fait à l'imitation de celui où le héros offrit en sacrifice aux dieux une partie du butin pris sur les guerriers du Nord; puis on rentra dans Pourrières, en tenant à la main des branches de verdure, que beaucoup portaient également au chapeau; tous criaient: « *victoire! victoire!* » Olivier et Guillaume joignirent leurs chants à la voix des habitans; ce dernier célébrait avec orgueil les exploits de ces Romains dont il était issu. Le troubadour fut abordé par un paysan qui avait l'air distingué. « Je suis arrivé à la Sainte-Baume, dit ce brave homme, peu après votre départ; l'on y parle beaucoup de vos talens, et vous me voyez charmé de vous trouver ici. Certes je serais reconnaissant, si vous vouliez m'accompagner dans notre ville d'Aubagne, qui est située à quelques lieues de Pourrières. Demain l'on commence à y cueillir les olives, et le retour de cette époque est toujours marqué par une danse solennelle. Il est rare qu'il n'y vienne des dames de la capitale de notre Provence. C'est notre fête patronale, que nous appelons un trin, une roumeïragis: hier et ce matin, les ménestrels l'ont déjà annoncée au son des instrumens. Nous serions bien heureux d'y posséder d'honnêtes et d'habiles gens comme vous. — Sans vos vêtemens un peu rustiques, répondit Olivier, je croirais vous avoir vu dans Aix, à la suite d'Alphonse. — Mon doux monsieur, j'y ai effectivement un frère à qui je ressemble beaucoup, et de plus dans mon jeune âge j'avais pris du service ; mais, depuis, j'ai quitté les armes, et, comme tant d'autres soldats, j'ai embrassé la vie champêtre. »

Les souvenirs d'Olivier ne l'avaient pas trompé, et la suite révélera sans doute le but du déguisement de cet homme officieux. On se décida à prendre part à la danse des olivettes, et l'on s'éloigna bientôt de Pourrières ; l'équipage d'un troubadour n'exige pas beaucoup de soins et d'apprêts. On passa à Saint-Zacharie, renommé pour ses poteries, ses verreries, ses usines de toute espèce. Après avoir remarqué l'extrême fertilité du vallon d'Auriol, on entra dans un canton de houillères, où les ouvriers avaient le visage presque aussi noir qu'au fond de l'Afrique. Des quartiers de roc pendaient au-dessus de la route et menaçaient de rejoindre les blocs énormes qui avaient roulé au-dessous. A Roquevaire, on présenta à Guillaume des mélanges de fruits secs qui se vendent sous le nom de fruits de carême. Il parcourut ensuite deux lieues, et au milieu des vignes, des prairies, des oliviers, il aperçut Aubagne dans un bassin encaissé entre des montagnes qui ne s'ouvrent qu'au couchant vers Marseille, et qui au midi s'étendent jusqu'à la mer.

CHAPITRE VIII.

Jeux, chants. — La reine Sancie. — Marguerite.

> Daphnis et Chloé se levèrent et dansèrent le conte de Lamon, Daphnis contrefaisant le dieu Pan, et Chloé la belle Syringe. Il lui faisait sa requête, et elle s'en riait ; elle s'enfuyait et il la poursuivait..... Daphnis, prenant la grande flûte de Philétas, en tira un son languissant comme celui d'un amoureux, un son de rappel comme d'un qui va cherchant, etc.
> *Les amours de Daphnis et Chloé,*
> Trad. d'Amyot.

> Les roses sur son teint se mariaient aux lis ;
> Sa bouche de corail s'ouvrait au doux souris ;
> Et jouet des zéphirs, sa blonde chevelure
> Voilait un cou d'albâtre et formait sa parure.
> *Mort d'Abel,* trad. de M. Boucharlat.

Tandis que l'amant de Corisandre s'entretenait avec les principaux de la ville, qui désiraient obtenir le rétablissement de leurs anciens droits d'administration et de justice, Guillaume, avec la permission de son maître, le quitta pour connaître les environs d'Aubagne. Bientôt il voit arriver des dames montées sur des haquenées dont les brillans harnais étaient ornés de grelots d'argent ; il veut aider à descendre celle qui paraissait commander à la cavalcade ; mais d'un saut elle est en bas de son coursier, et jetant les yeux sur Guillaume : « Gentil troubadour, lui dit-elle, nous venons danser ; serez-vous des nôtres ? » Sa réponse fut spirituelle et respectueuse. Il était frappé de l'air majestueux de l'inconnue ; il admirait les grâces naturelles et la taille élégante d'une jeune personne qui, en levant le voile dont son visage était couvert, lui offrit les traits de Marguerite ; c'était elle-même ; qu'on juge de la surprise, du ravissement que Guillaume éprouva. Marguerite témoigna qu'elle avait du plaisir à le rencontrer, et raconta le service qu'il lui avait rendu sur le chemin d'Arles à Tarascon. Le fils de Valérie reçut les éloges que sa courtoisie avait mérités, et ce qu'on doit aux dames fut le sujet principal de l'entretien auquel Olivier vint prendre part.

La cueillette des olives était finie ; on se rendit dans la plaine de Beaudinard qu'arrose un canal dérivé de l'Huveaune ; le galoubet et le tambourin y donnèrent le signal d'un air que chacun répéta gaîment, et qui amena la danse des olivettes ; nous la devons aux Phocéens, ainsi que la culture de l'arbre utile qui est le symbole de la paix. Au milieu de la prairie, le chef de la ville tient une longue perche à laquelle sont attachés des rubans, dont le nombre égale celui des danseurs. Les pourpoints et les souliers blancs, les manches à grande ampleur, les culottes à larges plis, sont ornés de rubans. Les

La bergère a des appas,
Les bergers ne manquent pas,
De Timarette Lucas
Suivant les timides pas,
La joint sous la coudrette,
Lui parle d'amourette ;
La fillette rougit,
Et palpite et sourit.

3

En fuyant son pied glissa,
La houlette se brisa,
Le feuillage s'affaissa,
Le gentil agneau dansa,
Et..... l'on dit en cachette
Que Lucas, Timarette
Allèrent de nouveau,
Le long de ce ruisseau.

jeunes gens se montrent ceints d'une écharpe et coiffés d'un casque qui est surmonté de plumes et de fleurs. Chacun d'eux saisit un des rubans de la perche, il le change de main, il tourne en rond, se balance à droite et à gauche, passe successivement en face de ses compagnons et dos à dos, jusqu'à ce que les rubans de la perche soient tressés en une sorte de losange où toutes les couleurs se trouvent marquées ; on les déroule, en exécutant une danse dont les figures sont dans un sens inverse de celles de la première, et les olivettes se terminent aux acclamations des spectateurs. Après ce divertissement, la dame de Marseille ayant demandé à Guillaume des couplets dont le sujet fût pastoral, et moitié tendre, moitié badin, il les improvisa, sur l'air même qu'il venait d'entendre, et qui l'obligea de suivre un rhythme assez difficile.

>Dans la saison des ardeurs,
>L'Aurore versait des pleurs,
>Zéphyr caressait les fleurs,
>Et l'Amour guettait les cœurs ;
>>La jeune Timarette,
>>En main prend sa houlette,
>>Et le long du ruisseau
>>Conduit son bel agneau.

>La bergère a des appas,
>Les bergers ne manquent pas.
>De Timarette Lucas,
>Suivant les timides pas,
>>La joint sous la coudrette,
>>Lui parle d'amourette ;
>>La fillette rougit,
>>Et palpite et sourit.

Ici Guillaume s'arrêta, dans la crainte de déplaire à Marguerite, s'il continuait l'histoire un peu chatouilleuse de Timarette ; Olivier, moins scrupuleux, chanta le dernier couplet :

> En fuyant son pied glissa,
> La houlette se brisa,
> Le feuillage s'affaissa,
> Le gentil agneau dansa,
>   Et..... l'on dit en cachette
>   Que Lucas, Timarette
>   Allèrent de nouveau,
> Le long de ce ruisseau.

La dame de Marseille félicita Olivier et Guillaume. Elle parut enchantée lorsqu'on parla d'une moresque, qu'on vint exécuter en sa présence. Un jeune homme, sur le tambour, battit une marche accélérée; le chef de la danse alla vers lui, et le devança en sautant; ceux qui se mêlèrent à ces jeux portaient le casque et le panache flottant; ils suivirent le chorège ; dès que leur nombre fut complet, celui-ci revint sur ses pas et figura devant chacun de ses compagnons, jusqu'à ce qu'il fut parvenu à toucher le tambour; après l'avoir salué, il reprit sa marche; les autres se conformèrent en tout à sa direction.

Lorsqu'ils eurent terminé ce ballet : « Je vous remercie, dit la dame, de nous avoir fait connaître une sarrasine guerrière ; maintenant je désirerais beaucoup voir figurer Guillaume et Marguerite dans une moresque sentimentale. » Olivier en connaissait les figures et la musique.

On orna de fleurs la robe de la jeune personne ; on attacha de petites sonnettes aux genoux du fils de Valérie. Il salua sa danseuse, et s'avança vers elle en lui tendant les bras ; elle s'éloigna, après avoir exprimé par un signe de la main qu'elle doutait de sa sincérité ; il fit quelques pas vers Marguerite, qui en fit quelques uns loin de lui avec un modeste embarras. Guillaume s'arrêta ; la belle suivit son exemple ; il feignit de la quitter ; elle le rappela, et après diverses situations ils se rejoignirent et se présentèrent à la dame, qui se montra ravie de cette pantomime ingénieuse. Des jeunes gens des deux sexes dansèrent ensuite une pyrrhique qu'on nomme *les épées* : on croise les armes, on les agite en cadence ; les vaincus perdent leurs bergères ; de tout temps la beauté fut le prix de la valeur. Olivier trouvait dans cette espèce de mêlée, qui figure un combat, de l'analogie avec le *bacchu-ber* des environs de Briançon ; et la dame fit remarquer que la moresque ressemblait davantage au ballet de Saint-Pé, dans les Pyrénées, et à d'autres de Castille et de Catalogne, auxquelles on aurait pu ajouter celui des îles Shetlandaises qu'on appelle la danse de l'épée.

Cette belle personne donna le signal des jeux ; on eût dit que tout reconnaissait son pouvoir. Marguerite reçut de ses mains une écharpe de soie bleue, garnie d'une dentelle d'argent, pour prix de la course des jeunes filles. Guillaume disputa celui du saut, et ses rivaux essayèrent en vain de passer par-dessus une palissade, qu'il franchit avec audace. Il lança le palet de fer au but que personne ne put atteindre. Armé d'un fort brassard, il fit bondir et comme voler un énorme ballon qui, malgré l'effort des autres, avait à peine rasé la terre. Aussi on lui décerna trois prix, qui consistaient en d'assez riches présens. Puis, on demanda que la journée fût terminée par une *falandoulo* : c'était, suivant Olivier, une danse d'origine grecque, devenue nationale en Provence. Chacun se prit par la main ; la dame de Marseille voulut elle-même conduire la chaîne avec l'aide d'Olivier ; Guillaume et Marguerite venaient après ; Baldéric, ce paysan qui avait amené nos troubadours, soutenait la tante de Marguerite, qui avait rejoint la compagnie et qui n'eut pas l'air de reconnaître le jongleur. Toute la population d'Aubagne, race forte et vigoureuse, qui excelle aux jeux gymnastiques, fut de cette partie. On fit beaucoup de détours ; quelquefois les deux derniers de la chaîne levaient les bras sous lesquels on passait gaîment. On se croisa en divers sens ; puis la chaîne se réunit, et l'on sauta en rond autour d'un grand mai.

Tandis que, par ordre de la dame, Marguerite distribuait des cadeaux à toutes les jeunes filles, sa tante, qui avait été quelque peu fatiguée par la danse, s'étant remise, dit avec un air moitié humble, moitié hautain : « Les jeux sont terminés ; et vous qui, nouvellement arrivée à Marseille, n'avez pas encore paru dans ces lieux, vous avez prouvé que vous étiez la première en tout. Mais le soleil commence à baisser, et Votre Altesse ferait bien de songer au départ. » Olivier et Guillaume s'inclinèrent ; on reconnut Sancie de Castille, qu'Alphonse avait épousée depuis quelques mois ; elle avait mérité tous les suffrages ; on entendit toutes les bouches à l'envi s'écrier : « Vive la Reine ! » Après avoir répondu à l'enthousiasme de ces bons habitans, Sancie, se tournant avec grace vers Guillaume : « J'ai reconnu, lui dit-elle, le chapelet que vous portez ; Alphonse regrettait de ne pas vous avoir appelé à la cour ; il vient de partir pour l'Aragon ; mais j'espère que vous répondrez, de même qu'Olivier, au désir que j'éprouve de voir auprès de moi d'aussi galans troubadours. » L'amant de Corisandre adressa à la reine des excuses qui ne furent point écoutées. Guillaume exprima sa reconnaissance, d'une manière qui la fit trouver plus agréable. Sancie s'appuya sur le bras d'Olivier ; la vieille dame prit celui de Baldéric, qui s'était revêtu des habits d'écuyer : cette particularité expliqua à nos voyageurs le mystère de sa conduite. Guillaume fut l'heureux guide de Marguerite ; plusieurs mots sans suite, des regards, tantôt vifs, tantôt timides, le sourire du bonheur et pourtant quelques soupirs étouffés : voilà tout le langage que tint le jeune homme. Marguerite y trouva peut-être de l'éloquence ; elle fut loin d'en paraître offensée. Des chars ornés de bas-reliefs attendaient la princesse ; c'étaient, à la manière antique, des espèces de coquilles portées sur deux roues et attelées de quatre chevaux de front.

CHAPITRE IX.

Guillaume à la cour de Marseille. — Combat du taureau.

> Le dard lancé par sa robuste main
> Atteint le flanc du monstre, qui, soudain
> Se retournant, sur lui se précipite.
>
> PARNY, *les Rosecroix.*

On arriva bientôt à Marseille. Olivier et Guillaume furent logés au palais. Comme on leur laissa la disposition de leurs journées, ils les consacrèrent à se promener sur la mer, ou à visiter ce que la ville et ses environs avaient de plus intéressant. Guillaume apprit avec plaisir que les comtes de Provence, ayant voulu souvent décider ses habitans à se soumettre entièrement à leur domination, ceux-ci avaient résisté aux ordres, aux promesses, aux menaces, et même pris les armes pour conserver les immunités et les franchises que leur garantissaient des traités solennels. Comme le sang de Servirius bouillonnait dans ses veines, il s'indignait de ce que cette cité avait été prise et saccagée par les Sarrasins, qui en avaient été chassés, la première fois par Childebrand, et la seconde fois par le roi

Boson. Guillaume espérait que sous le magnanime Alphonse on n'aurait pas à craindre le retour de ces désastres ; mais si les infidèles se présentaient devant Marseille, il était prêt à les combattre. Il en prit Dieu à témoin dans la cathédrale, qu'on appelle la Major, et qui est la plus ancienne des Gaules. Olivier lui montra plusieurs colonnes de granit qui faisaient partie du temple de Diane, sur les ruines duquel l'on a bâti le temple du vrai Dieu. Cette basilique couronne le sommet de la ville vieille, au bord de la mer, sur une espèce de falaise qui domine la grande rade ; et près de là on voit l'ancienne porte dite la Juliette, où, suivant la tradition, César fit son entrée.

Au retour de leurs courses, nos poètes amusaient Sancie par leurs récits et par leurs chansons. Un jour, il prit fantaisie à la reine d'entendre Guillaume et Marguerite dans un de ces amusemens d'esprit, de ces discussions d'amour, qu'on appelle une tenson ou un jeu-parti. La jeune personne se défendit longtemps sur la hardiesse qu'il y aurait à lutter de talent avec un troubadour. Sa tante, la comtesse Aloyse de Tarascon, qui était dame d'honneur, lui dit sèchement : « Mademoiselle, il faut savoir qu'on ne refuse rien aux princes. » Marguerite se soumit alors, et Olivier s'offrit à l'accompagner.

GUILLAUME.

Prends ton vol, tendre Philomèle ;
Cherche des nymphes la plus belle

Va la saluer de ces chants
Que tu dis chaque soir à l'astre des amans.
Comme un prix d'amour, de constance,
Songe à m'apporter l'espérance.
Cher messager, dépêche-toi ;
Eh ! tu n'es pas encor revenu près de moi !

MARGUERITE.

Philomèle a fait son message ;
Et de son amoureux langage
J'ai compris le propos flatteur,
Sans qu'il ait pu troubler le calme de mon cœur.
De l'eau j'écoute le murmure,
J'aime les roses, la verdure,
Et mes brebis et mes oiseaux ;
Mais on craint trop l'amour dans nos simples hameaux.

GUILLAUME.

C'est pour Zéphyr qu'à peine éclose
S'entr'ouvre la timide rose.
En murmurant sous le bateau
C'est d'amour, de désir que tu sens frémir l'eau.
Ta brebis, un amant la guette ;
L'amour inspire ta fauvette ;
Tout aime, au loin comme à l'entour ;
Que ton cœur dans mon sein puise aussi de l'amour !

Marguerite ne répondit point à Guillaume, qui aurait bien voulu chanter avec elle un quatrième couplet ; mais le sujet en devenait trop délicat. Au reste, les éloges de toute la cour tarirent d'autant moins, que la reine les avait prodigués. Lorsque Olivier se fut retiré, il dit à son jeune ami : « Tu n'as que trop bien chanté ; ce séjour est dangereux pour toi, et même pour l'amant de Corisandre. Nous portons des chaînes couvertes de fleurs, il est vrai ; mais je soupire après le moment où nous pourrons recouvrer notre indépendance. » Guillaume vanta les bontés touchantes de Sancie, qu'il ne fallait pas payer d'ingratitude. Au fond du cœur il trouvait qu'aucun lieu n'égalait celui qu'habitait Marguerite, et ce sentiment redoubla en lui lorsqu'il apprit par d'heureux hasards que cette jeune personne savait découvrir l'asile des indigens, l'indiquer à sa maîtresse, y porter en secret les secours de la souveraine, secours auxquels elle ajoutait le produit du travail qui remplissait une partie de ses nuits.

Cependant Alphonse avait envoyé à la princesse un taureau superbe, conduit par des Aragonais, pour donner à la population de Marseille un spectacle dont elle était éprise. Toute la cour se rendit sur une estrade, excepté la comtesse de Tarascon, qui n'aimait ni la foule, ni le bruit, ni les combats. Olivier et Guillaume étaient assis derrière le fauteuil de la reine ; elle avait à ses côtés sa damoiselle d'honneur, sa chère Marguerite. On lance le taureau dans l'arène, que l'animal parcourt, la tête haute et les naseaux fumans. Les chiens qu'on lui oppose sont bientôt victimes de sa fureur ; les tauréadores à cheval, les matadores armés de lances et d'épées se présentent alors. Quelle que soit leur adresse, le taureau tour à tour leur échappe ou les met en fuite. Son corps est hérissé de petites flèches garnies de flammes, qu'on lui tire de toutes parts. Voulant mettre un terme à cette lutte, il s'élance vers l'estrade, l'œil fixé du côté où était la reine. Sancie, effrayée, se jette dans les bras de Marguerite, qui la couvre de son écharpe, comme pour la dérober aux regards du fougueux ennemi. Guillaume se précipite devant elle ; il fait briller l'épée qu'il tient de son père, et la plonge jusqu'à la garde dans les flancs du taureau. L'animal terrible chancelle, il expire ; mais il a frappé Guillaume, qui tombe baigné dans son sang. Les dames jettent des cris d'effroi ; Sancie et Marguerite pressent de leurs voiles la blessure du fils de Valérie, qu'Olivier fait ramener sur un brancard.

On se peindra facilement toute l'inquiétude du troubadour. Il avait promis à Cabestaing de veiller sur les jours de son élève, et il craignait de voir un jeune homme d'une si haute espérance expirer dans ses bras. Olivier s'établit près de sa couche, et ne le quitta ni le jour ni la nuit. Dès que le malade fut en convalescence, pour charmer ses loisirs, il lui donna lecture du fameux roman de Brutus, qu'un trouvère anglo-normand, nommé Robert Wace, venait de traduire en français. Guillaume y apprit les hauts faits d'Arthus, des fiers chevaliers de la Table-Ronde, de tous ceux qui s'étaient signalés dans Albion jusqu'à la fin du huitième siècle, à la mort du roi Cadwallader. Lorsqu'on y parlait de quelque belle, ses lèvres murmuraient tout bas le nom de Marguerite. La reine faisait demander presqu'à chaque heure des nouvelles de Guillaume, et s'entretenait de lui sans cesse avec sa damoiselle d'honneur. « Grands dieux ! s'écriait-elle, sauvez-le ! voudriez-vous qu'il pérît, pour m'avoir conservée à mon époux et à mes sujets ? » La confiance rentra dans tous les cœurs lorsque les hommes de l'art déclarèrent que la plaie serait bientôt guérie.

CHAPITRE X.

Départ d'Olivier. — Entretien de Guillaume avec Marguerite. — Il quitte le palais.

> A leurs regards qui cherchaient à se rencontrer, à leurs sourires rendus par les plus doux sourires, on les eût pris pour ces esprits bienheureux dont la nature est de s'aimer, et qui n'ont pas besoin de rendre le sentiment par des pensées et l'amitié par des paroles. . . . .
> . . . .
> C'est pour toi que je pars.
>
> BERNARDIN DE SAINT-PIERRE, *Paul et Virginie.*

Déjà Guillaume, appuyé sur le bras d'Olivier, commençait à faire quelques pas au milieu des gazons émaillés de fleurs, et sous les grenadiers, les citronniers et les myrtes, dont les jardins de Sancie étaient ornés.

On résolut de le recevoir troubadour ; il en exerçait déjà l'honorable emploi ; son état de faiblesse permit de le dispenser de plusieurs formalités préliminaires, telles que des jeûnes pendant quelques jours, des épreuves physiques et morales sur la vie passée, sur le caractère et les sentimens du néophyte, des veillées sous l'ormel où il devait faire entendre tour à tour des chants pieux et tendres. Guillaume revêtit une robe blanche et se rendit dans la chapelle du palais, disposée pour cette cérémonie. Après qu'il eut assisté dévotement au sacrifice de la messe, Olivier le prit par la main et le conduisit à Sancie, assise dans un riche prie-Dieu. Guillaume salua profondément la reine, qui lui remit un luth ciselé avec un art remarquable, et il chanta de la sorte :

De Paul la noble politesse,
D'Henri l'esprit, la gentillesse,
D'Arthus la bouillante valeur,
Ces dons brillans plaisent aux femmes.
Ils n'ont plus de prix, si le cœur
Veut tromper Dieu, tromper les dames.

Né sans feinte et sans artifice,
Je repousse l'appât du vice,
Le vrai seul a de sûrs attraits ;
Et je tiens qu'au fond de nos ames,
L'honneur a gravé pour jamais
Le nom de Dieu, le nom des dames.

Je jure sur ce luth d'ivoire
De chanter la vertu, la gloire,
L'amour, mais sincère et constant ;
De soustraire aux perfides trames
La veuve et l'orphelin souffrant,
De servir Dieu, servir les dames.

Après le troisième couplet, le fils de Cabestaing mit un genou en terre devant la reine, et Olivier proféra ces mots, d'un ton solennel : « Je prends Dieu à témoin, je suis garant et caution sur mon ame, que nous aurons dans l'habile jongleur un bon et loyal troubadour. » Sancie se levant aussitôt: « Guillaume, dit-elle, reçois le signe éternel du *gai savoir*, la parure la plus brillante qu'un troubadour puisse porter ; je veux que Marguerite place sur ta tête les plumes du paon, tressées en couronne. Ce n'est pas tout, ajouta la reine ; il m'a sauvé la vie ; il rend hommage à la beauté. Marguerite, à lui le chapel de roses ! » Dès que la damoiselle eut rempli avec grace les ordres de sa souveraine : « Une faveur, reprit Olivier, une douce faveur est due encore au nouveau troubadour. Votre Altesse sait que son royal époux, en armant un chevalier, l'honore de l'accolade. » La reine sourit, et embrassa franchement Guillaume ; quant à Marguerite, elle avança timidement, mais sans trop se faire prier, une joue virginale, dont les lis s'animèrent d'un vif incarnat. Toute la cour se pressa ensuite auprès de Guillaume, en lui adressant des complimens où la politique avait au moins autant de part que la courtoisie. De là on se rendit au festin, que l'on avait préparé dans la plus grande salle du palais.

On portait encore des santés, lorsque Sancie reçut un message d'Alphonse. Ce prince écrivait qu'il avait déjà pris quelques places fortes aux Maures, sur les frontières du royaume de Valence ; mais il demandait qu'Olivier se transportât auprès de lui, afin d'aller négocier en son nom avec le gouverneur sarrazin. Les circonstances importantes où se trouvait Alphonse l'empêchaient de se rendre à Beaucaire, où le roi d'Angleterre venait de faire publier un tournoi pour célébrer l'heureuse réconciliation de l'époux de Sancie avec le duc de Narbonne. Il était douteux que ce roi vînt assister lui-même à la cérémonie ; mais on s'attendait à y voir réunis plus de dix mille chevaliers *. Alphonse voulait y être représenté par Olivier, et le chargeait de célébrer les pas d'armes par des chansons historiques, qu'on appelle des gestes, et qui devaient être répétées dans toutes les régions où la chevalerie est en honneur.

Quelque peine qu'éprouvât l'amant de Corisandre de quitter son élève dans l'état de langueur où celui-ci se trouvait encore, quelque éloignement qu'Olivier éprouvât pour tout ce qui tenait à la cour, l'honneur que lui faisait Alphonse paraissait trop grand, et les bonnes graces de ce monarque étaient trop flatteuses, pour qu'on pût l'affliger et le blesser par un refus. Tels étaient les motifs qui déterminèrent Olivier.

On s'imaginera peut-être qu'il affectait le dédain des honneurs, tant qu'ils ne lui auraient pas été offerts, prêt à céder à des marques certaines de faveur. Ne jugeons pas de ce siècle par le nôtre ; les troubadours qui peignaient les mœurs de leur

---

* Ce tournoi eut lieu en 1174.

temps, et qui, sans détour, osaient relever les erreurs, censurer les désordres, ne doivent pas être comparés avec certains politiques déliés qui n'affichent parfois l'amour de l'indépendance que pour mettre à plus haut prix leur soumission.

Quoi qu'il en soit, Sancie envoya à notre ambassadeur le manteau de représentation, qui était long, traînant, et d'écarlate doublée d'hermine ; elle y joignit l'armure complète d'un chevalier. Olivier devait être accompagné de plusieurs seigneurs connus par leurs exploits, et d'autres dont l'opulence était extrême. Après avoir remercié la reine, après avoir embrassé Guillaume avec mille recommandations pour le temps où ils ne se verraient point, avec mille promesses de revenir dès qu'il aurait rempli sa double mission, l'amant de Corisandre partit pour Beaucaire. Il se disait : « Je ne manque point à la parole que j'ai donnée à Cabestaing ; son fils est devenu troubadour, et les soins que je prenais de lui sont remplis par les princes. D'ailleurs mon absence ne peut être longue. »

Cet éloignement causait bien de la peine à Guillaume : que devenir, privé de son guide ? Sancie, à qui l'on rendit compte de sa mélancolie, chercha les moyens d'y mettre un terme, en l'admettant dans sa société intime, dans tous les divertissemens auxquels elle prenait part. Cette distinction gracieuse, et la présence de la fille d'honneur qu'il trouvait toujours près de la reine, hâtèrent les progrès de la convalescence du fils de Valérie.

Il entra un jour dans le petit temple que Sancie avait consacré à Apollon, et où elle venait souvent avec ses femmes ; il y trouva Marguerite seule, assise aux pieds du dieu, et qui semblait s'abandonner à la rêverie. « Me trouveriez-vous importun ? lui dit-il ? votre volonté est-elle que je me retire ? — Non, Guillaume, et même j'avouerai sans peine que je songeais à vous. — A moi ! l'ai-je bien entendu ? — J'aimais à me redire que sans votre généreux secours, l'autre jour eût marqué le terme de mon existence. — Vous savez que la princesse... — Je ne me le dissimule pas, ce n'est point Sancie, c'est bien moi que le taureau menaçait. La couleur rouge de l'écharpe que je portais imprudemment l'avait rendu furieux. Comment reconnaître tout ce que je vous dois ? — Ah ! Marguerite, en acceptant le don que ma main vous offrirait ; pourriez-vous bien le refuser ? Vous voyez cette croix, taillée dans un bloc de cristal de roche ; je la tiens de ma mère, comme un préservatif puissant contre toutes sortes de maux : cette croix m'a donné la force de vous soustraire au danger ; je lui dois encore ma prompte guérison ; puisse ce signe du salut éloigner de vous jusqu'à l'idée de la tristesse ! Si vous étiez malheureuse, non, jamais Guillaume ne connaîtrait le bonheur. — Eh bien, je suspendrai à mon cou votre croix de cristal ; mais consentez aussi à recevoir quelque chose qui vienne de moi. » A ces mots, lui montrant un bracelet : « Il est, reprit-elle, tressé de mes cheveux ; je le destinais à ma tante; croyez qu'il m'est doux de le remettre à mon libérateur. » Guillaume posa sur son cœur le présent inestimable, et il se l'attacha au bras gauche. Marguerite lui sourit et s'éloigna. Il n'eut pas la force d'essayer à prolonger cet entretien ; mais il rentra chez lui, le cœur plein d'une douce ivresse. Tous les amans fidèles savent que rien n'égale le prix de leurs premiers entretiens.

Quelques jours s'écoulèrent d'autant plus agréablement et plus vite pour Guillaume, que la reine lui accordait l'honneur de dîner avec elle, et que sa place était marquée auprès de celle de Marguerite. Il évoquait tour à tour la fable et l'histoire, les génies et les fées, les revenans et les voleurs, afin d'y découvrir des récits qui pussent prolonger la soirée. Il ne pressait pas sous ses doigts le luth ou la guitare, sans réussir à placer dans ses couplets des sentimens, des pensées, des expressions qui pussent plaire à Marguerite. Celle qui l'occupait pendant le jour s'offrait la nuit dans tous ses rêves. L'intérêt et l'estime qu'elle lui avait inspirés ne se bornaient déjà plus à l'amitié; quoiqu'il n'osât l'avouer, il éprouvait tous les feux de l'amour.

Cependant, après une légère absence, la comtesse Aloyse de Tarascon était revenue à la cour. Elle semblait observer avec soin, avec inquiétude, la conduite de Guillaume : croyant s'apercevoir que Marguerite était loin de fuir les occasions de se trouver auprès de lui, Aloyse surprit entr'eux un doux échange de regards. Son orgueil s'irrita de ce que sa nièce pouvait faire un choix qui lui paraissait si peu digne de son rang.

Aloyse saisit l'occasion d'aborder le troubadour, et lui dit, d'un air dédaigneux : «J'ai toujours blâmé l'extrême facilité avec laquelle dans les palais, dans les châteaux, dans l'appartement intérieur. des femmes, qui devrait être interdit à l'œil profane d'un mortel, on laisse pénétrer, voire même se familiariser, des gens qui ne font métier que de composer, dire, chanter des vers frivoles, de jouer des instrumens comme les ménétriers, et qui ne cherchent que les moyens de plaire, de séduire, de corrompre les mœurs. — Las! madame, demanda Guillaume, avec douceur, serait-ce à votre intention le portrait des troubadours? — Sans doute. C'est dans leurs dangereux entretiens, d'après leurs funestes conseils, que les châtelaines oublient les devoirs de leur rang, et que s'est perdue à jamais plus d'une personne née pour la vertu. — Madame, vous ignorez probablement ce que la renommée publie de la conduite des troubadours dans la France, l'Espagne, l'Italie, comme dans notre Provence. — Allons, expliquez-vous. — On estime partout qu'ils ont poli les mœurs, redoublé l'ardeur pour la gloire, excité à la vertu, signalé les vices, jusque chez les gens d'église; que Dieu les protège! — L'amour est le seul maître auquel ils obéissent. — S'ils célèbrent l'amour, c'est celui que les graces accompagnent, celui qui par sa constance, avec l'aide du Tout-Puissant, influe délicieusement sur tous les jours de cette terrestre vie. —

Voilà de grands mots qui ne me feront pas changer d'opinion sur leur compte. — La considération dont ils jouissent et le désir que chacun manifeste d'être chanté par eux doivent vous être de sûrs garans, respectable comtesse, qu'ils sont à la fois sans peur et sans reproche. S'il en existe qui abusent de leur talent, qu'on les envoie sur le champ dans la solitude de l'exil ! — Justement, nous y voici ; vous, troubadour d'hier, vous fils d'un obscur habitant de Cabestaing, n'avez-vous pas, dans un excès d'amour propre, osé élever vos regards jusques à.... » Guillaume rougit et s'écria vivement : « Qui a pu vous dire ? » puis il ajouta, d'un ton plus calme, mais avec fermeté : « Je dois songer d'abord à mon père. L'obscur habitant peut se distinguer, madame, et il en serait d'autant plus digne d'éloges. L'esprit est plus rare que la naissance et la richesse, et il ne peut certes pas se donner ou s'acheter. L'esprit n'est cependant rien au prix de la vertu. — Comme se permet de raisonner le fils d'un homme nouveau ! — Mon père descend de la tribu Voltinia, et l'ancienneté de son origine peut le disputer à celle de bien des nobles de la Provence. — Insolent, je n'irai pas rechercher vos Romains. « A beau mentir qui vient de loin. » Mais vous qui parlez mœurs et droiture, que diriez-vous, si je racontais à la reine, car Marguerite en éprouverait trop de honte, vos aventures avec Berangère ? — Vous l'avez vue, madame, et elle s'est permis.... — Il y a deux jours, à peine, elle ne m'a entretenue que de vos méfaits. J'avoue qu'en la trahissant vous en avez vengé bien d'autres. Mais ici, faites une attention toute sérieuse à ma détermination; jeune audacieux, j'ai su vous pénétrer et vous m'avez bien comprise tout à l'heure; eh bien! si vous ne quittez la cour, j'en éloigne ma nièce, à l'instant et à toujours ; elle ira pleurer dans la retraite le funeste moment où elle vous a connu. »

O vous tous, qui avez aimé, cherchez à vous représenter la surprise, le désespoir de Guillaume! Il frémit à l'idée qu'il pourrait nuire à celle pour laquelle il eût mille fois donné sa vie. D'une voix tremblante, il ne répondit à la dame de Tarascon que ces deux mots : « Je partirai. — Guillaume, reprit-elle avec un son de voix moins aigre qu'à l'ordinaire, comptez sur ma reconnaissance si vous quittez Marseille, aujourd'hui même. — Quoi! sans que je puisse remercier la reine ? (Il n'osait pas dire, sans que j'aie vu Marguerite.) — Je me charge de tout; ne reparaissez à la cour qu'avec ma permission ! — J'y souscris, madame ; que votre nièce soit heureuse ! devenez l'arbitre de ma destinée. »

Guillaume remonta dans son appartement; il prit son luth d'ivoire, sa couronne de plumes de paon, qu'un troubadour a seul droit de porter, le chapelet de roses, remis par Marguerite, et son bracelet, ce gage d'amour qui aurait dû l'être de bonheur; chargé de sa modeste valise, et conduit par la dame de Tarascon ; tournant, mais en vain, les yeux pour apercevoir celle que les devoirs de l'amitié plus encore que le service d'honneur retenaient chez la reine, il sortit par une petite porte qui des jardins s'ouvrait sur la campagne. La comtesse Aloyse lui présentant une bourse d'or, il la refusa avec une sorte de mépris, et s'éloigna précipitamment. Où aller? que devenir? Son cœur était trop oppressé pour qu'il n'eût pas besoin de solitude. Se rendra-t-il à Beaucaire? Mais quelles dispositions pour assister à un tournoi? Puis, il se trouverait ainsi au service d'Alphonse, et il paraîtrait manquer à la parole qu'il venait de donner à la tante de Marguerite; on pouvait croire d'ailleurs qu'Olivier avait déjà quitté cette ville pour rejoindre le roi d'Aragon. Guillaume va-t-il revenir à Cabestaing? Il sentait le besoin de s'appuyer sur le sein de sa mère; mais Valérie lui avait recommandé si vivement de fuir un objet trop aimable, de se garantir de la passion la plus tendre; comment lui montrer un cœur dévoré par l'amour? Avant de retourner dans sa patrie, Guillaume voulut passer quelque temps dans une grotte de la montagne de la Victoire, convertie en ermitage au quatrième siècle, et que dans le onzième l'évêque d'Aix avait consacrée : un motif particulier décida l'amant de Marguerite à cette résolution. C'est à la suite de la promenade qu'il avait faite dans la plaine de l'Arc, dominée par cette montagne, que l'écuyer Baldéric, déguisé en paysan et envoyé par la reine, l'avait attiré près de Sancie et de Marguerite; ce lieu lui était devenu cher; il y porta ses pas; il y vécut dans la solitude la plus profonde: il espérait que le temps calmerait sa peine sans rien diminuer de la vivacité de son amour. Quelles réflexions il faisait sur la fatale influence de la grandeur et de la richesse! « Ah! s'écriait-il, c'est le cœur, c'est l'esprit, qui seuls devraient marquer les rangs dans la société humaine! »

CHAPITRE XI.

—

Ermitage de la Victoire. — On retrouve le jeune troubadour.

> Telle et moins tendre encore est la jeune fauvette
> Qui, s'envolant de sa prison,
> Retrouve au bois son fidèle pinson.
> Le malheureux ! dans sa douleur muette
> Il languissait sous un épais buisson.
> . . . .
> Ils sont heureux et chantent leur bonheur.
> BERQUIN, *Idylles*.

Pendant que le fils de Valérie se livrait ainsi au désespoir, son absence avait causé autant de surprise que de douleur à toute la cour de Marseille. La reine s'était mal payée des motifs que lui avait donnés la dame de Tarascon; Marguerite n'osait confier à personne la cause de sa tristesse, mais elle redoublait d'assiduités auprès de Sancie, afin de lui entendre souvent parler de l'objet de ses propres regrets. Baldéric était un de ceux qui conservaient de Guillaume le souvenir le plus affectueux. La princesse, l'ayant fait venir un jour, voulut apprendre de lui les moindres circonstances, relatives à la connaissance qu'il avait faite d'Olivier et du jeune troubadour. Baldéric contenta sa curiosité. Il parla ensuite des beautés de la plaine de l'Arc, et des souvenirs glorieux qui étaient attachés à cette partie de la Provence. Afin de distraire Sancie, il lui proposa une longue promenade dans ces lieux, en se rendant aux fêtes que l'on avait préparées à Aix pour célébrer les nouveaux avantages qu'Alphonse avait remportés sur les Maures. La reine y consentit. La cour fit le voyage à petites journées. Le lendemain sa première halte fut à Aubagne, et dans la prairie même où des danses et des jeux avaient procuré tant de plaisirs. Les chefs de la ville vinrent rendre leurs hommages à la princesse, et ils ne purent s'empêcher de demander des nouvelles de Guillaume. Sancie prit un air sérieux ; elle ne répondit point ; Marguerite put à peine retenir ses larmes ; la comtesse Aloyse haussa les épaules, d'un air de pitié ; Baldéric seul rompit le silence : « Bons habitans, leur dit-il, nous aimons Guillaume comme vous ; après avoir passé quelque temps à la cour, il s'en est éloigné ; nous désirons tous l'y revoir. » La reine fit un signe d'approbation.

Elle se remit en route, laissant à gauche Geminos, son château et ses belles manufactures, puis entra dans la vallée de Saint-Pons, à laquelle la succession rapide, et, pour ainsi dire, le mélange des arbres, des rochers, des prairies, des sources, des grottes, des points de vue, donnait l'apparence d'une vallée helvétique. Ce paysage était embelli par un grand nombre de fabriques et d'usines. Une foule de canaux vivifie le territoire d'Auriol, dont le château reçut la reine. On résolut d'aller déjeuner sur la montagne de la Victoire. Saucie, appuyée sur le bras de Marguerite, montait avec quelque peine. Arrivée à un repli de la montagne, elle trouva des rochers tapissés de lierre et de pervenche; leur fond grisâtre contrastait avec la verdure des noyers, des cerisiers et des micocouliers, à travers laquelle on apercevait le toit d'un ermitage et la cloche d'une chapelle *. Saucie se reposa sur un banc, et dit à sa damoiselle d'honneur : « Tous les objets variés sur lesquels repose notre vue font une bien agréable perspective; quel dommage qu'elle ne soit pas animée par la mandore de notre jeune poète ! (Un soupir mal étouffé fut la seule réponse de la fille d'honneur.) Mais est-ce un songe? il me semble distinguer du côté de l'ermitage des accens harmonieux.—Je le crois comme vous, répondit Marguerite, ou mes sens sont abusés par une illusion que je ne saurais expliquer. » On entendait de plus près les sons de la guitare, et c'est avec un trouble inexprimable que l'amie de Guillaume prêta l'oreille à ces couplets :

> Dans le beau pays de Provence
> Allait le jeune troubadour ;
> Paisible en son indifférence,
> Il ne songeait guère à l'amour.

* Statistique des Bouches-du-Rhône.

Paroles de **J. C. F. LADOUCETTE.**

Musique avec accomp.t de Piano

par Hyppolite **COLET**,

Professeur d'harmonie au conservatoire.

Andante. REFRAIN.

Dans le beau pa_ys de Pro_ven_ce, al_lait le jeu_ne trou_ba_dour; pai_sible en son in_dif_fé_ren_ce, il ne son_geait guère à l'a_mour.

2
Du troubadour le cœur s'agite;
Il rougit, pâlit tour à tour;
Il veut s'approcher, il hésite:
L'indifférent connait l'amour.
Dans le beau &

3
Un regard l'enflamme; il soupire,
Et va s'exprimer sans détour.
Sur ses lèvres sa voix expire,
On n'entend qu'un vain son d'amour,
Dans le beau &

4
Dans sa nouvelle inquiétude
Il fuit la ville, il fuit la cour;
De sa profonde solitude
S'alimente encor son amour.
Dans le beau &

5
De celle que tant il regrette
L'heureux sort le rapproche un jour.
Sa lyre jusqu'alors muette
Ne résonne plus que d'amour.
Dans le beau pays de Provence
Le jeune et tendre troubadour
S'abandonnant à l'espérance,
Consacre sa vie à l'amour.

Lorsqu'il voit gente damoiselle
Au doux corsage, faite au tour ;
Graces, esprit brillaient en elle ;
Laure est l'ouvrage de l'amour.

Du troubadour le cœur s'agite ;
Il rougit, pâlit tour à tour ;
Il veut s'approcher, il hésite :
L'indifférent connaît l'amour.

Un regard l'enflamme ; il soupire,
Et va s'exprimer sans détour.
Sur ses lèvres la voix expire,
On n'entend qu'un vain son d'amour.

Dans sa nouvelle inquiétude
Il fuit la ville, il fuit la cour ;
De sa profonde solitude
S'alimente encor son amour.

La voix de celui qui chantait semblait s'éteindre à ces mots, et les cordes ne laissaient entendre qu'un plaintif murmure. Par un mouvement involontaire la reine se leva, et Marguerite s'élança vers un massif d'arbres où se trouvait le troubadour ; il leva les yeux : « Dieu ! s'écria-t-il ; suis-je le jouet d'une illusion ? est-ce que je vois Marguerite ; ou aurait-elle cessé d'exister, et son ombre viendrait-elle chercher un malheureux ? — Rassurez-vous, Guillaume, répondit son amie ; il faut que vous me suiviez auprès de la princesse ? » Sancie s'était avancée, et Guillaume allait embrasser ses genoux, lorsqu'elle lui dit : « Vous nous avez fait de la peine, troubadour ; mais nous vous revoyons, et tout est oublié. Quand on est content, on ne demande plus compte à ses amis des motifs qui les ont fait agir. Quels qu'ils soient, ne vous éloignez plus de nous sans ma permission expresse, jusqu'au retour d'Olivier. Venez vous asseoir à nos côtés : accordez votre guitare, et terminez votre romance par des vers qui ne présentent plus votre amant comme infortuné : je le veux. » Guillaume obéit à la reine, et voici son dernier couplet :

> De celle que tant il regrette
> L'heureux sort le rapproche un jour.
> Sa lyre jusqu'alors muette
> Ne résonne plus que d'amour.

Sancie et Marguerite répétèrent avec Guillaume le refrain de ce dernier couplet. Cependant toute la compagnie les avait rejoints, excepté la comtesse de Tarascon, qui ne voulait pas se fatiguer en gravissant la montagne, et qui avait mieux aimé se rendre directement dans la ville d'Aix ; son absence alors ne fut pas remarquée, tant chacun montra de joie en revoyant Guillaume ! Après un repas qu'assaisonnèrent les saillies et qu'animèrent les chants, la reine annonça au troubadour qu'il allait l'accompagner dans la ville d'Aix. « Je ne le puis, dit Guillaume, j'ai fait une promesse ; je sens qu'elle m'est insupportable, mais j'en suis esclave ; je ne dois plus paraître à la cour. — Fût-ce un serment, reprit Sancie, je vous en relève provisoirement, au nom de l'autorité souveraine, et je m'entendrai avec l'archevêque d'Aix, pour qu'il vous le remette entièrement. » Marguerite jeta les yeux sur Guillaume : ébranlé par l'ordre de la princesse, il ne put résister au doux regard qui exprimait la prière, et son ermitage reçut un éternel adieu.

CHAPITRE XII.

La reine à Aix. — Bal. — Querelle. — Appel à la cour d'amour de Romanin.

> Ces deux contendans recoururent à la cour souveraine d'amour de Romanin.
> RAYNOUARD, *des Troubadours et des Cours d'amour.*

A l'entrée d'Aix s'élevaient des arcs de triomphe ; toutes les rues étaient pavoisées ; des fontaines versaient le vin et l'hypocras ; la reine alla rendre graces à Dieu dans la métropole de Saint-Sauveur. Guillaume, qui ne pensait qu'à Marguerite, ne remarqua probablement point que l'église a été construite en forme de croix grecque, et que des colonnes antiques en soutiennent le baptistère. Le cortége passa le long du Cours, l'une des plus belles promenades qu'on puisse voir dans l'intérieur d'une ville *. On y retrouve les eaux minérales qui ont été si chères aux Romains, et dont l'usage immodéré fut, suivant Plutarque, si funeste aux Cimbres et aux Teutons. La reine descendit au palais tendu de haute lisse, et où

* On les a abattues en partie pour payer des constructions publiques.

elle reçut les consuls et les municipes. Ils la prièrent d'honorer un banquet et un bal de son auguste présence. Sancie accepta ces divertissemens avec la bonté touchante qui ajoute tant à la dignité. L'illumination était générale; la fête parut charmante; un grand nombre de masques de caractère représentaient des Aragonais, des Provençaux, des Sarrasins. L'allégresse ne fut troublée que par un incident, dont nous devons rendre compte, puisqu'il se lie à l'histoire de notre troubadour. Guillaume, ayant exécuté d'agréables accords sur la mandore, et fait entendre les chants les plus doux, avait obtenu tous les applaudissemens. Sancie voulut qu'il dansât avec Marguerite dans un ballet qu'on nomme *les bergères*. La damoiselle d'honneur y tenait la quenouille et le fuseau; le troubadour, un chalumeau et une faucille. Un cercle pressé entourait les deux jeunes amans. Chacun se disait: « Ils sont faits l'un pour l'autre. » Tout-à-coup on entendit ouvrir avec fracas une porte de la salle. Le comte Raymond de Saillans, seigneur de Roussillon, sortant d'une orgie, marchait précipitamment, au milieu d'un cercle d'étourdis, dans le moment même où par une porte latérale entrait une femme déguisée en Bohémienne. Il la heurta, peut-être sans le vouloir, et comme elle se plaignait amèrement de cette brusquerie, le comte, par un emportement inexcusable, lui dit: « Pour te punir, je veux que tout le monde voie les traits de la vieille sorcière. » Il lui arracha son masque, et l'on reconnut Aloyse de Tarascon. « Chevalier déloyal, s'écria la comtesse, je t'assigne dans quatre jours à la cour souveraine d'amour à Romanin. » Cette querelle, ce tumulte mirent fin aux divertissemens. Le prince d'amour et ses lieutenans se portèrent vers le comte, qui avait mis la main sur la garde de son épée. Marguerite courut vers sa tante ; la reine sortit en ordonnant à Guillaume de l'accompagner ; il eut ainsi le moyen d'éviter les regards d'Aloyse. Sancie dans la route garda continuellement le silence, et arrivée au palais, elle ordonna à chacun de se retirer. Baldéric emmena chez lui notre troubadour.

La princesse n'éprouvait pas un médiocre embarras. L'insulte du comte Raymond était publique, et rendue plus grave encore par la présence de sa souveraine. Mais ce seigneur, allié au comte de Forcalquier, avait des liens de fraternité avec la redoutable maison de Baux ; il était l'ame des mécontens. Aussi Alphonse avait recommandé à son épouse de ménager en toute occasion le caractère ombrageux de cet orgueilleux vassal. On ne pouvait se refuser à un appel près de la cour d'amour ; la reine ne se flattait guère d'y faire renoncer Aloyse ; elle imagina de charger secrètement Guillaume de soutenir à Romanin les intérêts de Raymond. De cette manière, les droits de sa dame d'honneur restaient entiers ; et Sancie se donnait un titre à la reconnaissance du comte de Roussillon. La reine manda celui-ci, le lendemain matin, et après quelques observations délicates, elle lui fit part de son projet. Raymond, qui pendant la nuit avait pu réfléchir sur toute l'inconvenance de sa conduite, témoigna la plus grande sensibilité pour l'intérêt que Sancie daignait prendre à lui, et la remercia de lui donner un tel défenseur, dont le talent semblait garantir le succès de sa cause. Mais c'est du côté de Guillaume que la princesse éprouva des obstacles auxquels elle ne s'attendait pas. Vainement elle lui fit entendre que s'éloigner du palais et remplir une mission de confiance était un puissant moyen pour déterminer l'archevêque à le relever du vœu qu'il avait fait.

Guillaume n'était pas seulement tourmenté par le chagrin de quitter Marguerite; il ne pouvait supporter l'idée qu'il allait se trouver l'adversaire de la comtesse de Tarascon, et il redoutait tout de la fierté et du courroux de cette dame. Vingt fois il fut près de rompre le silence et de tout avouer à la reine; mais il se souvint des avis d'Olivier sur les indiscrétions et les intrigues des cours. Les conseils que la prudence avait dictés à sa mère sur les inconvéniens de la pauvreté se retracèrent vivement à son esprit. Sans savoir quel intérêt particulier excitait Guillaume à ne pas blesser Aloyse, Sancie était trop clairvoyante pour ne pas deviner qu'il pouvait lui en coûter d'avoir à parler contre sa dame d'honneur, contre la tante de cette charmante Marguerite. Elle promit au troubadour qu'elle verrait Aloyse, et ne lui cacherait pas que son ordre seul le forçait à se charger de la défense du comte. Guillaume ne put se refuser aux volontés de la reine.

Tandis qu'elle était en pourparlers d'un côté avec

Raymond, de l'autre, avec celle que ce seigneur avait offensée, le fils de Valérie trouva le moyen d'entretenir Marguerite en tête-à-tête. « Croyez-vous, lui dit-elle, que je ne sois pas franche dans mon amitié? — Dieu m'aide, répondit Guillaume; depuis que je me suis attaché à votre service, je vous ai regardée comme la meilleure damoiselle du monde entier, et la plus vraie dans ses affections et dans ses paroles. — Je ne fausserai pas l'opinion que vous avez de moi [*]; mais pourquoi nous avoir quittées à Marseille? — Il me fallait servir de victime à votre tante; elle est l'instrument de Berangère de Baux; cette dame de haut parage, gracieuse pour moi dans l'amphithéâtre d'Arles, m'avait donné l'hospitalité dans son château, mais son cœur n'était que fraude; malheureusement elle ne connait de l'amour que ses déréglemens. Las! je vous avais vue. Mon indifférence pour Berangère m'a valu de sa part une haine qu'Aloyse partage bien injustement. Croyez-moi, Marguerite, si je me suis éloigné de vous, c'était les yeux pleins de larmes; je me sacrifiais pour vous éviter des ennuis. — Guillaume, vous m'expliquez pourquoi Aloyse blâmait en moi une parole, un regard qui pouvait s'adresser à vous, et me recommandait de ne vous accorder aucune distinction. Je lui faisais observer que ce n'était pas ma faute, si vous veniez chez la reine, aux momens où le service me fixait auprès d'elle, et si elle voulait quelquefois me voir danser, m'entendre

[*] Papon.

chanter avec vous. — Jugez, Marguerite, combien je devrai craindre à Romanin de déplaire à la comtesse. — Mon ami, il faut cependant réussir auprès de cette cour d'amour; plus illustre que celles de Signes et de Pierre-Feu, c'est la première de notre Provence; votre renommée dépend du succès que vous allez y obtenir. N'est-il pas vrai que vous trouverez également moyen d'y ménager ma tante? Je vous la recommande malgré ses torts envers vous. — Vous serez toujours maîtresse des volontés de votre ami; si Dieu me vient en aide, je tâcherai de tout concilier. — Faites-moi une promesse, Guillaume; c'est qu'aussitôt après le jugement, et quelle que soit ici la décision de l'archevêque, vous retournerez à la cour. — Ah! Marguerite, oserais-je faire une promesse? voyez combien a été téméraire, combien a pu m'être funeste celle que la comtesse m'avait arrachée. Puisse le ciel ne pas me punir si je ne l'ai point religieusement observée! — Est-ce votre faute, loyal troubadour? vous avez dû céder à la reine; elle s'est chargée de tout; mais si vous ne voulez pas vous engager formellement à revenir auprès de moi, du moins témoignez-m'en quelque désir! — Marguerite, vous voir est ma vie, vous aimer est mon bonheur. Si je pouvais jamais espérer d'unir mon sort au vôtre, Dieu même dans ce monde ne pourrait plus rien pour moi. Guillaume n'a pas de fortune, il l'avoue; mais son nom remonte à celui des conquérans de la Provence. Cette noblesse est tombée, comme celle de tant d'autres; elle a fait place aux prétentions de gens subalternes, servis par les circonstances ; ô pitié ! leurs descendans se croient presque du sang des rois. Puissé-je relever la gloire de mes aïeux ! qu'elle me fasse surmonter tous les obstacles qui m'éloignent de vous ! — Et moi aussi, Guillaume, je n'ai pas de biens à offrir ; orpheline, je dépends de ma tante ; elle m'a tirée du cloître, élevée dans son château de Tarascon, et m'a servi de mère : vous connaissez son orgueil ; mais espérons dans la protection de la reine ; vous jouissez comme moi de sa faveur ; comptons en outre sur Olivier ; il ne peut manquer d'avoir un grand crédit sur l'esprit du roi pour les services qu'il lui a rendus à Beaucaire et en Aragon. Avez-vous avoué vos sentimens à Olivier ? — Non, Marguerite ; l'amant sincère n'a pas de confident ; aucun autre que son amie ne doit lire dans sa pensée ; en révélant son secret il pourrait compromettre celui de la beauté qui règne sur son cœur. Aussi je ne me suis pas même confié à la princesse. — Croyez, Guillaume, que si l'occasion se présentait de parler à Sancie, je la saisirais avec empressement ou je vous l'indiquerais. — L'espoir que tu me donnes, ô Marguerite, est un baume consolateur. Le croirai-je ? tu m'aimes, tu me l'avoues. Moment plein de charmes, trop courte est ta durée ! L'instant de mon départ approche. Ciel ! il faut vaincre pour Raymond, et sans offenser Aloyse ! — Cette écharpe, mon ami, sera pour vous le signe du bonheur ; elle est blanche, c'est la couleur que j'ai adoptée ; j'y ai brodé votre chiffre, et j'aurais voulu pouvoir y joindre le mien.

Vous voilà mon chevalier; que cette écharpe me rappelle toujours à votre souvenir! — Oui, sans cesse, oui, partout où me conduira la fortune.

> La mémoire est souvent ingrate,
> C'est quand l'esprit seul la conduit.
> Rien ne l'excite et ne la flatte,
> Elle se trouble, elle s'enfuit.
> Mais dès qu'il s'agit du modèle
> Et des vertus et des attraits,
> La mémoire est sûre et fidèle,
> Le cœur ne se trompe jamais.

» Je porterai cette belle écharpe, ô mon trésor, ô mon amie, et sa vue disposera en ma faveur les dames de Romanin; mais qu'un baiser de ta bouche donnerait d'éloquence à la mienne!» Marguerite s'approche de Guillaume, leurs regards se rencontrent, et l'on assure que les lèvres de la damoiselle d'honneur effleurent le front du troubadour; à l'instant, confuse de ce qu'elle a fait, elle se couvre le visage de ses deux mains, et s'enfuit.

Guillaume cependant alla prendre congé de la reine; il éprouvait une vie émotion qu'elle attribua aux bontés dont elle l'avait comblé jusqu'alors. Il partit avec le comte de Roussillon. Ce Raymond, si fier, si hautain, sentant qu'il avait besoin de son secours, fut avec lui de la plus grande courtoisie; il ne cessait de l'entretenir de la magnificence qui présidait à ses fêtes et des grandes chasses qu'il avait faites au vol, dans les forêts et sur les rivières. La première science était, suivant lui, l'art de dresser les chiens, les oiseaux, surtout d'apprivoiser les animaux les plus farouches. A l'imitation des Italiens, il faisait porter en croupe par des gens à cheval des léopards, qu'on lançait ensuite sur le gibier, et qui l'attrapaient à la course. Raymond racontait les coups heureux qui avaient prouvé son talent dans les jeux des tables *, des dés et des échecs. Il tenait le cornet pendant des jours entiers à quiconque venait le visiter en son château de Roussillon. Raymond engageait Guillaume à passer quelque temps dans cette riche demeure, où il jouirait en paix des plus doux plaisirs de la vie.

Le comte avait un écuyer, nommé Feydit, qui redisait avec facilité des chansons de troubadours, et qui même en composait parfois d'assez ingénieuses. Ce jongleur présuma de son talent au point de s'offrir à son maître pour défenseur. Raymond refusa ses services devant Guillaume, afin d'attacher celui-ci à sa cause par une grande marque de distinction. On arriva à Romanin. La présidente de la cour, ayant reçu une lettre de la reine, fit publier que le jugement était fixé au lendemain.

* Ancien nom du jeu de dames.

CHAPITRE XIII.

Séance de la cour d'amour.

> Allez plaider devant ma femme Berthe ;
> En tel procès la Reine est très experte,
> Bénignement elle vous recevra,
> Et sans délai justice se fera.
>
> VOLTAIRE, *Ce qui plaît aux dames.*

On ouvrit les salles au point du jour. Dans la première allaient et venaient des dames et chevaliers, devisant sur des sujets de guerre ou des questions d'amour et de délicatesse; chacun y racontait les anecdotes qu'il avait apprises ; on pouvait y avoir des nouvelles de tout ce qui intéressait le cœur des plus illustres Français. La salle de la cour était tendue de velours bleu, tissu dans le Levant. Des tapis d'Orient s'étendaient sous les siéges, et ils étaient surmontés de carreaux brochés de soie cramoisie et d'or. Une table reposait sur des tréteaux de bois de citronnier. Elle était couverte d'un drap de toilette de Hollande, et par-dessus, d'une étoffe de soie verte, avec des hermines arminées. Sur la table était un sceptre de roses, entouré de violettes et de branches de myrte. On y voyait aussi un paon, dans un grand bassin d'or. On avait préparé pour la présidente une chaire de velours rose. Le signe de la rédemption s'élevait au fond de la salle; ailleurs, l'on y voyait le code d'amour, en trente et un articles, qui doivent servir de règle à l'univers. Les regards se portaient sur les tableaux touchans de Pyrame qui se perce auprès de Thisbé; de Didon sur son bûcher; de Léandre qui fend les flots de la mer, et que Héro attend avec une si vive impatience; d'Antoine mourant qu'on porte vers Cléopâtre; d'Ariodant fidèle à sa Genèvre; d'Emma, chargée d'un précieux fardeau. Deux hérauts annoncèrent la cour. Phanette des Gantelmes, dame de Romanin, parut, assistée des marquises de Malespine et de Saluces, de Briande comtesse de la Lune, d'Anne vicomtesse de Tallard, de Rixandre de Puyverd, de Hugonne de Sabran, d'Alaette de Mealhon, d'Ursyne des Ursières, d'Elys de Meyrarques, et de cinq autres dames; car, pour cette cause importante, le nombre des juges avait été porté au grand complet. Chacune de ces aimables filles de Thémis avait le nom d'une vertu, dont l'image était brodée sur son épaule, et l'on devait ainsi comparaître devant la foi, la charité, la prudence, la justice, la prouesse, la prudhomie, et autres objets du culte de ceux qui poursuivent la gloire des armes. Quatre chevaliers du parquet allèrent chercher la dame de Tarascon, qui salua l'honorable assemblée, et que la présidente invita de s'asseoir à cause de son sexe et de son âge. Ce dernier mot déplut beaucoup à Aloyse; elle en dissimula néanmoins son mécontentement. On fit entrer le seigneur de Roussillon. Il était précédé par des pages et varlets, chargés, l'un de ses brassards, l'autre de ses gantelets, celui-ci de son heaume, celui-là de sa lance. Venait ensuite l'écuyer Feydit, qui déployait le pénon de la maison de Saillans, Roussillon, Castelnou et Miraval. Le comte avait sur le poing un faucon de Sardaigne, avec ses jets, longes, sonnettes et le collier où brillaient des pierres précieuses. L'épée du fier suzerain était suspendue à une écharpe de satin blanc; la poignée en était ciselée avec art. Raymond portait une toque de velours, sur laquelle flottaient des plumes d'aigle. Sa longue robe de damas cramoisi était ornée de franges d'or, et garnie de vair, de petit gris et d'hermine. On avait brodé ses armoiries sur la moitié de son manteau; l'autre était chargée de perles, de turquoises et d'opales.

Après lui, Guillaume allait modestement; il blâmait au fond du cœur tout cet appareil, et il n'était paré que de son écharpe. Sa toque même n'était pas couronnée d'aigrettes; l'on voyait seulement la cigale en or, que dans les solennités aiment à montrer les troubadours. Phanette regarda le comte d'un air sévère, et lui dit : « Vous êtes accusé ; il vous sied mal de paraître devant nous avec un luxe qui n'appartient qu'à une maison royale. Renvoyez cette suite qui blesse les yeux de la cour. » Sur un signe de Raymond, Feydit s'éloigna avec tous les pages et varlets « Comtesse, reprit alors la présidente, apprenez à ces dames quelle est l'offense dont vous vous plaignez. » Aloyse de Tarascon raconta alors ce qui s'était passé dans le bal que la ville d'Aix avait donné à la reine. « Je déteste, s'écria-t-elle, un seigneur déloyal, à l'égal de la tarasque, ce serpent qui, du temps de sainte Marthe, dévorait nos bateliers du Rhône. Je jure par le dragon de bois qu'on promène tous les ans dans ma ville de Tarascon, que le comte mérite un rigoureux châtiment. Je n'aurai pas comme lui recours aux prestiges de l'art. La vérité toute nue suffit à ma défense. Mesdames, votre gloire est, comme la mienne, intéressée à cette cause. La jeunesse commence à perdre pour le beau sexe le respect qui distinguait nos aïeux. C'est moins pour moi que pour vous toutes qu'ici je réclame un grand exemple. En remontant aux sages ordonnances de Boson, notre premier roi, je pourrais demander que si Raymond venait s'asseoir à la table de nobles chevaliers, son pain fût mis à l'envers, et que l'on tranchât la nappe devant lui; que dis-je? qu'à ses propres yeux on brisât ses armes, on effaçât son blason, son écu fût traîné dans la boue; j'exigerais qu'on répandît sur sa tête un bassin plein d'eau pour effacer en lui le caractère de chevalier; puis on le porterait dans la cathédrale d'Aix ; les prêtres prononceraient sur lui les prières des morts et le psaume des imprécations; mais Aloyse n'est pas connue par ses rigueurs. Il me suffit que pendant une année entière le coupable ne puisse parler à une dame, monter à cheval, tenir le faucon, ceindre l'épée. »

Une sueur froide avait couvert le front du comte. La fureur brillait dans ses yeux; ses dents claquaient avec violence. Guillaume chercha à le contenir, en lui disant : « Seigneur, je saurai adoucir le traitement qu'on vous prépare ; je l'ai promis à la reine. » La présidente demanda alors à Raymond s'il était prêt à répondre ; et comme il prononçait le nom de Guillaume : « Vous devriez, dit Phanette, vous défendre en personne, et nous ne vous permettrons d'avoir auprès de nous un interprète, que si ce troubadour peut nous révéler l'origine du code d'amour. » Guillaume sans hésiter satisfit à sa demande ; il se souvenait du roman de Brutus, dont Olivier lui avait donné connaissance dans le palais de Sancie :

> Dans Albion un noble chevalier,
> Tenant en main sa redoutable lance,
> Et pour devise ayant *Amour et France*,
> Caracolait sur son fier destrier.
>
> De son voyage on ignore l'objet ;
> En souriant, tout à coup une belle
> Vers lui s'avance, et bientôt lui révèle
> Tous les moyens d'accomplir son projet.

Rempli d'espoir, il vole aux preux d'Arthus,
L'un après l'autre en champ clos les défie ;
Tous sont défaits, tous vantent les vertus,
Le tendre cœur, les attraits de sa mie.

Notre vainqueur saisit la perche d'or
Où le faucon sert de prix à la gloire ;
Dedans son bec l'oiseau tient un grimoire ;
Petit livret, mais précieux trésor.

Le paladin l'expliqua tour à tour
Aux rois puissans, aux poètes, aux dames,
Vit tous les cœurs brûler de vives flammes ;
Le monde entier subir la loi d'amour.

« Maître en l'art de chanter, dit la présidente, la cour a entendu avec plaisir votre récit. Vous pouvez maintenant soutenir les intérêts du comte. » Les chevaliers du parquet se portèrent vers le fils de Valérie, qui prit place sur une estrade en face de la cour. Eux-mêmes se rangèrent sur le banc sans dossier qui leur était réservé ; l'un d'eux tenait une plume d'or pour prendre note des discours de chacun, ainsi que de l'arrêt d'amour. Guillaume, son luth d'ivoire à la main, chanta une retrouange, c'est-à-dire des couplets avec un refrain :

Le ciel, pour faire un don suprême
A notre terrestre séjour,
De la justice offrit l'emblême
Dans la cour plénière d'amour.
Elle protége la tendresse,
Unit les vertus aux attraits,
Honore la délicatesse
Qui ne se déguise jamais.

C'est par l'épée et par la lyre
Que chevaliers et troubadours
Vont dans un généreux délire,
Servir la cause des amours.
S'ils trouvent de perfides amies,
Ils les percent de mille traits ;
Prêts à combattre pour les dames
Qui ne se déguisent jamais.

Sous ton masque, sage Aloyse,
Si l'on crut voir quelque détour,
Fais grace à la triste méprise ;
Que d'erreurs excusa l'amour !
L'esprit n'a point commis l'outrage,
L'œil aurait admiré tes traits ;
Le cœur te porte son hommage ;
Las ! ne te déguise jamais !

Guillaume ayant fini de chanter, un murmure d'approbation se fit entendre parmi les assistans et les chevaliers du parquet. Les dames de la cour paraissaient satisfaites, autant qu'on en put juger par les regards qu'elles jetèrent sur le troubadour.

Elles se divisèrent en groupes, où l'on se livra à des conversations particulières, qui paraissaient assez animées ; on y soutint des opinions diverses pour le plus ou le moins de liberté qu'on peut se permettre sous le masque, où souvent la femme la plus timide montre le plus d'assurance et sait le mieux intriguer l'homme le plus adroit. Aucune de ces dames ne pardonnait aux plus grands seigneurs de préférer Bacchus aux Graces, et tout le sexe se croyait insulté dans la personne d'Aloyse. Pendant ces entretiens, la présidente appela Guillaume et lui dit à demi-voix : « Savez-vous, beau troubadour, qu'il s'en est fallu de bien peu que vous ne fussiez vous-même cité à comparaître en notre cour? — Quel tort aurais-je pu commettre? Depuis une enfance assez mutine je n'ai jamais offensé personne. Je jure par saint Guillaume, mon vénérable patron, qu'en chaque occasion j'ai cherché à être estimé des hommes, comme à plaire au beau sexe. — Fort bien! mais quelle conduite avez-vous tenue à l'égard de Berangère de Baux? — Oh! par Notre-Dame, vous aurait-elle porté plainte contre moi? — N'en soyez pas surpris : on nous regarde comme les juges naturels de la délicatesse qui préside aux affaires du cœur. — Y ai-je dérogé le moins du monde? —Berangère est venue me trouver; elle vous reproche d'avoir répondu par l'indifférence, l'ingratitude, la fuite, à ses bontés prévenantes. Elle demandait que la cour vous interdît de porter à l'avenir le titre de troubadour, et vous privât même de celui de jongleur. — Ce serait condamner l'innocence! Berangère m'avait d'abord fait chérir la grandeur; je respectais Berangère; je n'ai point forfait près d'elle à ma foi. Je prends à témoin Olivier, ce miroir de la courtoisie, que des motifs bien puissans m'ont contraint à m'éloigner. — Vous n'avez pas voulu mettre à fin le roman de la maison de Baux? — Il faudra bien que vous me croyiez, car c'est la vérité pure : Berangère ne m'a jamais engagé à m'occuper de ce roman-là. — J'admets votre assertion. J'ai ouï parler de certain philtre ... — Madame, épargnez Berangère ! — Elle a usé d'un moyen que je rejette : il faut que notre magie réside entièrement dans notre tendresse, et qu'on ne puise un doux poison que dans nos yeux. Rassurez-vous, Guillaume ; j'ai répondu à Berangère : « Point de réclamation n'est à présenter, noble dame, par qui refuserait d'octroyer un dédommagement. Si vous attaquez le troubadour, je pourrai bien, à défaut d'autre advocat, me charger de sa défense. » — Madame, quels moyens pour le pauvre Guillaume de vous témoigner sa reconnaissance ? — Peut-être la reine Sancie, ou du moins la charmante Marguerite m'aurait prévenu dans ce plaid. — Ce serait orgueil de m'en flatter. — Gentil damoisel, persévérez dans la modestie et la discrétion qui vous siéent si bien, et que nous prisons d'autant mieux qu'elles deviennent, chaque jour, plus rares. »

Phanette congédia Guillaume, non sans un sourire gracieux ; puis elle rejoignit l'aimable sénat qui, après une assez courte conversation, reprit ses chaises curules, et la présidente proféra ces paroles avec la gravité d'un consul romain :

« Mesdames, vous connaissez maintenant l'attaque et la défense. Il nous reste des devoirs à remplir. Songez d'abord que le paon par la richesse de son plumage peut être regardé comme l'emblème de la majesté royale, de même que les yeux dont ce plumage est parsemé représentent ceux de la justice éternelle, à laquelle rien ne doit échapper. La main placée sur ce noble oiseau, vous allez vous engager à juger d'après la voix de votre conscience et suivant la coutume d'amour. » Les dames se levèrent aussitôt, et chacune d'elles fit le vœu. Elles passèrent ensuite dans un cabinet voisin, et après un quart-d'heure de délibération elles reprirent leurs siéges. Au milieu d'un religieux silence, Phanette d'un ton solennel prononça cet arrêt.

« Voici la décision unanime de la cour souveraine de Romanin. Il est dans nos intentions de réprimer tout attentat envers les dames, et, d'un autre côté, nous désirons que notre sexe se distingue par l'indulgence. Cependant dans l'affaire qui nous occupe notre décision serait d'une grande sévérité, si nous ne tenions compte à l'accusé de l'estime que mérite le talent de son défenseur. En conséquence, la cour souveraine se contente de mettre pendant un mois le comte Raymond de Roussillon à la disposition de la comtesse de Tarascon.

» Ainsi jugé, l'an de grace 1178, le premier jour des calendes de septembre. »

L'arrêt étant prononcé, la présidente leva la séance. Les hérauts précédaient les dames, auxquelles les chevaliers du parquet donnaient la main. Aloyse sortit courroucée, en lançant sur Raymond un regard foudroyant. Le comte se retira avec Guillaume, et il lui dit en l'embrassant : « Mon cher troubadour, promettez-moi de ne pas me quitter pendant ce mois d'épreuve. Je suis tourmenté par des craintes dont je n'ai pas osé vous entretenir plus tôt, afin de ne pas vous inquiéter sur mon sort, et nuire ainsi au succès de ma défense. D'ailleurs il faut prendre garde de raconter ce que font les fées non loin de leur domicile et trop tôt après leur apparition ; l'on s'expose à des ressentimens. La nuit qui a précédé mon départ de la ville d'Aix, j'appelais en vain le sommeil ; je me levai et j'ouvris une croisée du côté de la campagne, afin que la fraîcheur de l'air pût calmer l'irritation de mon sang. A la clarté de la lune, j'aperçus une femme qui marchait avec peine ; elle s'appuyait sur une béquille, se mit à cueillir des simples et fredonna sur un ton lamentable. Des corneilles volèrent au-dessus de sa tête ; l'une d'elles vint se placer sur l'arbre qui était auprès de ma fenêtre, et j'entendis d'affreux croassemens. La vieille se releva et jeta les yeux sur moi. Les cloches de la ville sonnèrent à l'instant minuit. Je fis trois signes de croix ; la corneille s'enfuit en criant, et la sorcière disparut. Cette nuit, j'ai été agité par un songe qui m'a offert les mêmes objets. Guillaume, c'est pour moi un présage de sinistres événemens » Le troubadour essaya de rassurer le comte ; et cependant lui-même avait été fatigué dans les deux dernières nuits par des rêves effrayans.

CHAPITRE XIV.

Le père de Guillaume est malade; il meurt.

>Je donnerai toujours des larmes à ton sort;
>Toujours je rêverai le moment où la mort
>T'attendait sur la sombre rive,
>Où ta langue déjà captive
>En sons plaintifs me demandait encor.
>
>VIGÉE.

Guillaume venait de paser sur le territoire de l'ancien *Glanum*, près de la grande arcade qui reste de l'arc de triomphe érigé en l'honneur de Drusus. Raymond allait entrer avec lui dans la petite ville de Saint-Remy, lorsqu'ils virent un jeune homme qui marchait d'un pas précipité. A la manière des paysans de Provence, ses cheveux étaient flottans, sa tête couverte d'un capuchon, et sa veste bleue, d'une camisole rouge; il avait le pied chaussé de sandales attachées avec des lacets qui se croisaient entr'eux. Ses vêtemens étaient couverts de poussière, et il paraissait hors d'haleine. Reconnaissant en lui un compagnon des jeux de son enfance, Guillaume s'écria : « Est-ce toi ? mon ami Bachelard ; où vas-tu si promptement ? — Je te cherchais, répondit celui-ci. Comme tu es changé à ton avantage depuis que je ne t'ai vu ! comme tu me sembles beau avec cette écharpe ! Mais je viens te donner du chagrin ; écoute. Ton père, ayant appris que tu étais bien-venu à la cour, m'a dépêché vers toi. N'ai-je pas été assez hardi pour vouloir me présenter à la reine ? nous autres anciens Romains, nous ne craignons personne au monde ; mais je n'ai parlé qu'à une jeune dame, belle comme un ange. — C'est Marguerite ! — Oui ; on la nommait ainsi, et je l'ai trouvée bien bonne. Madame Marguerite m'a paru vivement émue de ce que je lui ai raconté de ton père, et après m'avoir indiqué le chemin à faire pour te rencontrer, elle m'a recommandé une grande diligence. Certain seigneur qui était là m'a dit qu'on allait partir pour Marseille, et que je devais te saluer de la part de tous tes amis. A ces mots, madame Marguerite a souri fort agréablement, et m'a donné une pièce d'or. — Mais, Bachelard, tu ne me dis pas ce qui est arrivé de fâcheux à mon père ? — Malade, bien malade ; je doute qu'il en revienne, et ce brave homme-là veut t'embrasser avant de mourir. — Grands dieux ! mon père est en danger ; il réclame ma venue ; vous l'entendez, monsieur le comte ; pardonnez si je vous quitte ; excusez-moi auprès de la reine ; dites-lui qu'à mon retour....... — Je me charge de tout, reprit

Raymond. Votre éloignement m'est pénible dans les circonstances où je me trouve ; mais j'espère que Sancie empêchera ma terrible ennemie d'abuser du jugement de la cour d'amour. Guillaume, encore un mot. Je ne me dissimule pas que sans vous j'aurais pu être victime de la rigueur de ces dames de Romanin. Lorsque vous reviendrez de votre voyage, ne cherchez pas le palais de la princessse ; attachez-vous à la vraie noblesse provençale qui ne supporte qu'impatiemment le joug pesant de l'Aragonais. Je vous attendrai dans mon château. » A ces mots, il serra la main du troubadour, et Guillaume prit avec Bachelard la route de son village.

Pendant trois jours il marcha avec la célérité d'un bon fils qui veut revoir son père ; il espérait que sa présence, que ses soins rendraient à Cabestaing la santé. Il passa le Buëch et arriva dans la plaine de Labâtie Mont-Saléon, où ses yeux cherchèrent en vain la ville romaine ; les murs en étaient recouverts de terre, et la charrue passait sur ses débris. On ne voyait plus rien de cet autel antique, où il avait connu Olivier, où il avait reçu la bénédiction paternelle. Cette particularité lui parut d'un funeste augure ; un secret pressentiment lui assurait que son bonheur disparaîtrait bientôt.

Guillaume touche à la maison de Cabestaing, et voit tous les environs remplis d'hommes, de femmes à genoux, qui récitaient les prières des agonisans ; ils invoquaient l'Eternel pour le respectable vieillard. Témoin de tant d'hommages rendus à la vertu, le jeune homme, en proie à la plus vive douleur, se précipite vers le lit de son père : celui-ci rouvre la paupière, essaie péniblement de se relever, et dit ces mots, vingt fois interrompus : « O mon fils, je te revois; Dieu soit béni ! je meurs satisfait. Ta gloire est venue jusqu'à moi pure et sans tache; elle charme mes derniers momens. Tu as un dernier devoir à remplir; il n'est pas de temps à perdre. Sache que ta mère est née de parens dans l'opulence. Nos coutumes, oubliant que nos enfans nous sont également chers, donnent tout à l'aîné. Nous demandâmes en vain à mon beau-frère le quart de ce qu'il tenait de ses aïeux; il me refusa sans pitié; nous sommes brouillés depuis ce temps-là; nous ne nous sommes point revus. Il habite Paris. Je lui pardonne à mon heure dernière. Il aime sa sœur; il t'aimera. Dès que je ne serai plus, conduis Valérie à son frère. Viens, ma femme; viens, mon fils; tous deux je vous recommande à Dieu. Approchez encore; pressez-vous sur mon cœur pour la dernière fois!..... » Cabestaing laisse tomber sur eux un regard, pousse un soupir et ferme les yeux.

Guillaume passa le reste de ce jour funeste, toute la nuit suivante à prier auprès du lit de son père. Le lendemain il fallut s'occuper du soin des funérailles. La noblesse de Cabestaing n'était point contestée. Pour le représenter à la triste cérémonie, le doyen du village, Roustan, étant armé de pied en cap et ceint de son écharpe, se plaça sur le lit de parade, et derrière la croix on portait en tête du cortége la bannière de la tribu Voltinia ; on y avait brodé le nom de Servirius, sous une couronne de lauriers. On se rendit aux lieux où fut la ville romaine, dans la partie de l'ancien champ * où les membres de la tribu Voltinia avaient eu leur sépulture. La tombe de Cabestaing était entourée de cyprès ; lorsqu'on y déposa son corps et lorsqu'on la recouvrit de roses, Guillaume prit son luth ; mais l'instrument échappe de ses mains ; les cordes se brisent avec un son lugubre ; l'œil du troubadour se remplit de larmes ; la parole expire sur ses lèvres. Il baise en silence, avec un recueillement religieux, la pierre sous laquelle l'auteur de ses jours repose à jamais.

* Ager somni.

CHAPITRE XV.

Guillaume conduit sa mère à Paris. — Il est appelé à la cour de Louis VII. — Noces du roi de France et d'Alix de Champagne.

> Dans les siècles futurs que mon regard embrasse,
> Je vois ce couple auguste, à jamais respecté,
> Porter encor la paix et la prospérité ;
> Je vois sa noble et glorieuse race
> Aller de fils en fils à l'immortalité.
> PRINCESSE CONSTANCE DE SALM.

Guillaume était bien impatient de retourner auprès de Marguerite, et de savoir si la dame Aloyse de Tarascon lui pardonnerait d'avoir cédé aux ordres de la reine, en défendant le sire de Roussillon devant la cour d'amour de Romanin. Mais c'était un devoir sacré d'obéir aux ordres que son père lui avait donnés à son lit de mort. Il fallut d'abord partir pour Paris, malgré les regrets que lui inspirait une si longue absence, malgré la tristesse que lui causait un si grand éloignement. Afin de procurer de ses nouvelles à Marguerite, Guillaume chargea Bachelard d'aller à Marseille, d'y saluer Baldéric. Il recommanda au jeune homme d'annoncer à ce seigneur qu'il ne resterait que peu de jours dans la capitale de la France, et que, sans perdre de temps, il reviendrait à la cour de Sancie.

Comme Valérie était d'une santé faible, le voyage fut long. Malgré tous les chagrins que ces retards donnaient au troubadour, il ne laissa pas apercevoir une ombre de mécontentement, et il eut pour sa mère chérie les attentions les plus soutenues et les plus délicates.

Lorsqu'on arriva à Lyon, elle prit quelque repos, pendant que Cabestaing alla visiter le confluent de la Saône et du Rhône, l'horloge de la cathédrale, l'hospice, qui promettait d'être le plus beau de la France, et les tables données à la ville par l'empereur Claude, qui y avait reçu la naissance. Valérie voulut aller prier, pour le succès de son voyage, à Notre-Dame de Fourières; elle fut d'abord obligée de s'arrêter au palais romain qu'on appelle l'*Antiquaille*, puis sur le plateau de la montagne d'où la vue embrassait Lyon, ses environs si rians et si fertiles, et cette enceinte de montagnes qui, d'un côté, occupait l'Auvergne et le Forez, et, de l'autre, partant de la Bourgogne, comprenait les Alpes de la Suisse, du Dauphiné et du Piémont. Le lendemain, on s'embarqua dans le coche d'eau pour remonter la Saône, et l'on fut abordé par de jeunes femmes conduisant des barques et venant offrir des provisions aux passagers; elles se laissaient aller au courant après les avoir servis; leurs manières franches et cordiales firent quelque diversion à la douleur de Valérie.

La plus vive émotion que son fils éprouvât dans ce voyage, ce fut à la vue de l'amphithéâtre d'Autun : il se retraça tout ce qui lui était arrivé depuis le jour où Berangère, devenue sa mortelle ennemie, lui fit un si brillant accueil dans l'amphithéâtre d'Arles, peu de momens avant qu'il rencontrât cette Marguerite qui devait décider du sort de toute sa vie.

A Auxerre, Valérie reprit le coche d'eau, et le jour d'après, elle débarqua devant la maison de son frère. Robert vit arriver sa sœur avec joie, et il fut bientôt si charmé des talens et du caractère de son neveu, qu'il résolut de fixer auprès de lui l'aimable troubadour. Mais celui-ci parlait déjà de retourner en Provence, et l'on eut beaucoup de peine à l'empêcher de partir avant les noces que Louis VII allait célébrer. « Notre roi, dit Robert, dut être touché des derniers adieux de son père (un soupir pénible s'échappa de la poitrine de Guillaume); je voudrais que tous les princes eussent ces paroles écrites en lettres d'or sur le dossier du trône comme au chevet du lit : *Mon fils, la royauté n'est qu'une charge publique, dont vous rendrez compte à celui qui fait les rois et qui les juge.* Le jeune monarque voulut d'abord suivre les préceptes de Louis VI, et travailler au bonheur de ses sujets. Mais en guerroyant contre le comte de Champagne, il se laissa emporter par la colère à la prise de Vitry, et fit brûler une foule d'habitans dans l'église. — Quelle horreur ! s'écria Guillaume. — Pour expier cette barbarie, il prit la croix et partit pour la terre sainte, malgré les avis de notre sage ministre Suger, que nous avons surnommé *le père de la patrie.* On dirait qu'il y a dans le monde religieux des modes, comme chez nous autres profanes.

» Notre roi eût été, je crois plus sage en restant parmi nous.

» Fait prisonnier en Palestine, il y a perdu presque toute son armée et le cœur de son Éléonore. — Comment ce dernier malheur lui est-il arrivé? demanda Valérie. — Il s'était fait raccourcir les cheveux et raser le menton. La reine lui dit qu'elle n'avait pas cru être la femme d'un moine. Elle devint éprise d'un prince d'Antioche qui avait longue chevelure et barbe touffue; ensuite elle ne rougit pas d'écouter un jeune Turc, nommé Saladin. — Louis a répudié Éléonore ? dit Valérie. — Oui, pour cause de parenté, comme si l'on eût songé à ce léger obstacle lorsque Louis l'épousa. Le mal, c'est que, par suite de l'imprudent divorce, on restitua la Guyenne et le Poitou, qui étaient la dot d'Éléonore, et qu'elle porta bien vite avec sa main au duc de Normandie, maintenant roi d'Angleterre. Cela nous attirera, je le crains, plusieurs siècles de guerre. Pour contrebalancer un revers si fâcheux, Louis, se souvenant qu'il a été élevé dans le cloître et qu'aux processions il fait passer devant lui le moindre clerc, s'est mis à bâtir et à doter des monastères. Le curé de Saint-

Nicolas reçoit de lui tous les ans six muids provenant des vignes que sa main cultive dans ses jardins du Louvre. L'agriculture au reste prospère assez sous ce règne doux et pacifique. Ce que j'estime le plus dans Louis, c'est d'avoir travaillé, comme ses prédécesseurs, à affranchir les Français du joug des barons. »

« Nos princes, s'écria Guillaume, ne devraient jamais oublier qu'ils sont les pères du peuple, et que ces nobles altiers les regardent à peine comme les premiers d'entre eux. — Je suis de ton avis, mon neveu; quoi qu'il en soit, Louis a pris pour seconde femme Constance de Castille, dont il n'a eu qu'une fille, appelée Marguerite. (Ce nom fit tressaillir Guillaume.) Un second veuvage l'a bientôt ennuyé, et il a fait choix d'une nouvelle reine. Alix, fille de Thibault-le-Grand, comte de Champagne, vient d'un pays où les troubadours ont acquis une haute renommée. On la dit aimable et jolie; avec ces qualités-là et au bruit des fêtes qu'on donnera en son honneur, nous serons tous contens; l'on réussit avec les Français lorsqu'ils peuvent chanter, danser et rire. L'arrivée d'un poète tel que toi ne sera pas chose de médiocre importance; et si l'on apprend que tu es à Paris, attends-toi à quelque message. Ne t'avise pas cependant de parler à la cour des besoins des peuples et des devoirs des monarques : on ne te comprendrait point, ou tu serais éconduit. »

Après cette conversation, Robert, pour que son

neveu pût éprouver quelques distractions, le mena chez Jean-de-Petit-Pont, qui venait, avec ses amis, de relever le monument de ce genre, auquel il donna son nom. Mais Guillaume ne retrouva pas dans cet homme le fondateur des Frères-Pontifes : Bénezet unissait à l'amour du bien public celui de la religion ; Jean était le chef d'une secte qui s'appelait des Parvi-Pontaires *, et dont les systèmes sont tombés dans l'oubli. Guillaume visita ensuite les travaux de la basilique que Louis érigeait, et qu'on appelait Notre-Dame. Il dissertait avec son oncle sur le mérite de l'architecture dite gothique, que Louis VII avait introduite en France, lorsqu'un page se présenta de la part d'Alix, pour engager le troubadour à se rendre au palais, et son oncle répondit pour lui qu'il s'empresserait de déférer aux ordres de la reine.

Guillaume ne fut pas ébloui par l'éclat de la cour. Celle de Marseille était moins brillante sans doute, mais seule elle renfermait Marguerite. « Venez, gentil troubadour, dit Alix avec grace ; le comte mon père aime aussi *les gieux sous l'ormel*, et nous ne croirions pas descendre de la majesté souveraine en y assistant avec vous. En attendant, venez prendre part à la joie que répand en ces lieux le roi, mon époux, mon seigneur et maître. » Louis appela Alix ; ce qui empêcha le fils de Valérie de répondre à tant de bonté. Les solennités avaient commencé,

* Dulaure.

et nous n'en décrirons pas la magnificence. On dépensa en peu de jours le revenu de quelques années ; mais la cour de France fut trouvée la plus polie et la plus galante de l'univers ; avantage bien précieux sans doute pour les habitans de ce royaume. Au milieu d'un grand nombre de princes, de chevaliers et de dames illustres, Louis ayant demandé à son échanson un hanap d'or, fabriqué dans la ville de Tours, on remplit cette coupe avec du vin d'Orléans, provenant de vignes que nos rois possédaient. Le monarque en but la moitié, puis il fit passer le hanap à Guillaume, en l'invitant à l'accepter comme gage de son estime particulière. Chacun félicita le fils de Valérie d'une faveur aussi remarquable. Puis Alix de France, qui était couronnée d'un chapel de fleurs d'oranger et de roses, daigna accorder de sa main la mandore dont s'accompagna le troubadour. Il dit :

> Que Louis montre sur le trône
> La vertu d'un preux chevalier,
> Et qu'il tresse dans sa couronne
> Auprès du myrte le laurier !
>
> La puissance pour qu'on l'honore,
> De bonté, de gloire a les traits ;
> La princesse que l'on adore
> Règne en paix aux cœurs des Français.
>
> Oui ; ce noble pays de France
> Dans le monde entier fut toujours
> Modèle d'honneur, de vaillance,
> Séjour des graces, des amours.

Louis fit de la main un signe obligeant à Guillaume, et Alix dit au jeune homme qu'elle voulait le fixer à la cour de France ; qu'il y aurait le sort le plus brillant dont un troubadour pût jouir ; Bernard de Vantadour même n'avait jamais été si bien traité par Éléonore.

Le fils de Valérie exprima ingénieusement ses regrets, mais il répondit que des motifs irrésistibles l'obligeaient à retourner en Provence. La reine exigea qu'il vînt les lui confier le lendemain.

Dès qu'il se présenta au palais, on l'introduisit sans le faire attendre pendant quelques heures. En ce temps-là les grands, même les rois, n'avaient pas encore perfectionné la science de l'étiquette. Alix fit approcher le troubadour, à qui l'on donna un tabouret sur lequel il s'assit aux pieds de la princesse, pour n'être entendu que par elle, et voici leur entretien : « La vérité doit dicter toute parole de troubadour. Vous m'avez assuré, Guillaume, que vous ne pouviez vous dispenser de partir pour la Provence : y êtes-vous rappelé par des affaires de cœur ? Répondez-moi ; vous aimez ? — Oui, madame, et pour toute ma vie. — Votre belle a de la jeunesse, de la grace, de l'esprit ? — Elle est au-dessus de tout éloge. — Je dois penser qu'elle vous aime ? — Madame, je serais trop heureux de pouvoir, toute ma vie, compter sur son amour. — Est-ce que des obstacles puissans s'opposent à votre bonheur ? — Celle qui m'est plus chère que l'existence, que la renommée même, elle appartient à l'une des premières maisons de la Provence ; pour moi, faible jouet du sort, quoique noble d'origine, je n'ai pas l'appui que donne la fortune. — On parle beaucoup des charmes d'une Marguerite, damoiselle d'honneur de Sancie ; mais ne cherchons pas à pénétrer votre secret ; vous ne me nommez pas votre amie, et je vous en sais gré au fond de mon ame ; Guillaume, j'estime par dessus tout la discrétion. Vous craignez de ne pouvoir offrir une dot convenable : n'avez-vous pas dans Robert un oncle riche et sans enfans ? — Hélas ! madame, je ne le connais que depuis peu de jours, et j'ignore vraiment quel usage il fera de ses biens. — Les dons de Sancie ne pourront-ils vous placer dans une situation plus favorable ? — Recevoir ainsi les présens des souverains, c'est leur faire croire qu'en s'attachant à eux on ne songe qu'à retirer quelque profit de la faveur qu'ils accordent ! — Votre fierté me plaît, à l'égal de votre courtoisie, Guillaume ; j'espère que vous ne refuserez pas au moins deux témoignages de mon amitié. Le premier est le diamant que je vous donne ; vous songerez que je l'ai porté moi-même ; le second sera de nature à flatter bien davantage un amour délicat. »

Alors la reine appela le secrétaire de son cabinet, et lui dicta une lettre où elle recommandait à Sancie les intérêts du cœur de Guillaume. Elle signa cette missive, et la fit nouer avec un ruban de soie blanc ; on y suspendit la cire empreinte du sceau de France, où Louis VII venait de faire apposer les trois fleurs de lys; ensuite elle dit au troubadour : « Je ne m'oppose plus à votre départ; allez goûter le bonheur dont vous êtes digne. Vous me témoignerez votre reconnaissance en amenant votre amie à ma cour ; je comblerai de distinctions l'épouse de Guillaume. » Le troubadour, en s'inclinant, baisa respectueusement le bas de la robe de la reine; puis il se retira content et fier du dépôt qu'elle lui avait confié.

Valérie vit bien qu'elle ne pouvait combattre la résolution de son fils ; elle se borna à lui demander la promesse formelle qu'il reviendrait avant deux ans. Le nom seul d'une promesse faisait frémir Guillaume, en se souvenant de celle que lui avait arrachée la comtesse de Tarascon. Il se contenta de répondre que sa mère ne pouvait douter de son empressement à la revoir. « Mon cher Guillaume, lui dit Valérie, tu as des soucis dont tu voudrais me dérober la cause ; qu'est devenu le temps où tu me laissais sans défiance lire au fond de ton ame ? Mais crois que j'y pénètre encore; rien n'est clairvoyant comme l'œil d'une mère. Il t'a été impossible, je le vois, de suivre mes conseils; tu aimes une personne trop charmante pour que tu puisses l'oublier, et d'un rang trop élevé pour que tu espères l'obtenir. » Guillaume se jeta sur le sein de sa mère, et il ne répondit que par ses larmes. « Eh bien, mon fils, ce sentiment est pour toi d'un tel prix, que je n'essaierai point d'en affaiblir les impressions : mais je porte mes regards sur l'avenir.

Le séjour de notre Provence ne plaît pas à ton oncle ; il ne se prêterait pas à des arrangemens qui te fixeraient dans ce pays-là ; les querelles qu'il a eues avec nous renaîtraient bien vite. Je resterai auprès de lui pour tes intérêts. Tu as su lui plaire ; il m'a répété plusieurs fois qu'il donnerait beaucoup pour avoir un fils tel que toi. Si tu venais à bout de dissiper les obstacles qui paraissent t'éloigner de ton amie, si tu nous conduisais une épouse à Paris, j'espérerais décider ton oncle à t'adopter. — Je vous en supplie, ma mère, n'allez pas lui révéler mon secret. — Tu ne m'as pas nommé celle qui possède tes affections ; mais je t'en dispense ; je crois pouvoir la deviner au portrait que Bachelard m'a fait d'une certaine Marguerite..... » Guillaume se jeta une seconde fois dans les bras de sa mère, et par un baiser il l'empêcha de continuer une conversation dont la tournure lui devenait gênante ; il ne voulait révéler le nom de son amie, fût-ce à Valérie même, que s'il avait l'espérance de voir réussir ses vœux les plus tendres. Dans notre siècle on se rira d'une si grande réserve ; mais l'âge des troubadours portait certaines vertus à l'extrême ; nos dames diront si la discrétion est le défaut du nôtre.

Valérie, avant le départ de son fils, lui fit une cession de tous les droits qu'elle pouvait avoir sur la propriété de Cabestaing, et Robert promit à son neveu de le marier avantageusement, dès qu'il reviendrait à Paris.

CHAPITRE XVI.

Retour de Guillaume en Provence. — Récit de Baldéric. — Désespoir du troubadour.

> Un fantôme de bonheur qui, au moment que nous croyons le tenir, nous échappe et s'évanouit.
>
> MASSILLON.

Voilà donc Guillaume en route pour la Provence. A Grenoble il prit le chemin des montagnes, en se dirigeant sur Saint-Julien, en Beauchêne, pour se rendre à Cabestaing. Le soir il s'égara dans la forêt de Durbon, et n'eût pas été flatté d'y passer la nuit au milieu des ours. Heureusement il se servit d'un moyen dont il avait fait usage dans son enfance, pour pouvoir s'orienter. De jour, en ouvrant l'écorce d'un jeune arbre, le point où ses anneaux étaient les plus forts et les plus pressés lui aurait désigné le midi; dans les ténèbres il toucha le tronc d'un chêne; le côté où la mousse se trouvait le plus touffue était au nord, et le côté qui en offrait le moins indiquait le sud, vers lequel Guillaume se dirigea pour arriver au village de Cabestaing ; il y entra au point du jour. La première personne qui s'offrit à ses regards fut son ami Bachelard, à qui il demanda vivement des nouvelles de Baldéric, de Marguerite. Le jeune paysan lui répondit qu'il était tombé malade et n'avait pu se rendre à Marseille. Guillaume fut très fâché de ce contretemps, qui le laissait dans l'ignorance du sort de sa bien-aimée. Il alla prier sur la tombe de son père, y planta de nouveaux arbustes, y arrangea de nouvelles fleurs, et il assura à Bachelard le moyen de les entretenir pendant toute sa vie. Je ne sais quoi lui disait intérieurement qu'il ne pourrait remplir lui-même ce pieux devoir. A peine put-on obtenir de lui qu'il assistât comme premier témoin au mariage d'une jeune villageoise avec Bachelard ; d'après une antique fondation, elle était, comme fille vertueuse, dotée sur les fonds communaux de la Bâtie Mont-Saléon.

Le lendemain, avant l'aurore, Guillaume était sur la route de Marseille. Lorsqu'il atteignit la colline de Wist, il exprima le vœu qu'un canal, dérivé de la Durance, vînt y précipiter ses eaux, y faire jouer des usines, y porter la fécondité dans un vaste territoire, la salubrité et l'agrément dans la ville de Marseille. En attendant ce miracle de l'industrie [*], il admira le grand nombre de bastides d'une architecture élégante, qui couronnaient toutes les hau-

---

[*] Ce vœu sera bientôt exaucé.

teurs environnantes ; ici, ses regards embrassaient la célèbre cité des Phocéens, et son port rempli de vaisseaux, et la mer Méditerranée jusqu'au bout de l'horizon ; un spectacle si ravissant ne captiva pas longtemps son attention ; il ne faisait qu'ajouter à son impatience, que rendre plus vif encore le désir de revoir sa bien-aimée. Guillaume descendit chez Baldéric, et l'attendit pendant que les fonctions d'écuyer le retenaient auprès de la reine. Lorsque ce seigneur rentra, il embrassa le voyageur, mais avec un air de tristesse qui frappa le fils de Valérie. « Baldéric, s'écria celui-ci, seriez-vous menacé par quelque malheur ? — Je n'en redoute aucun pour moi. — Sancie aurait-elle éprouvé quelque événement sinistre ? — Lorsque je l'ai quittée, elle paraissait contente. — Le bon roi Alphonse aurait-il essuyé des revers ? — Il a en effet perdu les places fortes qu'il avait conquises sur les Maures ; mais on espère que le troubadour illustre, envoyé près de l'émir, obtiendra un traité avantageux. — Olivier n'est donc pas encore de retour ? — Non ; il a dignement représenté Alphonse au tournoi de Beaucaire ; après avoir rompu dix lances avec honneur, après avoir par ses chants fait les délices d'une brillante assemblée, il s'est rendu en Aragon, de là dans la capitale de l'ennemi ; quelques semaines encore, et il reviendra à la suite du roi. »

Ici régna un assez long silence ; mais comme Baldéric n'ajoutait rien à ce récit, Guillaume ne put commander plus longtemps à son agitation, et sans détour, il demanda des nouvelles de Marguerite. L'écuyer parut comme frappé de ses questions; il soupira amèrement; puis s'expliquant comme à regret, il dit : « Que désirez-vous apprendre ? Je crains que Marguerite ne soit point heureuse.—Ami bien cher à mon cœur, ne me laissez pas plus longtemps dans l'incertitude. —Sachez donc ce qui s'est passé, et ne m'en voulez point de ma franchise! Il vous souvient que la cour d'amour de Romanin mit le comte Raymond pendant un mois à la disposition de la comtesse de Tarascon. Après que vous l'eûtes quitté, à peine se reposait-il dans la ville de Saint-Remy, deux chevaliers du parquet vinrent lui signifier que, d'après l'ordre de la présidente, Phanette des Gantelmes, ils étaient chargés de le conduire vers Aloyse. Raymond les suivit auprès d'elle, sans se permettre aucune observation, et il lui fit même sa soumission, d'assez bonne grace, avec serment d'obéir pendant le mois entier à ce qu'elle lui ordonnerait. Elle avait réfléchi sur tous les avantages que lui offrait sa position, et voulait les porter à l'extrême. On pense généralement qu'elle suivait les conseils de la dame Berangère de Baux. — Je retrouverai donc toujours cette ennemie implacable ! — Vous n'avez pas voulu l'entendre; et chez une femme qui a déclaré ses vœux et qui les voit dédaignés, la haine succède bien vite à l'amour. — Baldéric, je vous en supplie, reprenez votre récit.

« Comte, dit la fière Aloyse à Raymond, chacun s'étonne de ce qu'avec votre rang, vos richesses, vous n'ayez pas encore songé au mariage. Auriez-vous quelque répugnance pour une alliance indissoluble? — Non, certes, madame; pourquoi m'interroger sur un pareil sujet? — Vous n'allez pas croire, Raymond, que j'aie formé des prétentions pour moi-même; je ne veux plus d'un état où la femme est trop dépendante. Mais j'ai une nièce, orpheline, jeune et belle. « — O ciel! s'écria Guillaume. » Pendant quelque temps, Baldéric, et surtout son ami, n'eurent pas la force de parler. Le premier cependant put enfin raconter au troubadour que la comtesse accorda huit jours pour songer à sa proposition; qu'elle en parla à la reine, et qu'elle en écrivit au roi d'Aragon. Sancie balançait à donner son assentiment à ce mariage; mais Alphonse en exigea la conclusion par des vues de politique. C'était moins pour s'attacher Raymond contre les Sarrasins, qui faisaient de fréquentes irruptions en Provence, qu'afin d'enlever un appui à Bertrand de Baux, que l'empereur Fréderic, dans la cathédrale d'Arles, avait nommé prince d'Orange et autorisé à porter la couronne. Alphonse, qui connaissait les incertitudes de l'esprit du comte, ordonna que les noces se célébrassent avant la fin du mois fixé par la cour de Romanin. Le seigneur de Roussillon se rendit une nuit sous les tentes d'une troupe composée de quinze à vingt Baumians ou Bohémiens, gens qui errent dans les divers pays et qui y disent la bonne aventure. Il leur fit d'assez riches présens, et leur permit de passer quelque temps dans ses domaines, dussent-ils y dérober les fruits, les volailles, même les bestiaux. Ils examinèrent sa main gauche, et y reconnurent avec plaisir une grande *M*, à laquelle venaient aboutir des lignes de prospérité; sauf une seule dont l'influence maligne pourrait nuire au bonheur de son mariage, mais dont il dépendait de sa volonté de détourner l'effet.

» Assez content de cette prédiction, le comte parut à la cour; il y vit Marguerite, et quoiqu'elle le reçût avec réserve, même avec froideur, les charmes de son esprit et de sa beauté agirent tellement sur lui qu'il en parut éperdument amoureux, et qu'il apprit avec transport que la volonté de la dame de Tarascon et son propre vœu avaient l'assentiment du roi. — Non ; Marguerite n'a pu consentir à une semblable union ! — Lorsqu'on lui porta cette nouvelle, elle tomba évanouie. Sa tante fit observer que ces indispositions passagères n'étaient pas susceptibles d'une interprétation fâcheuse, et qu'au contraire dans une damoiselle bien née, à l'approche d'un changement d'état, un pareil saisissement était très convenable. Sancie voulait suspendre la cérémonie jusqu'au retour d'Alphonse, avec qui probablement elle aurait eu un entretien à ce sujet; mais, d'un côté, l'ordre de son époux était positif et une nouvelle dépêche du roi défendait le moindre retard; de l'autre côté, la dame d'honneur avait fait préparer la chapelle, et avertir l'archevêque d'Aix, son parent. — Les barbares!...

» Sancie étonnée se laissa conduire auprès de l'autel; on y entraîna Marguerite. Au moment où le prélat voulut bénir l'union, cette personne aussi malheureuse qu'elle est charmante perdit de nouveau l'usage de ses sens. La cruelle Aloyse, et Berangère de Baux, plus détestable encore, attestèrent qu'elle venait de prononcer à voix basse le oui fatal; l'archevêque crut l'avoir entendu, et il acheva la cérémonie. Marguerite se trouva aux côtés de sa tante et sur la route du château de Roussillon, avant qu'elle eût repris entièrement connaissance. »

Lorsque Baldéric fut arrivé à cet endroit de son récit, il jeta les yeux sur Guillaume, qui était dans un état peu différent de celui où l'on venait de représenter Marguerite. L'excellent seigneur prodigua à l'infortuné troubadour les soins les plus tendres, et il resta près de lui jusqu'au moment où il crut le voir un peu plus tranquille. La nuit était déjà avancée; Guillaume l'invita d'aller prendre quelque repos, et il promit d'essayer lui-même de goûter les douceurs du sommeil; mais il ne put fermer la paupière; les sanglots oppressaient sa poitrine.

Sancie, ayant appris qu'il était de retour à Marseille, lui fit témoigner, dès le lendemain, le désir qu'elle avait de le revoir, et il ne put se dispenser de se rendre au palais. Le fils de Valérie n'y porta point la lettre de la reine Alix; il ne désirait plus rien que la mort; il ne voyait la fin de ses peines qu'au fond du tombeau. La princesse traita le jeune poète en ami, lui donna sa main à baiser, et lui témoigna qu'elle regarderait comme un jour fortuné celui où elle pourrait le posséder à sa cour. Sancie ajouta qu'elle avait été fort contrariée de voir l'archevêque d'Aix partager les préventions de sa cousine, la comtesse de Tarascon, et refuser d'annuler la promesse qu'Aloyse avoit reçue. Ne s'étant pas regardée comme vaincue, la princesse avait dicté à Marguerite une lettre pour le pape Alexandre, qui, après avoir été obligé de se retirer en France, était enfin assis sur le trône de saint Pierre ; elle espérait recevoir du pontife dans peu de semaines une réponse favorable ; Guillaume ferait bien de passer ce temps auprès d'un homme qui lui avait de grandes obligations et qui prétendait les remplir.

CHAPITRE XVII.

Guillaume, écuyer de Marguerite. — Son entretien avec elle.

> Un je ne sais quel charme encor vers vous m'emporte;
> Votre mérite est grand, si ma raison est forte;
> Je le vois encor tel qu'il alluma mes feux,
> D'autant plus puissamment solliciter mes vœux,
> Qu'il est environné de puissance et de gloire,
> Qu'en tous lieux après vous il traîne la victoire,
> Que j'en sais mieux le prix, et qu'il n'a point déçu
> Le généreux espoir que j'en avais conçu.
>
> CORNEILLE, *Polyeucte*.

> Héloïse aime et brûle au lever de l'aurore;
> Au coucher du soleil elle aime et brûle encore;
> Dans la fraîcheur des nuits elle brûle toujours;
> Elle dort pour rêver dans le sein des amours.
>
> COLARDEAU.

Sancie ayant sonné une de ses femmes, on vit entrer le comte de Roussillon. A son aspect inattendu, que devint le pauvre Guillaume? Il crut sentir ses cheveux se dresser sur sa tête; il voulait fuir, un poids inconnu le retint sur son siége. Raymond alla vers lui, et rappelant à sa mémoire la proposition qu'il lui avait faite de venir dans son château, il le pria d'accepter la place d'écuyer d'honneur de Marguerite. Le comte ne l'obligeait pas à donner des soins aux armes, aux habits, à la table du seigneur; Feydit était chargé de ces détails. Accompagner sa dame, sans même porter à la lance la bannière de sa maison, veiller sur ses jours avec une constante prévoyance, faire résonner ses appartemens des sons de la mandore, telles seront les occupations de Guillaume. Ainsi le castel de Roussillon va se trouver le sanctuaire des muses, comme Marguerite le rend celui des graces. « Mon cher comte, s'écria la reine, à votre langage brillant, vous semblez digne de presser sous vos doigts la lyre des troubadours. Je trouve que votre projet est fort ingénieux. Disposez de Guillaume jusqu'au moment où je recevrai pour lui les dispenses de la cour de Rome, et où le service de Marguerite la rappellera près de moi comme dame d'honneur; vous savez que la comtesse de Tarascon a manifesté le désir de se retirer dans ses terres. Pour vous, gentil poète, Alphonse veut vous armer lui-même chevalier; d'après les anciens statuts de l'ordre, il est convenable que vous commenciez par le titre d'écuyer, qui est d'ailleurs le plus noble après le grade illustre qu'ambitionnent les rois. Je me réserve de préparer de mes mains un nœud d'épée pour le jour de la cérémonie. »

Comme la reine achevait ces paroles, Baldéric entra; elle lui apprit les destinées qu'on préparait à Guillaume. Pendant tout ce temps, le fils de Valérie, parvenu à renfermer en lui son agitation, s'était interrogé sur le parti qu'il voulait prendre. Sa première pensée, la plus sage sans doute, avait été de se retirer à Cabestaing, pour que ses cendres y reposassent en paix auprès de celles de son père. Mais il ne pouvait se faire à l'idée qu'il s'éloignerait à jamais de Marguerite. Comment se refuser au bonheur de se retrouver auprès d'elle, de la voir à chaque instant? D'autre part, il avait perdu toute espérance qu'elle serait à lui; eh! avait-il jamais pu s'en flatter? Quel orgueil de croire qu'on eût donné à celui qui ne possédait qu'une chaumière la noble damoiselle, nièce et seule héritière de l'opulente Aloyse de Tarascon! Toutes ces idées s'entrechoquaient dans l'esprit de Guillaume; il ne savait à quoi se déterminer. La reine, le comte, Baldéric, réunirent leurs efforts; des chevaux attendaient Raymond, et tous deux, suivis de quelques pages, galopaient déjà sur la route d'Aix. Guillaume s'arrêta un moment dans les lieux d'où il pouvait jeter au loin un regard vers la prairie d'Aubagne, où il avait connu Marguerite.

On traversa la ville d'Aix; et à deux lieues de là, on passa la Durance sur un pont en bois, appelé Bonchamp. Après une halte faite à Pertuis, petite ville fondée par les Phocéens de Marseille, on prit à droite pour éviter Cadenet et son château en ruines : « Il a été détruit en 1165, dit Raymond, dans la guerre des comtes de Provence et de Toulouse contre Guillaume VI, comte de Forcalquier. Ce château, assez voisin du mien, était alors habité par un jeune homme qui en portait le nom, et qui fut conduit par un chevalier à Toulouse. Celui-ci en eut le plus grand soin. L'ingrat quitta son bienfaiteur, et, sous le nom vil de Baguas *, il courut le monde, adorant toutes les belles qu'il voyait et les célébrant par des chansons, qui ne sont pas sans quelque mérite. Sa dernière passion fut pour une religieuse d'Aix; n'ayant pu la décider à quitter le couvent, il entra dans l'ordre des Templiers, et partit pour la Palestine. » A peine Guillaume écoutait-il le seigneur de Roussillon : il ne songeait qu'à Marguerite; ses yeux ne cherchaient que le donjon où il se la représentait comme prisonnière. Enfin, l'on entrevit sur une montagne sablonneuse les créneaux presqu'impénétrables, et les tours qui étaient surmontées de girouettes taillées en bannières pour désigner la noblesse du suzerain. Les murs du château étaient d'un rouge vif, qui semblait annoncer un manoir où l'on aimait à répandre le sang. On y avait placé des heaumes, signes fastueux de l'hospitalité offerte à tous les chevaliers errans, à toutes les dames en voyage, à tous les pélerins. A quelque distance, on trouva l'écuyer Feydit, qui venait au-devant de son maître; il montra peu de satisfaction en apercevant Guillaume. Ce jongleur ne pouvait pardonner à notre troubadour la gloire dont il avait été couvert à Romanin, et les humiliations que lui-même y avait subies.

Raymond parut un peu surpris de ce que Mar-

* Garçon (*Hist. des troubadours* par Millot). Papon dit que « Cadénet fut un troubadour estimable par sa conduite et par l'usage de ses talens. » D'autres auteurs l'ont peint des mêmes couleurs que le fait Raymond.

guerite ne s'était pas portée avec ses femmes au haut du perron pour le recevoir. Il monta pour la rejoindre dans ses appartemens, et après quelques momens d'entretien, il annonça qu'il attachait Guillaume en qualité d'écuyer au service de la comtesse; puis, sans attendre la réponse, il ouvrit les portes et appela le troubadour. Celui-ci entra, jeta un regard sur sa dame, qui lui parut pâle et abattue; il mit devant elle un genou en terre, et d'une voix tremblante, il lui jura une inviolable fidélité. Le plaisir de la voir fit un moment oublier au fils de Valérie tout son malheur, et la joie brilla dans les yeux qui la veille avaient versé tant de larmes. Marguerite garda le silence; le comte s'empressa de lui dire qu'elle devait applaudir à un choix qui était fortement approuvé par la reine; que, sans Guillaume, la cour d'amour n'eût pas rendu l'arrêt dont l'issue avait amené l'union la plus heureuse; que d'ailleurs la damoiselle d'honneur de Sancie avait eu assez d'occasions de rencontrer le poète pour lui accorder quelque estime. Ces mots firent rougir la dame de Roussillon. Elle n'aurait pu dissimuler son trouble, si Raymond n'avait pas eu à s'occuper d'autres objets. Il avait chargé son écuyer d'introduire des vassaux qu'il avait à entretenir. Quelques-uns apportaient des boisseaux de roses pour que leur maîtresse pût composer de l'eau de senteur en usage chez les grands; Marguerite les fit porter dans ses appartemens, et profita de cette circonstance pour s'y retirer.

L'audience fut longue ; elle roula sur des sommes d'argent que le seigneur exigeait pour les naissances, les noces, les décès, l'entrée dans les villages, les foires, les marchés, les divertissemens publics. C'étaient tous les ans des taxes nouvelles qui attiraient souvent chez les contribuables en retard la visite des hommes d'armes. Le comte demandait dans chaque vigne la première charge de raisin ; il voulait que ses vassaux ne pussent vendre leur vin que quinze jours après qu'il aurait lui-même publié son ban. Il les obligeait à cultiver ses terres, les empêchait de faire des ventes ou des testamens, même de quitter leur domicile sans son consentement, à peine de confiscation. Lorsque ce haut seigneur parcourait ses vastes domaines, ils devaient s'empresser à fournir tout ce qui était exigé pour lui et pour sa suite. Ils étaient contraints de le suivre à leurs frais en cas de guerre, de subvenir à sa rançon, si on le faisait prisonnier ; le suzerain dans toutes les circonstances les admettait à l'honneur de lui servir de caution lorsqu'il contractait des emprunts. Après leur avoir rappelé ces devoirs, il les congédia, sans vouloir écouter les plaintes qu'on lui portait sur des exactions, même des meurtres, que l'amour de l'or avait fait commettre par ses agens, et dont peut-être il partageait les produits.

On allait servir le souper. Par ordre de Raymond, l'on avait orné le milieu de la table de pâtes en sucre où étaient figurées ses armoiries et celles de l'illustre famille de Tarascon. Fournissant presque entièrement à la conversation, il parla des querelles qui s'étaient fréquemment élevées entre Alphonse et les comtes de Forcalquier et de Toulouse. « Le dernier, dit Raymond, ayant besoin de la paix, suscita un homme exalté, un charpentier. Celui-ci annonça que la Vierge lui était apparue, tenant dans ses bras l'enfant Jésus, et montrant du doigt cette inscription : *Da nobis pacem* (donne-nous la paix). Aussitôt on crée des pénitens, qui s'enveloppent dans un grand capuchon blanc; on défend les dés, les tables, que sais-je? moi; je n'appartiendrai jamais à cette confrérie-là. Le charpentier crie que le ciel exige une franche réconciliation entre les adversaires; et d'après un traité signé par ces deux comtes, tout ce qu'ils possèdent en Provence, depuis la Durance jusqu'à l'Isère, devra appartenir au survivant, si l'autre meurt sans postérité. Cette circonstance décidera sans doute le roi d'Aragon à hâter son retour. Au reste, il s'applaudit beaucoup du talent qu'Olivier a montré dans ses négociations avec les Sarrasins d'Espagne. » Comme Marguerite ne goûtait presque d'aucun mets, et gardait le silence, sur un signe de Raymond, l'on plaça sur la table une forte pièce de pâtisserie, dont le dessus laissait quelque jour. Il engagea son épouse à y faire jouer un ressort; les grilles se replièrent, et on vit s'élever en l'air des cailles et des perdreaux. Feydit lâcha l'épervier, qui s'élança sur les oiseaux et les ramena presque mourans aux pieds de la nièce d'Aloyse. « Madame, dit Raymond, je désire que ce divertissement vous plaise. Il amusait l'un de mes aïeux, le célèbre Gérard de Roussillon, tuteur du comte de Provence, lorsqu'en 860, après avoir chassé les Normands de la Camargue, il vint se délasser dans ce château. De nos jours un si noble jeu est presque réservé aux seuls banquets des rois. — Me permettez-vous de le terminer à mon gré?» demanda la timide Marguerite; et d'après un geste affirmatif de son mari, elle fit sortir l'épervier, et ouvrit une croisée par laquelle les oiseaux s'enfuirent en poussant un cri joyeux. « Ah ! s'écria-t-elle, faire des heureux, c'est la plus douce jouissance. » Guillaume allait parler; un moment de réflexion l'arrêta, mais il ne put s'empêcher de porter sur Marguerite le regard de la satisfaction. Raymond murmura entre ses dents; il cessa de parler à la comtesse et au troubadour; il appela Feydit, lui donna des ordres pour la chasse du lendemain, se leva précipitamment de table, et sortit, suivi par Marguerite, qui jeta un coup d'œil douloureux sur Guillaume. Le fils de Valérie resta stupéfait; il ne voyait, n'entendait rien; d'aimables damoiselles attachées à la jeune châtelaine étant venues pour faire connaissance avec l'étranger, il ne répondit d'une manière satisfaisante ni à leurs regards curieux, ni à leurs questions bienveillantes, et même sans craindre de passer pour un homme taciturne et incivil, il les quitta brusquement.

Guillaume se jeta tout habillé sur son lit et se livra à ses réflexions. Jeune encore, il avait déjà éprouvé des événemens bien contraires; formé par un poète habile, et s'étant trouvé bientôt l'objet de l'attention des cours de France et d'Aragon, même de la faveur de deux reines, Guillaume cependant avait bu dans la coupe du malheur ; il avait perdu son père ; il vivait loin de sa mère : son amie était devenue l'épouse d'un autre, et il fallait devant d'indiscrets témoins faire incessamment violence à ses plus secrets sentimens. Il passa toute la nuit en proie à une fièvre violente, et la fraîcheur du matin put seule l'assoupir un moment. Un des varlets étant venu l'avertir pour la chasse, Guillaume s'excusa sur la fatigue du voyage précipité qu'il avait fait de Paris en Provence. Il entendit bientôt un grand bruit de chevaux, et il vit par sa croisée le comte qui traversait le parc, tenant son faucon, et suivi d'un brillant équipage.

Quelques heures s'étaient passées ; malgré sa faiblesse, Guillaume résolut de descendre dans les jardins ; il s'arrêta presqu'à l'entrée d'un cabinet de verdure où l'on voyait la statue de Vénus près de celle de saint Raymond, patron du seigneur ; nouvelle preuve du goût de ce siècle pour le mélange des rites sacrés et profanes. Le fils de Valérie s'assit ou il tomba sur un banc de gazon, et y resta la tête penchée sur la poitrine. A peine eut-il la force de la lever, à un bruit léger qui venait du côté du château. Il aperçut Marguerite..... et salua respectueusement celle qu'il nomma la comtesse de Roussillon.

« Guillaume, lui dit la nièce d'Aloyse, ne m'appelez pas ainsi ; vous me rappelez un événement où l'on disposa de moi sans ma volonté. Je dois au service que vous m'avez rendu en me sauvant la vie, à l'amitié sincère que vous m'avez témoignée, ajouterai-je à la tendre estime que vous m'avez inspirée, de vous ouvrir toute mon ame. Je vous l'atteste, cher troubadour, je n'ai point consenti à mon union avec le comte; mon cœur n'a point inspiré, et ma bouche n'a point prononcé le oui fatal que des personnes intéressées à ma perte prétendent avoir entendu. Victime de la politique du roi, j'ai dû m'immoler à la tranquillité de Sancie. Lorsque conduite, ou plutôt enlevée, je me trouvai dans ce château, je me livrai au désespoir, j'accablai le comte de plaintes et de reproches. Il fit tous ses efforts pour me calmer, et se soumit devant ma tante à ne point user de ses droits durant une année entière, pourvu qu'en public je parusse ne rien lui refuser. J'espérais qu'avant la fin de cette année il n'aurait plus sujet de me rappeler à mes devoirs d'épouse. Je vous ai avoué ma situation, ma faiblesse; je me confie en la noblesse de votre caractère. Jamais je ne vous donnerai occasion de mépriser Marguerite. Mon cœur ne m'appartient plus; je n'ai pas la force de le reprendre. Mon ami veillera sur moi, ainsi que sur lui-même. Aimons-nous, Guillaume, mais d'une tendresse pure comme celle que ressentent les anges. » Un feu presque surnaturel animait la comtesse; l'amour et l'admiration se partageaient le cœur du troubadour. Il se jeta aux pieds de Marguerite; il lui jura de la chérir toujours.

de la respecter sans cesse, de n'abuser jamais de sa confiance ; elle s'appuya sur son bras pour rentrer au château, et il se crut le plus heureux des hommes; il n'était plus seul au monde.

CHAPITRE XVIII.

Prise de la ville d'Apt par les Sarrasins. — Victoire de Guillaume.

> Ces brigands vont changer en d'éternels déserts
> Les murs que si longtemps admira l'univers.
> VOLTAIRE, *Orphelin de la Chine.*

Une semaine se passa sans que rien troublât la paix dont jouissaient nos amans. Le comte en faisant des absences fréquentes engageait lui-même Guillaume à user des charmes de sa voix et de sa lyre, pour amuser Marguerite, lorsqu'elle travaillait avec ses femmes à des tapisseries où se trouvaient retracés les exploits d'Alphonse et les bienfaits de Sancie, ou qu'elle allait s'asseoir sur la plate-forme d'où l'on aperçoit la plaine de Cinna, remplie d'antiques ossemens, et un camp romain sur le point élevé qu'on appelle Piéréal.

Raymond avait recommandé à Guillaume de remplir les fonctions qu'il lui avait destinées, toutes les fois qu'elle voulait jouir du plaisir de la promenade et même de courses un peu longues. Suivie de son écuyer, Marguerite se rendit à la fontaine de Vaucluse. Ils s'étonnaient de ce qu'une si grande quantité d'eau sortait d'un roc très dur, dans les lieux sauvages, incultes, où l'on ne trouvait que des pierres. D'un bassin assez vaste s'élance la fontaine, qui jaillit en cascade et qui répand au loin une sorte de poussière blanche. Au-dessus et dominée elle-même par un figuier, s'ouvre une grotte où Guillaume osa dérober un baiser, qui n'excita pas une forte colère. Ce fut là que, longtemps après, Pétrarque soupira pour sa charmante Laure. Un autre jour, nos amans suivirent les débris de la voie romaine, nommée Camine lou Roméou, et allèrent au pont Julian, très arqué ; on l'attribue au premier César. Enfin sur une invitation du prince évêque d'Apt, ils résolurent de visiter cette ville, située à deux lieues de Roussillon ; elle avait été jadis capitale des Vulgientes, et portait sous les Romains le nom *d'Apta Julia*. Pour s'y rendre, ils passèrent entre deux chaînes de montagnes, dont l'une, sur la droite, est extrêmement pierreuse et infertile, dont l'autre, sur la gauche, étale des bois superbes, et en bas, de riches moissons ; ils avaient devant eux une autre montagne, belle et productive. Non loin de la ville, la vallée s'élargit, les champs sont couverts de mûriers, et les coteaux, d'oliviers et de vignes. On traverse le Cavalon sur un pont semblable à celui de Julian*. D'ailleurs, pendant une partie de l'année, cette rivière ou plutôt ce torrent reste à sec ;

---

* On a remplacé, il y a quelques années, le pont duquel il est ici question.

mais qu'un orage éclate dans les Basses-Alpes, des vagues accourent, roulant des quartiers de roc en son lit tumultueux, et dévastant ses bords.

Le prélat lui fit les honneurs de son palais ; en passant dans l'une de ses cours, elle lut l'inscription où il était question de Borysthène, le cheval chéri de l'empereur Adrien. Après avoir visité quelques monumens romains, elle fut conduite dans la cathédrale, à l'entrée de laquelle on remarquait une chapelle que la munificence des princes a rendue magnifique. On descendit ensuite dans les cryptes. L'inférieure n'est qu'un couloir étroit, dont le plafond est orné de sculptures et d'inscriptions. L'évêque raconta qu'au jour d'une grande cérémonie, un sourd-et-muet frappa du pied le mur si souvent et avec un air tellement inspiré qu'on y fouilla sur l'heure, et qu'on y découvrit les os de sainte Anne dans un enfoncement où brûlait une lampe qui, avant de s'éteindre, opéra beaucoup de miracles. Dans la crypte supérieure, un petit autel fut consacré à la sainte, où l'on disait la messe, le jour de sa fête ; il est surmonté de deux statues, et a été placé entre six tombeaux, trouvés dans ce lieu, et rangés symétriquement. A l'endroit où le caveau s'élargit, est une pierre creusée, où, dans la persécution des chrétiens, saint Hospice ondoyait les catéchumènes. On y lit une inscription à Gallius, flamine et augure, de la tribu Voltinia, à laquelle avaient appartenu, on le sait, les aïeux de Guillaume *. Le troubadour fléchit le genou devant cet antique souvenir ; il leva les yeux vers le ciel où Marguerite émue aurait adressé ses vœux, si le prélat ne l'eût engagée à laisser le fils de Cabestaing à ce pieux office. Guillaume, après avoir prié en faveur de tout ce qui lui était cher, implora les secours de l'Être Suprême pour lui-même dans la position trop délicate où il se trouvait placé ; il sollicita la force qui lui était nécessaire afin qu'il pût se renfermer toujours dans le cercle de ses devoirs. Dieu ne consentirait-il pas toutefois à amener un moyen de manifester la vérité, de prouver que Raymond n'a pas de droits sur le cœur et sur la main de Marguerite ? Mais ce prodige eût-il lieu, comment ensuite réussir à vaincre les préjugés de la comtesse de Tarascon ? Un long temps avait été ainsi consacré au recueillement et à la prière, lorsque l'oreille du troubadour fut frappée par des cris lointains qui excitèrent son attention et qui semblaient grossir en s'approchant. Il crut reconnaître

---

* Voici cette inscription :

> CALLIO. CFII.
> VOLT. CELERI.
> I͞I͞IVIR. FLAM.
> VGVR COLI.
> APTE XVDEC
> VORDENSNS
> PA
> P NO.

A Nîmes, à Arles, partout Guillaume avait trouvé des monumens écrits se rapportant à la tribu Voltinia.

le bruit des cymbales, les clameurs de combattans, les exclamations de la terreur, et jusqu'au hennissement des chevaux Le tumulte devint si extraordinaire que Guillaume sortit précipitamment de l'église. Un varlet de Marguerite accourt et lui apprend que les Sarrasins, après avoir surpris et égorgé la garde du fort de Seignon, se sont emparés de la ville.

Une partie de ces Musulmans, qui venaient de dévaster Toulon, s'était dirigée d'abord vers l'île de la Camargue ; ils y avaient campé autour du mas qu'on appelle maintenant le château d'Avignon. Des cavaliers armés de lances y avaient réuni dans une enceinte les chevaux, tous de couleur blanche, provenant des coursiers arabes qui erraient depuis les invasions précédentes. D'autres y avaient saisi les troupeaux sauvages, et tous de couleur noire, qui avaient servi à les alimenter. Suivant quelques récits, cette horde féroce avait remonté dans de légers bateaux une partie du Rhône inférieur et la Durance à son embouchure. Si l'on en croyait néanmoins un grand nombre d'habitans fugitifs, venue par terre presque en face d'Apt, elle y avait passé au gué le Cavalon. Ces barbares désolèrent la cité malheureuse, qui se relevait à peine des ravages causés par les Lombards.

Guillaume chassa quelques ennemis qui, en criant: *Allah ! allah ! mort aux giaours !* avaient déjà pénétré dans la cathédrale. Il voit par toutes les rues courir les Sarrasins, tenant en main leur large cimeterre ;

parmi eux flotte l'étendart du croissant. Ils ont mis le feu aux divers quartiers; ils pénètrent dans les édifices publics et religieux, dans les principales maisons, dans l'hôtel où la famille de Simiane avait été autorisée à faire battre monnaie. Les uns succombent sous le poids des vases sacrés, de l'or, des effets précieux ; les autres conduisent les femmes et les enfans réduits en esclavage. Guillaume s'élance sur son cheval; d'une voix forte, il encourage les habitans ; il les force à s'armer de frondes, de bâtons, de haches, de faux, de traits, de javelots, de tout ce qui peut servir à l'attaque et à la défense. Il rallie les jeunes gens qui le matin s'étaient préparés à donner à Marguerite le grand spectacle des cavalcades. Il se dirige à leur tête vers le palais de l'évêque, dont les Sarrasins venaient de briser les portes. Le combat s'engage dans les cours, les vestibules et les jardins : les chrétiens et les Musulmans y tombent confondus. Guillaume aperçoit l'émir, qui avait fait prisonniers Marguerite et l'évêque ; il pénètre au milieu de sa garde, il le rejoint lui-même et le frappe de sa redoutable épée. Soudain un jeune Arabe passe derrière le troubadour et va l'immoler; Marguerite voit le danger, s'écrie, saisit un poignard, menace le perfide, et par cette heureuse diversion elle sauve les jours de son amant. L'émir n'existait plus ; les Sarrasins ne peuvent s'échapper ; ils implorent la pitié du vainqueur.

Parmi eux on voit avec surprise un Provençal; Guillaume lui promet la vie, s'il déclare sans réserve par l'effet de quelles circonstances il se trouve dans leurs rangs. Cet homme sollicite la faveur de lui parler en particulier, et, embrassant ses genoux : « J'ai, dit-il, obéi aux ordres de Berangère de Baux ; elle m'a dépêché vers les Maures pour leur offrir l'appui de sa maison, s'ils venaient combattre ici les partisans d'Alphonse. J'étais chargé de leur servir de guide vers le château de Roussillon. L'émir aurait sommé le comte de vous remettre entre ses mains, et les vôtres étaient destinées à porter les fers des infidèles. « Puis-je croire, s'écria le troubadour, que les passions nous entraînent à de pareils excès ? Toi, tu n'es qu'un vil instrument indigne de notre colère ; relève-toi ; ne confie à personne ce que tu viens de me révéler ; retourne vers Berangère. Si son ame est encore susceptible d'un reste de vertu, qu'elle expie son crime par le repentir ; qu'elle sache qu'on commet une félonie, que dis-je ? un parricide, et qu'on voue à l'infamie sa tête, en attirant le fer de l'ennemi dans le sein de la patrie ! » A ces mots il fit éloigner le Provençal.

Le prince évêque avait décidé Marguerite à passer la nuit dans son palais ; il offrit à Guillaume de lui accorder tout ce qu'il demanderait pour prix de sa valeur. Le fils de Valérie pria aussitôt le prélat de rétablir dans la jouissance de ses anciens priviléges la ville qui déjà, depuis quelque temps, avait obtenu que des consuls succédassent à ses comtes ; il témoigna le désir qu'on rappelât dans ses murs Guillaume de Ramnols, ce chevalier, ce troubadour, qui s'étant élevé contre les injustices du clergé, avait été contraint de s'éloigner. Les transports de la reconnaissance publique furent pour Guillaume de Cabestaing la récompense de ce double acte de générosité.

Le lendemain nos amans se remirent en route ; ils s'applaudissaient de se devoir mutuellement la vie. Mais il n'est point de bonheur sans mélange. A peine étaient-ils à quelque distance de la ville, lorsqu'à la suite d'un bruit éclatant dans l'air, une pierre atmosphérique * tomba devant le cheval de Guillaume. Ce palefroi, effrayé de l'explosion, et ne pouvant souffrir l'odeur de soufre qui se répandit à l'instant, se cabra, et il eût renversé son maître, sans l'adresse et la force qui ne lui furent jamais plus nécessaires. Dans le siècle des présages et des pressentimens on devait regarder la chute de cet aérolithe comme le signe d'un malheur. Sans se communiquer cette idée, les deux voyageurs rentrèrent silencieusement au château. Ils y trouvèrent tout en rumeur, tout en alarmes ; Raymond y avait réuni ses vassaux, afin de se porter contre les Sarrasins. L'heureuse arrivée de Marguerite ramena le calme dans ces lieux ; le comte exprima vivement sa reconnaissance à Guillaume, et lui témoigna plus de confiance que jamais : peu brave de sa personne, il était enchanté de n'avoir pas à se mesurer avec ces terribles Musulmans.

* Il y a environ quarante ans qu'une pierre atmosphérique tomba auprès de la ville d'Apt.

CHAPITRE XIX.

Ce qui se passe au château de Roussillon. — Agnès. — Le baiser.

> Si l'hymen unissait mon destin et le vôtre,
> Que ses nœuds auraient eu d'attraits!
> L'amour fit nos cœurs l'un pour l'autre;
> Faut-il que le devoir les sépare à jamais!
> QUINAULT, *Atys.*

> Le feu s'exhalait avec nos soupirs de nos lèvres tremblantes, et mon cœur se mourait sous le poids de la volupté.
> J.-J. ROUSSEAU, *Nouvelle Héloïse.*

Rien n'empêchait Marguerite et le troubadour de passer près l'un de l'autre une grande partie de leurs journées. Insensiblement la facilité de se voir, de se parler, de se dire qu'on s'aime, qu'on s'aimera sans cesse, opéra sur eux un effet naturel. Leurs yeux étaient pleins d'une humide flamme; tristes s'ils étaient un moment éloignés, ils soupiraient involontairement dès qu'ils se retrouvaient ensemble, et néanmoins ils ne s'avouaient pas à eux mêmes les désirs qui remplissaient leurs cœurs. Guillaume sentit s'affaiblir la résolution qu'il avait prise de ne brûler que d'une tendresse discrète et pure. N'osant se fier à lui-même ni à sa maîtresse, il se détermina à la quitter, à partir pour la croisade, à y braver les infidèles, et par une prompte mort à soustraire Marguerite aux périls que courait sa vertu. Il pria Dieu de leur donner à tous deux le courage et la force de soutenir la rigueur d'une éternelle absence en ce monde.

On avait réuni, ce jour-là, une grande compagnie au château. Agnès, jeune sœur de la comtesse, s'y était présentée comme une pélerine, revêtue de la longue robe de bure et du camail chargé de coquilles; le nain avait sonné du cor; les gardes s'étaient portés aux meurtrières et sur les parapets; le pont-levis s'était abaissé; Agnès avait été introduite par les damoiselles de Marguerite, et ne s'était fait reconnaître que dans l'appartement de la comtesse. Toutes les salles offraient des tables pour les jeux ou les festins, plaisirs les plus grands que Raymond sût goûter après ceux de la chasse. Ainsi les uns jouaient, les autres pariaient, absorbés dans cette sorte d'occupation; d'autres marchaient, gesticulaient, criaient, se faisaient servir à boire, entonnaient des chants joyeux; c'était un désordre à ne pas se reconnaître. Guillaume en profita pour demander à son amie un moment d'entretien secret dans le bosquet même où elle lui avait avoué sa tendresse. Il ne l'attendit pas longtemps. En apprenant son nouveau projet, quoique frappée de la générosité du fils de Valérie, Marguerite le conjura de ne pas l'abandonner, de remettre au moins son départ jusqu'après l'arrivée du roi d'Aragon, et de la préparer à cet éloignement par moins d'assiduités, par quelques légères absences. Elle versait des larmes; Guillaume ne put réprimer ses transports; il passa un bras autour de la taille la plus élégante, et la bouche de Marguerite reçut ou donna un baiser. Doux momens d'une extase enchanteresse! les deux cœurs unis dans les jouissances délicates du plus tendre et du plus constant amour, ne semblaient pas étendre plus loin leurs désirs! si cependant cette situation indéfinissable s'était prolongée, n'eût-il pas été à craindre qu'ils ne perdissent l'énergie nécessaire pour garder leurs sermens? Nos amans entendirent quelque bruit; Guillaume tira son épée, et fit aux environs des recherches sans rien rencontrer. Il revint à Marguerite, et pour la tranquilliser il promit sur l'honneur et l'amour d'attendre au château le retour d'Alphonse.

Au milieu des bruyans plaisirs, personne ne semblait s'être aperçu de leur éloignement. Lorsque Guillaume reparut dans la grande salle, Agnès lui témoigna le désir de l'entendre sur le luth d'ivoire que la reine lui avait donné; Marguerite le sollicita d'un regard; le comte le lui ordonna; tout le monde accourut des diverses parties de l'appartement, et le troubadour exprima ainsi les sentimens dont son ame était agitée :

> Auprès d'un objet enchanteur
> La résistance est insensée.

De l'œil l'amour s'élance au cœur ;
Du cœur il vole à la pensée.

Dans sa dame le troubadour
D'un Dieu voit le sublime ouvrage ;
Dieu par elle en ce bas séjour
Des cieux offre une vive image.

Mais l'homme pour ses doux appas
Brûle-t-il de flamme assez pure ?
Il meurt en ne la quittant pas,
Et sa mort loin d'elle est trop sûre !

Ces couplets furent suivis d'une conversation animée ; chacun y donna son opinion sur l'amour ; quelques-uns ne comprenaient pas qu'il pût amener un si triste dénouement. Mais généralement on admirait le talent avec lequel l'élève d'Olivier avait chanté.

On se sépara fort avant dans la nuit. Feydit suivit le comte dans sa chambre à coucher. On a vu combien cet homme était jaloux de Guillaume ; mais d'autres motifs particuliers le portèrent à la haine. Fils d'un vassal de la dame Berangère de Baux, elle l'avait appelé dans son château, après la décision de la cour de Romanin, afin d'apprendre dans les moindres détails ce qui concernait le jeune troubadour ; profitant de son absence, c'est sur les indications de Feydit qu'elle prit une part si funeste au mariage de Raymond. Dès qu'elle fut instruite du séjour de Guillaume à Roussillon, elle gratifia son lâche complice de nouveaux présens afin de l'associer à tous ses projets de vengeance. Le méchant aurait voulu trouver dans l'écuyer de Marguerite des ridicules, des faiblesses et des torts; comme le troubadour ne sortait du château que pour remplir les devoirs de son emploi, qu'il ne folâtrait pas avec les femmes, qu'il ne s'enivrait pas avec les pages, qu'il allait rarement à la chasse avec Raymond, jugeant qu'il était dominé par une forte passion, son ennemi le suivait assidument et s'informait de toutes ses démarches. Il s'était aperçu que la comtesse et Guillaume avaient quitté successivement la compagnie pour descendre dans les jardins adossés à la colline; il y était entré lui-même, et sans y avoir rien entendu, il s'était pourtant assuré du tête-à-tête dans le bosquet. Feydit prévint le comte de ce qu'il soupçonnait, de ce qu'il avait observé; il parla de Berangère, qu'il prétendait avoir été justement indignée de l'audace d'un jeune présomptueux; lui-même puisa dans sa funeste imagination une foule de détails contraires à la vérité.

Quoiqu'ami des richesses et surtout des jouissances qu'elles lui procuraient, Raymond était naturellement défiant et terrible; comme il se souciait fort peu que du temps des Romains on eût fait cas des aïeux de Guillaume, et qu'il savait que ce jeune homme était privé des dons de la fortune, son orgueil l'aurait empêché de penser qu'un habitant de Cabestaing pût porter si haut ses prétentions, et que la nièce de la comtesse de Tarascon eût oublié les obligations que lui imposait sa naissance. Comment se figurer en outre que la reine eût autorisé, même indirectement, une pareille liaison? Enfin Guillaume a sauvé l'honneur du comte; celui-ci a seul conçu l'idée de le nommer écuyer de sa femme. Tant de motifs contribuaient à donner à Raymond une si grande sécurité qu'il avait cru pouvoir se livrer à ses rapines pour s'approprier le bien de ses vassaux et ensuite à tous ses goûts de chasse et de fêtes; il avait même désiré que le talent du troubadour empêchât Marguerite de remarquer l'espèce d'indépendance, disons mieux, les désordres de sa conduite. Mais se voir trahi au moment où il s'en doutait le moins! l'idée lui en était insupportable.

Raymond passa une nuit très agitée, et dès qu'il fit jour, il monta lui-même chez Guillaume: — « Quoi que je puisse vous demander, s'écria le comte, répondez-moi avec franchise. Est-ce l'imagination poétique ou l'amour qui dicte vos chansons? — On ne chante pas bien si l'on n'est point amoureux. — Nommez-moi la dame que vous célébrez! — Je vous le demande, seigneur; m'approuveriez-vous de trahir un tel secret? Rappelez-vous à cet égard la maxime de Bernard de Ventadour : *La fidélité qu'on doit à sa dame consiste à lui tout dire et à ne rien dire d'elle.* — Je me soucie fort peu d'un troubadour qui a osé élever ses vœux jusqu'à la reine Éléonore. Auriez-vous été assez hardi pour adresser les vôtres à une dame de haut parage?— Seigneur comte, je ne vous le dissimulerai pas. — Se peut-il? nommez-la-moi, à l'instant même, ou craignez ma fureur; rien n'est à l'abri de mes soupçons, rien ne m'arrêtera; tremblez pour vous, tremblez pour Marguerite. » L'idée du danger que courait son amie détermina de plus en plus Guillaume à ne pas révéler la vérité, et en baissant les yeux, il avança qu'il aimait la sœur de la comtesse. « Je te pardonne ta témérité, reprit Raymond; il est plus; je te promets mes bons offices, si tu plais à Agnès, et si Alphonse, après t'avoir nommé chevalier, autorise cette union. Ma belle-sœur est repartie cette nuit pour le château de Céreste, où elle vit auprès d'un vieil oncle, à quelques lieues d'ici; tu vas à l'instant m'y suivre. » Il n'y avait pas à hésiter; Guillaume monta à cheval et galopa derrière le seigneur de Roussillon.

Agnès fut surprise de ce qu'ils venaient la rejoindre si promptement. L'agitation du comte, le trouble de Guillaume, lui firent soupçonner qu'il y avait eu entre eux une explication, et que Marguerite pouvait en être l'objet. Raymond s'empressa de lui parler seul, et après une conversation assez vive, où elle pressentit tout ce que sa sœur avait à redouter, elle déclara au comte qu'elle payait Guillaume d'un tendre retour. Par une circonstance assez singulière, elle-même, la veille, était sortie un moment de la grande salle pour respirer l'air sur la terrasse des jardins, et cette particularité dont son beau-frère se souvint lui fit penser qu'elle avait eu en effet une entrevue avec le troubadour. Rempli de joie, Raymond voulut passer la journée entière dans ces lieux. Il parcourut avec Agnès et Guillaume tous les sites les plus pittoresques des environs ; et pénétrant dans une grotte fort jolie où coule une source limpide, qui s'échappe des rochers, il les pria de les y attendre quelques momens, et il s'éloigna gaîment, dans l'idée que la sagesse allait bientôt s'enfuir de ces lieux. Agnès, tout occupée de sa sœur, n'eut pas l'air de s'apercevoir des desseins du comte, et convint avec le troubadour de la conduite qu'ils tiendraient tous les deux. Raymond força, le lendemain matin, Guillaume de l'accompagner à la chasse, avant de retourner à Roussillon.

CHAPITRE XX.

Jalousie de **Marguerite**. — **Chants** de Guillaume. — **Fureur** de
Raymond.

> J'y vis la jalousie : son aspect était plus sombre
> que terrible ; la pâleur, la tristesse, le silence
> l'entouraient, et les ennuis volaient autour
> d'elle.
>
> MONTESQUIEU, *Temple de Gnide*.
>
> Hélas ! pour mon malheur, je l'ai trop écouté !
> . . . .
> Et qui ne se serait comme moi déclarée,
> Sur la foi d'une amour si saintement jurée ?
>
> RACINE, *Andromaque*.

A son arrivée, Raymond courut chez Marguerite et ordonna qu'on le laissât seul avec elle; il lui parla avec feu de l'amour d'Agnès, voulut savoir si elle en était confidente, détailla tous les bienfaits dont Alphonse et Sancie pouvaient combler le fils de Valérie, et pria la comtesse de se joindre à lui pour amener cet attachement à une heureuse issue.

Que devint la triste Marguerite ? elle demanda quelques jours de réflexion. Elle n'ajoutait que trop de foi au prétendu changement de Guillaume, en cherchant à se rappeler certaines circonstances où il lui avait fait vivement l'éloge d'Agnès. C'est sa sœur qui avait exigé des chants du jeune poète; il s'y était prêté, malgré l'agitation qu'avait dû faire naître ce qui s'était passé dans le bosquet. C'est à Agnès que s'adressaient les sentimens qu'il avait exprimés dans ses couplets; la perfide s'en était montrée ravie. Est-ce là le prix du trop vif intérêt que la damoiselle d'honneur avait accordé à Guillaume depuis les jours où ils s'étaient vus auprès d'Arles et retrouvés à Aubagne? de la tendresse qui avait redoublé lorsqu'il lui sauva la vie, qui remplissait l'ame de Marguerite, et quand il allait assister aux derniers instans d'un père, et pendant le séjour qu'il fit à Paris, et au moment même de la fatale cérémonie de la chapelle, et tandis que dans Apt il se montra comme un héros? La comtesse lui a sacrifié sa tranquillité, son bonheur! Elle le préfère au monde entier, et il la paie d'une si noire ingratitude, d'un si lâche abandon! Déjà même il n'ose plus paraître devant elle. En effet, voyant que Feydit épiait ses moindres démarches, et redoutant pour Marguerite la violence de Raymond, Guillaume évita avec elle l'occasion d'un entretien particulier; le soir il se présenta au moment où elle était entourée de toutes ses femmes; Marguerite laissa tomber un de ses gants; après l'avoir baisé, il le lui présenta, en la priant de lui dire si elle avait des ordres à donner à son écuyer. La dame répondit avec quelque froideur, en indiquant une promenade pour le jour d'après, vers une métairie qui dépendait de Roussillon. Pour les accompagner, elle fit choix d'une aimable damoiselle et d'un page bien élevé. Ces précautions tranquillisèrent entièrement le seigneur de Roussillon, qui d'ailleurs avait formé des projets de divertissemens. Ainsi rien n'empêcha la partie qui était arrangée. La damoiselle et le page s'aimaient, et dès qu'on fut sorti du parc, ils restèrent d'eux-mêmes en arrière.

La nièce d'Aloyse, en regardant Guillaume, lui adressa de vifs reproches sur ce qu'elle appelait son inconstance. Il n'eut pas de peine à se justifier; il raconta tout ce qui lui était arrivé avec Raymond et avec Agnès; son amie reconnaissait dans son récit l'accent de la vérité; elle avoit trop d'intérêt à le trouver innocent, pour ne pas être disposée à le croire. Cependant Marguerite exigea que, pour dissiper dans son esprit jusqu'à l'ombre de la jalousie, Guillaume composât des chants dont elle seule pût être l'objet, et qui seraient d'abord adressés au comte, suivant la coutume de ce temps-là. Guillaume s'attacha à lui faire sentir tout ce qu'une communication semblable pouvait avoir de dangereux dans les circonstances. Marguerite voulut au moins que les vers fussent envoyés à sa sœur. Le troubadour essaya encore de combattre cette résolution. Il parla de la méchanceté de Feydit, du caractère emporté de son maître, de tous les maux qui pouvaient être la suite de la moindre indiscrétion. Mais comme la comtesse montra une obstination qu'il ne lui avait jamais vue, il rejeta ses soupçons sur la force même de son amour. Pouvait-il alors manquer d'indulgence et s'empêcher d'obéir? Le soir même, le fils de Valérie écrivit des couplets, *sous la dictée de son cœur.* :

>La neige, le lis et l'ivoire
>N'ont pas l'éclat de ta blancheur ;
>Près de toi la rose est sans gloire,
>La colombe a moins de candeur.
>Qu'à la fable on prenne Aphrodite,
>Cléopâtre aux Égyptiens,
>Ève, Thérèse à nos Chrétiens,
>On n'a pas encor Marguerite.

>Mes songes m'offrent ton image ;
>A mon réveil je pense à toi ;
>Quand je t'approche, mon visage
>Pâlit, rougit d'un doux émoi.
>C'est pour toi que mon cœur palpite,
>Je n'ai des yeux que pour te voir ;
>Je frémis de crainte ou d'espoir ;
>Je ne vis que pour Marguerite.

>Quoi! soudain ma bouche hypocrite
>Porterait des vœux à ta sœur !
>L'amour craint pour sa favorite
>D'un jaloux la sombre fureur.
>Mais un de tes regards m'excite
>A redire ma tendre ardeur ;
>Ton cœur est le prix de mon cœur ;
>Je ne chante que Marguerite.

Au lever de son amie le troubadour présenta ses couplets; elle en fut satisfaite, lui dit qu'elle les regardait comme le plus précieux gage de la tendresse, et y joignit quelques mots pour sa sœur. Guillaume s'offrit de les remettre à Agnès; un reste de défiance porta Marguerite à refuser sa proposition, et le message fut confié au jeune page de la veille, avec recommandation de faire diligence, et de ne donner la réponse qu'à elle-même.

Pour Raymond, il avait maltraité Feydit, en le traitant de visionnaire, d'ennemi de son épouse, qui était aussi vertueuse que belle, et il avait menacé de le chasser de son service. Au fond de son cœur, il n'y songeait guère; Feydit lui était trop précieux, lorsqu'il fallait se procurer l'or de quelque marchand voyageur, ou les faveurs de quelque jolie vassale. L'écuyer, dans sa rage contre Guillaume, se décida à ne plus s'occuper que du soin de surveiller sa conduite et la moindre démarche de la comtesse. Ayant osé s'approcher de la porte de sa maîtresse, il n'avait pu saisir ce qu'elle disait à Guillaume; mais Feydit s'était assuré qu'ils étaient bien près l'un de l'autre, se parlaient avec intimité, et que le troubadour avait remis à Marguerite la romance qu'elle avait pressée sur son cœur. L'écuyer avait vu le page recevoir une lettre; il se trouva sur le chemin du jeune homme : par l'artifice de ses discours il apprit qu'on l'avait chargé d'un message pour Agnès. Assurant que lui-même allait se rendre auprès d'elle par ordre du comte, Feydit s'offrit à dispenser l'étourdi de ce voyage, et lui promit un inviolable secret. Celui-ci, qui avait un rendez-vous avec la dame de ses pensées, ne s'éloignait qu'avec bien du regret, et il fut enchanté de pouvoir rester au château. Notre page malencontreux aida Feydit à seller son cheval, et il lui souhaita bon voyage. L'écuyer prit en effet le chemin qui conduisait chez Agnès ; à une certaine distance il s'arrêta, fit un détour, et revint précipitamment vers son seigneur, à qui il remit la dépêche de la comtesse. Raymond en rompit le sceau avec violence; en lisant le billet de son épouse, en lisant les vers du troubadour, la fureur se peignit dans ses traits. Plus de doute, plus d'incertitude, l'outrage est connu; on ne peut plus différer d'un instant la vengeance. Faut-il qu'on conduise Guillaume à Aigues-Mortes, et qu'on l'y embarque de force, par le premier navire allant en Palestine ? Mais son retour ne serait pas impossible. Si on l'envoyait dans un défilé, tenu par des brigands, sa valeur ou son adresse l'en tirerait peut-être. Un fer ardent brûlerait cette main dont le luth rend de si doux accords? Cette langue qui fait entendre des mots si tendres? Ces yeux qui lancent des regards pleins de flamme? Un seul de ces châtimens et tous réunis n'égaleraient point le forfait, n'offriraient pas une vengeance assez éclatante. Il en faut un plus prompt et plus complet. Le comte Raymond conçoit un projet dont l'idée lui arrache un sourire digne des enfers. Feydit, par son ordre, fait sonner la trompette; on entend le bruit des cors et l'aboiement des meutes; on part pour le bois de Saint-Lambert.

CHAPITRE XXI.

Événemens tragiques.

> Là sa langue glacée et sa voix expirante
> D'Eurydice en flottant murmurait le doux nom.
> DELILLE, *trad. des Géorgiques.*

> « Je ne te verrai plus, adieu, cher Adonis. »
> Ainsi Vénus cessa. Les rochers, à ses cris,
> Quittant leur dureté, répandirent des larmes;
> Zéphir en soupira; le jour voila ses charmes,
> D'un pas précipité sous les eaux il s'enfuit,
> Et laissa dans ces lieux une profonde nuit.
> LA FONTAINE, *Adonis.*

On avait indiqué une chasse au milieu de laquelle le sire de Roussillon annonça l'idée de courre le cerf, par une route qui lui était connue, et il ne se fit suivre que de Guillaume et de Feydit. Arrivé dans un endroit épais, il ordonna la halte, et dit à l'écuyer de Marguerite : « A ton avis, que mérite celui qui trahit son maître ? — Il est indigne de vivre. — Tu as prononcé ton arrêt, s'écria Raymond d'une voix terrible, » et il s'éloigna en faisant un signe à Feydit. Celui-ci lève un poignard, s'élance sur le troubadour, qui reste interdit, le frappe de trois coups, et rejoint aussitôt son seigneur.

Guillaume était tombé de cheval; il essaya de se relever, mais en vain; ses forces l'avaient abandonné, et son sang sortait à gros bouillons; il fit d'inutiles efforts pour bander sa plaie avec l'écharpe blanche que lui avait donnée Marguerite. Voyant la mort s'approcher, il prit la poignée de l'épée qu'il tenait de son père, l'éleva en croix, prononça une prière fervente; puis il chanta, d'une voix défaillante, pour la dernière fois :

> Un traître arrose de mon sang
> Le pied du triste sycomore.
> Hélas! bien près de son aurore
> Ma vie arrive à son couchant.
>
> Tu perds en moi ce qui te reste,
> O mère dont je suis l'amour.
> Vois celui dont je tiens le jour,
> Il m'attend au parvis céleste.
>
> Marguerite, sèche tes pleurs;
> Je sens s'approcher la journée
> De notre éternel hyménée;
> Viens, Marguerite, viens; je meurs.

On n'entendait plus aucun son. L'amant de Marguerite avait cessé d'être. Feydit revint sur ses pas; le barbare ouvrit les flancs du malheureux objet de sa rage, et il en arracha ce cœur noble et généreux qui n'avait respiré que pour la vertu, qui n'avait brûlé que d'un seul amour. Après l'avoir jeté dans une bourse de cuir, il revint au galop vers le comte, qui s'enferma avec lui.

Cependant les varlets avaient garni les murs et les cheminées de la salle à manger avec des rameaux de verdure, pour y maintenir la fraîcheur. Les nattes de jonc étaient étendues sous la table, qui fut comme à l'ordinaire couverte de fleurs; des guirlandes serpentaient autour des vases et des coupes. On étalait la vaisselle d'or et d'argent sur les gradins du dressoir couvert de tapisseries. Le cor d'ivoire annonça le moment du repas. Tandis qu'on dressait les viandes dans des plats d'argent, les légumes sur le marbre, la volaille sur le verre, les fruits et les confitures d'Apt dans des corbeilles peintes, un officier posa le tapis et le coussin sur le banc du comte et sur celui de la comtesse. Tous deux entrèrent en même temps par des portes différentes, et les pages leur présentèrent les cuvettes de vermeil, où l'on répandit sur leurs mains l'eau de rose.

« Votre chasse a-t-elle été heureuse? » dit Marguerite à Raymond. Il répondit d'un air farouche, qu'il en était content. « Où est Guillaume? demanda-t-elle d'une voix mal assurée. — Vous ne tarderez pas à le savoir; mais il faut nous mettre à table. » En effet, le maître-d'hôtel avait fait placer le service; les pages se tenaient debout, la serviette pliée autour du bras, et déjà l'écuyer tranchant préparait le couteau avec lequel il devait dépecer les viandes et les présenter à son maître.

« Madame, reprit Raymond, vous aimez le produit

de ma chasse, et vous le recevrez aujourd'hui de ma main. » Le ton brusque du comte, l'absence inusitée de Guillaume, avaient jeté Marguerite dans l'inquiétude. Elle regarde Raymond, sur le front duquel les furies semblaient avoir imprimé leurs traits. Elle repousse le plat funeste; elle va se lever et sortir. « Vous-même, servez-vous ce mets délicat, lui crie son tyran; je l'exige. — Tu le veux! Quelle affreuse lumière! réponds-moi: Qu'as-tu fait de Guillaume? — Ce que vous avez aimé pendant sa vie, il faut l'aimer après sa mort. Ce n'est pas à vous à refuser son cœur. — Monstre, lorsque je rejetais l'idée de m'unir à toi, lorsque, pour empêcher cette horrible union, le ciel m'avait en vain ôté l'usage de mes sens, c'était le présage des tourmens que j'éprouve. Tu n'as que trop justifié ces avis du ciel. Oui, j'aimais depuis longtemps Guillaume. Mais, je le jure par notre Créateur, jamais nous n'avons trahi nos devoirs; lui-même m'aurait sauvé de ma faiblesse. La vie est pour moi un poids insupportable. Grand Dieu! tu n'exiges pas sans doute que je l'endure longtemps; pardonne, et réunis-moi à Guillaume? » Le comte, plein de rage, tire son épée, et vole à Marguerite; elle s'élance vers le balcon, en pressant sur ses lèvres sa croix de cristal; il va la frapper; mais, sans qu'on puisse la retenir, elle se précipite, en prononçant le nom de Guillaume; c'est presqu'en face de l'entrée du bosquet, où elle a reçu son dernier baiser. On court, on s'empresse; Marguerite n'est plus; on dépose son corps sur un brancard; on l'emporte hors du château ; tous les habitans s'éloignent avec effroi, comme si le ciel eût dû lancer sur les créneaux et les tours ses foudres vengeresses.

CHAPITRE XXII.

Vengeance. — Chants funéraires.

> J'ai vengé l'univers autant que je l'ai pu.
> RACINE, *Mithridate.*
>
> Élevons à sa cendre un monument célèbre !
> Que le jour de la nuit emprunte les couleurs !
> Soupirons, gémissons sur ce tombeau funèbre,
> Arrosé de nos pleurs !
> J.-B. ROUSSEAU, *Odes.*

Pendant cette scène effroyable, une brillante cavalcade s'avançait vers Roussillon ; elle était composée de l'élite de la cour d'Alphonse. Ce prince, ayant fait la paix avec les Maures, et s'étant embarqué à Barcelone avec Olivier, était revenu à Marseille. Il avait reçu de Rome la dispense que la reine avait sollicitée pour Guillaume auprès du pape Alexandre. Alors, malgré les soins importans qui l'occupaient, et avant de se rendre dans l'île de Gernica, où il devait avoir une entrevue avec le comte de Toulouse, Alphonse résolut d'exécuter la promesse qu'il avait faite, d'armer Guillaume chevalier. Il fit choisir dans son arsenal et dans son vestiaire l'épée, sur laquelle on grava le nom du fils de Valérie, les éperons d'or, le casque damasquiné, les brassards, les gantelets, la cotte de mailles, l'écu, la lance à banderolles, tout ce qui était nécessaire pour adouber le néophyte, même la robe blanche qu'il devait revêtir pour la veillée des armes. On disposait la chapelle du palais, tapissée de tous les drapeaux pris sur les Sarrasins. Les chevaliers se réunissaient pour les joûtes ; les villageois, pour les danses. La reine préparait les plus riches présens. Alphonse chargea Baldéric d'aller de sa part engager Guillaume, ainsi que le comte et la comtesse, à se rendre à la cour. Olivier, dans son impatience, avait obtenu la permission de partir, pour embrasser plus tôt son élève, son ami.

Baldéric se félicitait avec lui d'arriver au but du voyage, lorsqu'ils virent une foule désordonnée, traînant le corps inanimé de l'amante de Guillaume, et proférant des imprécations contre Raymond et son complice. Ils s'arrêtèrent pour apprendre la cause d'un évènement aussi extrordinaire. Baldéric reconnut les traits de Marguerite, et dès qu'on lui eut révélé toutes les circonstances de la fin tragique de cette victime de l'amour, il repartit précipitamment pour Marseille. Olivier s'occupa du triste soin de retrouver la dépouille mortelle du fils de Valérie, et après avoir ordonné que dans le lieu du meurtre une croix fût élevée entre des ifs et des cyprès, il parcourut tous les cantons voisins, en excitant les esprits à la vengeance.

Les parens de Marguerite, les amis de Guillaume, les troubadours du midi de la France, tous les amans du Languedoc et de la Provence, tous les seigneurs à qui la loyauté était chère, réunirent un grand nombre de gens d'armes. La reconnaissance amena Guillaume de Ramnols et les habitans de la ville d'Apt; ceux de Cabestaing et de Labâtie Mont-Saléon, ces anciens Romains, marchèrent, commandés par le parrain de Guillaume, le comte de Laric, qui était revenu de la Terre-Sainte, et qui avait auprès de lui le fidèle Bachelard. Les Templiers se levèrent pour venger les droits de la religion, de la chevalerie et de l'humanité. A la prière d'Alix, qui déplorait le sort de Guillaume, Louis VII fit avancer des troupes vers le château de Roussillon pour les joindre à celles de Provence. Le roi d'Aragon se mit à la tête de cette armée remplie d'ardeur; il était accompagné de Sancie. Pour les rejoindre, Phanette des Gantelmes avait quitté la cour d'amour; elle ne pouvait se consoler des terribles événemens qui avaient été la suite du jugement de Romanin. L'archevêque d'Aix voulut être de cette sorte de croisade; Aloyse de Tarascon venait de mourir, et avait confessé ses fautes et ses remords au prélat, qui lui-même n'était peut-être pas exempt de reproches. Il apprit à la reine que Berangère de Baux s'était accusée d'avoir fait jeter un sort sur Guillaume, et, pour hâter le moment de sa perte, d'avoir appelé les Sarrasins et provoqué la fureur de Feydit. Ayant voué à l'exécration publique le nom de cet écuyer et celui de son digne maître, elle allait prendre le voile dans l'abbaye de Saint-Laurent d'Avignon. La sœur de l'infortunée Marguerite, Agnès, parut en longs habits de deuil, et sollicita la punition du comte.

L'or que répandait Raymond avait réussi à lui procurer des soldats. Troublé par les prédictions sinistres d'un astrologue qui, après avoir consulté les astres, lui annonçait la fin de ses jours, il résolut pourtant de se défendre en désespéré. Le comte répara toutes les brèches que le temps avait faites dans les murs, dont l'épaisseur paraissait être à l'abri des coups de la baliste. On élargit, on nettoya le souterrain par lequel le seigneur pouvait s'échapper à cheval, avec ses gens, et emporter ses richesses. On fortifia les herses, on leva les ponts-levis; on empila les barres et on aiguisa le bout d'une grande quantité de pieux de fer; on disposa les quartiers de rocher qu'on devait rouler sur l'ennemi. Beaucoup de fioles renfermaient du feu; dans des brasiers on voyait se fondre le plomb, s'échauffer le sable, s'embraser le soufre, s'enfler la poix et le bitume, l'huile bouillir; tout menaçait les assiégeans.

La sentinelle du beffroi sonna le tocsin des alarmes, et Raymond garnit ses remparts de soldats. Mais bientôt ils furent obligés de céder à des archers nombreux, postés sur divers points. Des arbalétriers lançaient leurs traits du haut d'une tour montée sur quatre roues et couverte d'un cuir bouilli, que Feydit chercha en vain à incendier. Des échelles furent dressées contre les murailles; Alphonse, Olivier,

Baldéric y montèrent de trois côtés. Bachelard avait découvert l'issue du souterrain, et il fit prisonniers tous ceux qui voulurent s'échapper. Les soldats de Raymond jetèrent bas les armes; on arracha son étendard; on se saisit de l'écuyer Feydit.

Le lendemain, avant le supplice de ce traître, avant la mort du comte, qui était couvert de blessures, et en sa présence même, l'armée entière se rassembla. On vit paraître les pages avec des bannières artistement brodées. A la tête des chevaliers allait Alphonse, sur un coursier dont la couleur blanche prouvait qu'il était monté par le seigneur. Six chevaux couverts de drap d'argent, de housses d'orfèvrerie et de riches campanes, traînaient un char sur lequel on voyait Marguerite et son amant. On s'arrêta devant l'autel qui s'élevait au milieu de l'enceinte, et le roi d'Aragon proclama Guillaume chevalier. L'archevêque officia, assisté du prince-évêque d'Apt; il fit une déclaration publique, de laquelle il résulta que Marguerite n'ayant pas donné son consentement au mariage, et n'ayant jamais cédé aux désirs du comte de Roussillon, elle était restée libre : les prélats l'unirent à Guillaume. Les solennités d'usage furent célébrées. Sancie, Agnès et Phanette répondirent pour l'épouse; Alphonse, Olivier et Baldéric pour l'époux; des anneaux furent mis aux doigts de Guillaume et de Marguerite. Les noces terminées, on commença les funérailles.

On avait placé les amans sur un seul catafalque,

Paroles de J. C. F. LADOUCETTE,
Musique d'Hippolyte COLET,
membre du conservatoire.

2

De deux lis la tige s'élance,
De Provence ornant le jardin;
Ils n'ont qu'une seule existence,
Ils n'ont aussi qu'un seul destin.
Le souffle affreux de la tempête
De nos lis moissonne la fleur;
Ici penche et tombe leur tête;
Répétez mes chants de douleur.

3

Princes célèbres par la guerre,
Belles dames, chers troubadours,
Venez couvrir d'un peu de terre,
Ces deux modèles des amours.
Du monde ainsi passe la gloire,
Et s'évanouit le bonheur;
De nos neveux que la mémoire
Consacre mes chants de douleur!

et auprès d'eux la croix de cristal de roche, le bracelet de cheveux, le chapelet de perles, l'épée de Servirius, suspendue à l'écharpe, blanche naguère, et maintenant ensanglantée, la lyre d'or, le luth d'ivoire, le chapel de roses, la coupe de Louis VII, le diamant d'Alix de France, et sa lettre, dont aucune main n'avait rompu le sceau. Tous ces objets furent déposés avec les corps de Marguerite et de Guillaume dans un même tombeau, sur lequel on grava leur lamentable histoire. Le premier ami du troubadour, Bachelard, fut chargé de la garde de ce monument. Sancie annonça qu'elle allait témoigner à l'épouse de Louis le désir de se charger elle-même du soin d'adoucir, en les partageant, les chagrins de Valérie.

Cependant Olivier, Cadenet, Guillaume de Ramnols, Blacas, Adhémar, cinquante autres troubadours, revêtus de manteaux noirs, suivis de leurs jongleurs et de nombreux ménestrels, se rangèrent sur deux lignes; ils tenaient en main leurs harpes plaintives. L'amant de Corisandre, le maître de Guillaume de Cabestaing, suspendit le cours de ses larmes, et il se rendit ainsi l'interprète de toutes les ames sensibles :

> De l'amour je chantais les charmes,
> Son innocence, ses désirs,
> Et même les vives alarmes
> Qu'il nuance encor de plaisirs.
> Autour de moi chacun soupire,
> Et tout respire le malheur;

D'un crêpe j'ai voilé ma lyre ;
Écoutez mes chants de douleur.

De deux lis la tige s'élance,
De Provence ornant le jardin,
Ils n'ont qu'une seule existence ;
Ils n'ont aussi qu'un seul destin.
Le souffle affreux de la tempête
De nos lis moissonne la fleur ;
Ici penche et tombe leur tête ;
Répétez mes chants de douleur.

Princes célèbres par la guerre,
Belles dames, chers troubadours,
Venez couvrir d'un peu de terre
Ces deux modèles des amours.
Du monde ainsi passe la gloire
Et s'évanouit le bonheur.
De nos neveux que la mémoire
Consacre mes chants de douleur !

Chaque année, à pareil jour, les chevaliers de Provence ont assisté dans ce lieu à un service solennel, institué par le roi d'Aragon en mémoire de nos amans. Six siècles, et davantage, se sont écoulés. Le château de Roussillon n'offre que des ruines ; le service a cessé ; la tombe n'existe plus ; l'hommage que nous rendons à Guillaume et à Marguerite pourra-t-il vivre toujours dans le souvenir des hommes ?

FIN DU TROUBADOUR.

POÉSIES

DE

GUILLAUME DE CABESTAING.

I.

Lo jorn qu'ie us vi, domna, premicramen,
Quant a vos plac que us mi laissetz vezer,
Parti mon cor tot d'autre pensamen,
E foron ferm en vos tug mey voler :
Qu'aissi m' pauzetz, domna, el cor l'enveia
Ab un dous ris et ab un simpl'esguar,
Que tot quant es mi fezes oblidar.

La gran beutatz, e'l solas avinen,
E'l cortes dig e l'amoros parer
Que m' saubetz far m'embleron si mon sen,
Qu'ane pueis, domna, en mi no'l puei aver.
A vos l'autrey cui mos fis cors merceia,
Per enantir vostre pretz et honnar,
Tan finamen c'om miels non pot amar.

E cur vos am, domna, tan finamen
Que d'autr'amar no m' don amors poder;

Mas aissi ai qu'ab autra cortey gen
Don cug de me la gran dolor mover :
Mas quan cossir de vos cui pretz sopleya,
Tot'autr'amor oblit e dezampar,
Ab vos remanc, e us tenc el cor plus cur.

E membre vos, si us plai, del bon coven
Que mi fezetz al departir saber,
Don ait mon cor, domna, guay e jauzen :
Per bon respieciten que m'mandetz tener,
Mout ai gran joy, si aitals mals me greya,
Qu'el bon aurai quan vos plaisa encar,
Belha domna, qu'ieu suy en l'esperar.

E ges maltrait no mi fan espaven,
Sol que ieu pens en ma vida aver
De vos, domna, paue o gran jauzimen :
Tug li maltrag mi son joy e plazer
Tot per aisso ; quar sai qu'amors m'autreya ;
Que fis amans deu gran tort perdonar,
E gen sufrir maltrait per guazanhar.

Ai ! quan sera l'ora, domna, qu'ieu veya
Que per merce me vulhatz tant honzar,
Que sol amic me denhetz apelhar.

II.

Ancmais no' fo semblan
Qu'ieu laisses per amor
Solatz, ni per j'ai chan,
Ni m' plores per doulor.
Be m' ten en son coman
Amors, qu'en mi comensa
Manz dolz plazers, e cre
C'adops de leis ma fe
Deus, e per sa Valensa.

Que m' vau soven clamar
De so don faz lauzor,
E vau leis merceian
Don degra far clamor;
Be non faz perengan.
Mas cel cui amors gensa
Deu soffrir mainta re,
Car en mans luocs s'ave
Qu'el mal taing q'el bes vensa.

Nos deu plaigner d'afan,
Ni dire sa dolor,
Ni conoisser son chan,
Ni de be far lauzor.
Amics, que va camjan
Soven sa captenensa.
Mains ne parlons de se,
E non sabon de que
Mov jois ni malsabensa.

Si m' destreignetz pensan,
Que maintas vez quant or
Vos cug esser denan;
Que la fresca color
E'l gen cors benestan
Teng en tal sovinensa,
De re als no m' sove;
D'aquest dous pes me ve
Franqueza e benvolensa.

III.

Ar vey qu'em vengut als jorns loncs
Que flors s'arenga sus els troncx,
Et aug d'auzelhs chans e refrims
Pels playssats qu'a tengutz embroncs
Lofregz, mas eras pels soms sims,

Entre las flors e'ls brondels prims,
S'alegra quascus a son for.

Per qu'eu m'esjauzise e m' de mor
D'un joy d'amor que m' ven al cor,
Don m'es dous deziriers taizitz;
Que plus que serps de sicomor
M'en deslong per un fols fraiditz,
Em n'es totz autres joys oblitz
Per l'amor don paucs bes aintz.

Anc pus n'Adam culhic del fust
Lo pom don tug em en tabutz,
Tam belha non aspiret cristit,
Lors gent format e car a just,
Blanc e lis plus qu'us almatist;
Tant es belha, per qu'ieu'n suit trist,
Quar de me no'lh pren mais de sonh.

E jamais non serai tan lonh,
Que l'amors, que m'aflama e m ponh,
Si parta de lieys ni s'esquis :
Mas a las vetz quan si dejonh
Que s'espan defors e dedis,
Adonex sui claus, cubertz e sis
D'amor, plus que de flor ysops.

Et am tan qu'ab menhs n'a mortz trops,
E crey qu'el jorns mi sra props,
Qu'amors m'es cara et ie'l sui vils
E ges aissi nom fora ops :
Qu'el fuecs que m'art es tals que crils
No'l tudaria, plus q'us fils
Delguatz sottendria una tor.

Mas ieu las ! que suepi l'ardor
E la pena que m' ven d'amor

Ab grans afans et ab destricx,
E m' n'epalezis ma color;
Pero eu serai veill anticx,
E tot blancs aissi com es nicx,
Anz que de ma domna m' clames.

Quar domna fai valer adès
Los desvalens e'ls fels engres;
Que tals es pros et agradius
Que si ja domna non ames,
Vas tot lo mon fora esquius :
Qu'ieu 'n sui als pros plus humilius,
E plus orgulhot als savais.

Joglar, vai, e prec te not tricx,
E chanta'l vers a mon amicx,
Et a' n Raimon, car en val mais.
Que mal m'es dolz e saborius,
E'l paue ben mana don mi pais.

IV.

Aissi cum selh que laissa 'l fuelh
E pren de las flors la gensor,
Ai eu chauzit en un aut bruelh
Sobre totas la belhazor :
   Qu'elh eis dieus, senes falhida,
La fetz de sa eissa beutat,
E mandet qu'ab humilitat
   Fos sa grans valors grazida.

Ab dous esguart siei cortes huelh
M'an fait quai e fin amador,
Et an l'amors; per qu'ieu me muelh
Ab l'aigua del cor ma color
   No fon per mi espandida,
Mas era m fai chantar de gra

De tal on an mayns cundeyat,
　Q'us ne la tene devestida.

Non dic fenchas ni laus cum suelh,
Mas ver on me son mil auctor,
Q'usquecx dezira so qu'ieu vuelh,
Qu'als plus guays es lansa d'amor
　Que fer al cor ses guandida,
Ab plazen plazer d'amistat :
Mas ieu qu'ai'l colp allaborat,
　Cum plus dorm mielhs me ressida.

Chauzimen fara, si m'acuelh,
E merce, contra sa ricor;
Qu'ieu li mostr'el mal de que m duelh,
E que m'alenge ma dolor
　Qu'es dins mon cor espandida.
Amor e cossirier m'a dat,
Que del mielhs m'a enamorat
　Qu'es del pueg tro en Lerida.

Sos rics pretz es en l'aut capduelh
De mi dons, et es la gensor
Qu'el mon se viesta ni s' despuelh :
Gen la saup far nostre senhor;
　Qu'aissi es pels pros chauzida
Lai on mostra sa gran beutat
E son fin pretz tant esmerat
　Qu'a las pros n'estai guarnida.

Tant es genta e de bel escuelh,
Qu'enveia m tot d'autra s'amor;
Qu'ab ensenhamen, ses jungluelh,
L'es dada bentat ab valor,
　Cortezia non oblida;
Q'us de corteza voluntat
La fai, ses ginh d'enemistat,
　Guardar, o autra es brugida.

V.

Lo dous cossire
Que m' don amors soven,
  Domna, m' fai dire
De vos mainls vers pluzen :
  Pensan remire
Vostre cors covinen.
  Qu'am e dezire
Mais qu'ieu no fas parven ;
E sitot me desley,
Ges per so no us abney,
Qu'adès vas vos sopley
Ab franca benvolensa.
Domna, ceci bentatz gensa,
Mainthas vetz oblit mey
Que laus vos, e mercey.

  Tos temps m'azire
Amors que us mi defen
  S'ieu ja 'l cor vire
Ves autra, ni m' desmen.
  Tolt m'avetz rire
E donat pensamen ;
  Pus greu martire
De mi nulhs hom no sen,
Quar vos qu'ieu plus envey
D'autra qu'el mon estey,
Desampar e mescrey,
E dezam en parvensa :
Tot quan fas per tamensa
Devetz en bona fey
Penre, neis quan no us vey.

  Totz jorns comensa
L'amors, tan m'abelhis

La captenensa
De vos cui suy aclis :
Be m' par que m' vensa
Vostr'amors, qu'ans que us vis,
Fo m'entendensa
Que us ames, e us servis ;
Qu'aissi m' sui, ses totz cutz,
De cor a vos rendutz,
Qu'autra joy no m'adutz :
Q'una non port a benda
Qu'ieu 'n prezes per esmenda
Jazer, ni 'n fos sos drutz,
Per las vostras salutz.

En sovinensa
Tene la cara, e 'l dolz ris,
Vostra valensa,
E 'l beth cors blanc e lis ;
S'ieu per crezensa
Estes vas Dieu tan fis,
Vius ses falhensa
Intrera en paradis.
Qu'ab vos sué remazutz
Francs, ses autres aiutz,
Ab vos qu'ieu n'ai perdutz
Mains dos, qui s vuelha 'ls prenda !
Qu'a mi platz mais qu'atenda,
Ses totz covens sabutz,
Vos don m'es gaugz vengutz.

Ans que s'estenda
Sobr' el cor la dolors,
Merces dissenda
Domn' en vos et amors,
Que joy mi rendra,
m luenh sospirs e plors :
No us o defenda

Paratges ni ricors;
Qu'oblidatz m'es totz bes,
S'ab vos no m val merces.
Ai! belha doussa ves,
S'al prim que us aie enqueza
M'amessetz, o non ges;
Qu'eras no sai cum s'es.

Non truep contenda
Contra vostras volors;
Merces vos prenda
De mi, que us si 'honors :
Ja no m'entenda
Dieus, entr'els preyadors,
S'ieu vuelh la renda
Dels quatre reys maisors,
Per qu'ab vos no m'valgues
Merces e bona fes ;
Quar partir no m'puesc ges
De vos en cui s'es meza
M'amors, e si fos preza
En baizan, ni us plagues
Ja no volgna m' solves.

Doncx, cum seria
Qu'ieu merce no i trobes
Ab vos, amia,
La genser qu'ane nasques;
Qu'ieu nueg e dia,
De genolhs e de pes,
Sancta Maria
Pres vostr'amor mi des;
Qu'ieu fui noyritz enfans
Per far vostres comans :
E ja dieus no m'nans,
S'ieu ja m'en vuelh estraire.
Franca res de bon aire,

Suffretz qu'ie us bais los guans,
Que de l'als sui doptans.

Anc res qu'a vos plagues,
Bona domna corteza,
No m'estet tan defeza
Qu'enans no la fezes
Que d'als me sovengues.

En Raimon, la belheza
E 'l pretz qu'en mi dons es
Me ten gai e cortes.

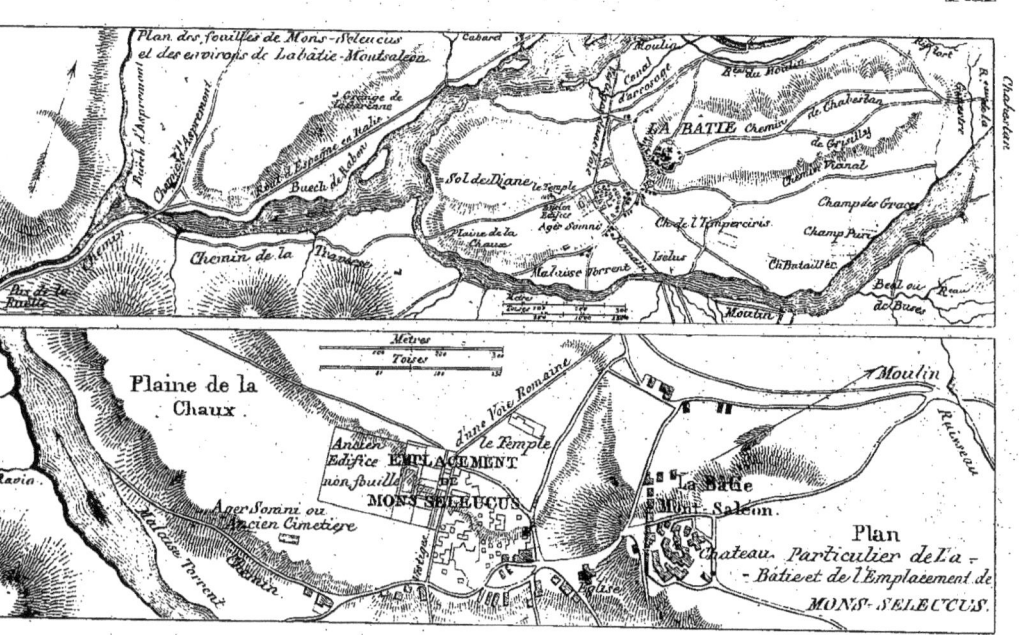

SUR LES ANTIQUITÉS
DE MONS-SELEUCUS,

AU PAYS DES VOCONCES,

Aujourd'hui la Bâtie Mont-Saléon, département des Hautes-Alpes.

Rapport fait à l'Institut en 1805, par J.-C.-F. Ladoucette, préfet de ce département.

« A peine Magnence était parvenu à Mons-Seleucus, lorsque les généraux de Constance, ayant forcé le passage des Alpes Cottiennes, et arrivant par Caturiges (Chorges) et Vapincum (Gap), attaquent son armée, et, après l'avoir taillée en pièces, etc. »

Telles sont les expressions de l'empereur Julien sur la bataille qui se livra, le 11 août 353, au sud-est de Mons-Seleucus, sur les bords du torrent de Malaise. On peut supposer avec vraisemblance que le fort de la mêlée eut lieu dans le champ dit encore *Batailler;* que Magnence était de sa personne dans celui de *l'Impereiris;* qu'on a pardonné aux vaincus dans les *Campi puri;* que dans celui des *Graces* on a fait un sacrifice aux dieux; les soldats auront puisé de l'eau à la fontaine *Iselus;* ils se seront baignés au *sol de Diane.*

La plaine, parfaitement horizontale, où s'étendait Mons-Seleucus, est sur le même parallèle que Viviers, et à 3 minutes à l'orient du méridien de Grenoble, latitude septentrionale 44° 28' 54"; différence du méridien de Paris, 3° 25' 13" orient. La ville était une *mansio*, lieu de gîte, d'étape militaire; les itinéraires la placent à la jonction des voies de Milan et d'Arles à Vienne, à 79 milles romains de Valence et à 31 milles de Gap.

Elle aura été saccagée par quelqu'un des peuples barbares qui, du cinquième au dixième siècle, ont porté la désolation dans ces contrées; les murs paraissent y avoir été rasés à fleur de terre; des tas de charbon de bois et de métaux fondus, qu'on y a trouvés sur plusieurs points, semblent y indiquer un grand incendie. Mais une cause plus terrible encore a forcé ses habitans à l'abandonner.

Deux torrens qu'on nomme les Buëchs se réunissent au *pas de la Ruelle* dans un lieu fortement encaissé entre des chaînes de montagnes calcaires, dont la cime atteste le dépérissement et dont les flancs ont laissé échapper des masses de rocs, à une époque qui n'est connue ni par l'histoire ni par la tradition. Ces blocs énormes arrêtant le cours des Buëchs, ces torrens se sont rejetés sur la Malaise, et ont reflué dans la plaine. Suivant les observations de M. Héricart de Thury, les rochers qui bordent les deux rives, au défilé que nous avons indiqué, sont sillonnés et usés à des hauteurs qui correspondent à celles des lacs qui ont été formés lors de la catastrophe dont nous parlons. La plaine de Mons-Seleucus est de niveau avec celle de la rive droite du Buëch oriental, dont alors elle a été violemment séparée. Le long séjour des eaux sur la première de ces plaines est prouvé par les galets dont elle est parsemée, par les dépôts et les alluvions qui ont recouvert la ville, à une épaisseur constante de 65 centimètres; enfin par la construction et le nom même du village de Chabestan *, qui en est situé à près d'un myriamètre nord, et qui se disait *Caput stagni*, Tête de l'étang. Là se sera retirée une partie de la colonie romaine, tandis que l'autre s'est réfugiée sur l'éminence où l'on voit maintenant la commune de la Bâtie Mont-Saléon.

La carte de Peutinger, la défaite de Magnence, la dénomination latine de la Bâtie Mont-Saléon, *Bastida montis Seleuci*, quelques objets mis au jour par le soc de la charrue, et dont une partie existe au musée de Grenoble, la connaissance de 30 mètres courans de murs due à des recherches qui, pendant trois heures, eurent lieu en présence de mon prédécesseur, murs que le propriétaire recouvrit bientôt : voilà ce qui m'a déterminé à entreprendre et à faire exécuter, pendant plus de deux mois de l'hiver de 1804 à 1805, des fouilles où l'on a employé les malheureux des environs; elles ont été dirigées avec zèle, talent et désintéressement par M. Duvivier, inspecteur des contributions directes **.

* On a vu dans le Troubadour que le héros de ce roman, Guillaume, y est né.

** M. Duvivier est décédé conseiller de préfecture à Mézières, en 1840. Son fils a consacré à son honorable mémoire un touchant hommage, en tête du recueil de fables ingénieuses qu'il vient de publier.

Nous trouvâmes un édifice dont l'enceinte était de 194 mètres de long sur 122 de large. Sa façade, qui regarde le nord, formait dans l'origine un péristyle, ainsi que l'annoncent des colonnes d'ordre dorique, qui paraissent avoir eu une hauteur de 10 mètres. Elles sont d'une pierre calcaire, grenue, composée d'une grande quantité de fragmens de coquilles. Les quatre principales annoncent l'entrée; leurs bases sont encore en place. Seize autres, plus petites et sans moulures, distribuées de chaque côté, ont un diamètre de 8 centimètres ; elles sont posées sur un socle sans tore à l'extérieur, et de cinq morceaux rapportés. De petits massifs de maçonnerie, assez régulièrement disposés, avaient servi de supports à des vases ou à des statues. Les murs sont bien conservés ; ils ont environ deux mètres de fondation ; comme leur épaisseur est de moins d'un mètre, ils doivent avoir eu peu d'élévation. Dans plusieurs pièces, à un mètre de profondeur au-dessous de la surface du terrain, on a trouvé des glacis peints en rouge et aussi polis que le marbre. On reconnaît aisément les cours à un pavé placé sur le sol, recouvert d'un glacis général qui supporte un second pavé. La couleur de la terre, à une certaine profondeur, désigne les parties qui étaient en jardin ; le terrain y est meuble ; ailleurs il a presque la dureté du grès. Au milieu d'une grande cour, un bassin, en partie démoli, était suivi d'un aqueduc bien conservé ; plusieurs découvertes de ce genre, faites à Mons-Seleucus, prouvent qu'on n'y avait rien négligé pour la distribution des eaux entre les fontaines et les bains, à l'usage soit du public, soit des particuliers. Au milieu de la cour, on a découvert sous mes yeux un autel, et près de là un couteau de sacrificateur, puis un souterrain par lequel s'écoulait le sang des victimes. On croit voir à la fois dans ce grand édifice le palais du gouverneur (et probablement du comte, nom que porte encore un hameau de la Bâtie Mont-Saléon), un lieu destiné à la religion, des logemens militaires, et dans une partie non encore fouillée, un champ d'exercice pour les soldats. Les murs des appartemens des chefs avaient encore un crépi de ciment glacé, et parfois orné de couleurs et de moulures.

A l'est de ce bâtiment, un autre presque aussi vaste nous a montré des usines, un bassin demi-circulaire, construit en chaux et ciment, ayant 4 mètres de profondeur et en diamètre ; des fours, des cuves maçonnées, revêtues de plusieurs couches d'un ciment très fin ; des canaux et des aqueducs enduits dans toute leur étendue ; les logemens des manufacturiers, artistes, ouvriers; les magasins, les jardins, etc. Une vaste pièce renfermait une provision de charbon de bois. Les distributions qui se présentent à nous, les fragmens d'objets ouvragés et de substances métalliques, que nous voyons partout, soit épars, soit en tas considérables, nous indiquent la destination de cet édifice. Là on fondait des métaux, là on fabriquait des armes, des instrumens de travail, des vases, des poteries, etc. Mons-Seleucus paraît avoir été du temps des Romains un lieu central de fabrication et de dépôt, pour le civil comme pour le militaire. Les plans des deux grands édifices, faits par M. Janson, sont mis sous les yeux de l'Institut.

Des rues aboutissaient à une place publique ou *forum*, et à l'avenue du bâtiment principal. On a reconnu des vestiges de la voie romaine qui y conduisait, et qui de là se dirigeait vers la Malaise, auprès de la fontaine Iselus. Nombre de maisons environnaient la manufacture ; quelques-unes renfermaient des magasins ou des boutiques, si l'on en juge par la quantité d'objets analogues qui s'y trouvaient réunis. D'autres avaient une architecture plus recherchée ; des monumens, des colonnes, des inscriptions les décoraient.

Les murs d'enceinte sont généralement faits en pierres roulées. Pour ceux de l'intérieur, on n'a pas pris de matériaux dans la montagne de la Bâtie-Mont-Saléon ; elle est formée d'un poudding de gros galets agglutinés, recouverts d'un mauvais schiste argilo-calcaire. Les Romains ont employé des moellons taillés carrément, d'un calcaire rougeâtre, extrait de carrières plus ou moins éloignées ; leur ciment est de la chaux mêlée à de la brique pilée ; leurs alignemens sont parfaits ; si quelquefois l'on y trouve des angles inégaux, ils appartiennent à des constructions de peuples barbares.

Examinons ce que nous avons découvert dans les habitations de Mons-Seleucus.

Environ 700 médailles, quelques-unes en or ou en argent, la plupart en grand et petit bronze. Sans parler de celles où l'on voit la louve de Romulus, le bœuf, symbole de l'agriculture, et d'autres qui sont de la colonie de Nîmes, il y en a de Julia, Juliana, Faustina, et surtout de Jules-César, Auguste, Claude, Vespasien, Trajan, Adrien, Antonin, Geta, Alexandre, Gordien, Philippe, Aurélien, Probus, Maxence, Constantin, Licinius, Crispus, Magnence, Constance, Marcien. Le plus grand nombre appartenant à Constantin, on peut croire que Mons-Seleucus a été bâti ou a prospéré sous son règne. La dernière portant l'effigie de Marcien, on pourra, jusqu'à ce qu'on en trouve d'une époque postérieure, supposer que dans le cinquième siècle, sous cet empereur, la ville a été ravagée par Attila.

Un ex-voto, sur une plaque de bronze, suspendue à une muraille, a l'inscription :

<pre>
        CLVCCEIVS
        APOLAVSTVS
     V. S. L. M. SALVO
         NOVATIONO
</pre>

Celui qui la découvrit en reçut dans le pays le surnom d'*Apolaustus*.

Sur une table de marbre blanc, fracturée, et qui était dans l'enceinte du grand édifice, on lit cette inscription :

<pre>
     L. ATTIVS   O L T
       TERTVLLVS S I
     M. POPVLO. II GY. IV
</pre>

Celle-ci est d'autant plus curieuse que le mot *populo* prouve qu'elle était publique, et qu'on y indique la tribu Voltinia, dont il est souvent question dans les inscriptions découvertes en Provence [*].

On met sous les yeux de l'Institut le moule en plâtre d'une très belle inscription :

<pre>
         D. M. M. F
       PATERNI. PAVLI. F
        PIISSIMI. SERVAT
       CATVLLI. F. SIBI. F
         I EPPIO. FORT I
       MARITO VIV
</pre>

Un cippe, qui a 68 centimètres de hauteur et 50 de largeur, est

---

[*] On en parle plusieurs fois dans le roman du TROUBADOUR.

devenu le bénitier de l'église de la Bâtie Mont-Saléon ; cet ex-voto porte les mots suivans :

INSIDI
CORNEIA
MATERNA
V. S. L. M

Sur des fragmens de marbre on a trouvé le mot *tectos*, et les syllabes détachées *of*, *vi*, *aef*, qui proviennent d'inscriptions mutilées.

Un groupe en marbre blanc, de 45 centimètres de long, sur 40 centimètres de haut, semble avoir été coupé par le milieu ; il représente un jeune homme qui s'appuie du genou gauche sur un taureau terrassé, et qui le foule du pied droit ; l'animal est assailli par un chien, par un serpent, par un scorpion ; au-devant du groupe, un enfant porte le flambeau levé ; à l'autre côté, un enfant a le flambeau renversé. Ce monument est un emblême de la religion de Mithra, assez répandue dans les Gaules. On lit au bas :

.. VICTO M. JVL. MATERNIA
S. EX VOTO

Une cassure existe à la place où la syllabe IN précédait VICTO.

Un doigt en marbre blanc appartenait à une statue de 2 mètres 27 décimètres de haut, à moins qu'on ne juge que c'est seulement un ex-voto. C'est aussi par suite d'un vœu à Esculape qu'on voit, sur ce qui reste d'un groupe en albâtre, un pied très bien fait, trois griffes de lion et une queue de serpent.

On a trouvé des débris de statues et bas-reliefs en albâtre et en marbre, des fragmens de porphyre et de granit. En bronze, on a eu plusieurs figurines, deux Mercure, un Priape, un Esculape, un Triton, Polyphême qui va dévorer un des compagnons d'Ulysse, un dieu lare sur un candélabre, un squelette qui gisait sous un autel brisé, une tigresse, une louve, un jeune taureau, des bas-reliefs, une divinité étrusque, deux Chimères, des têtes de Silène et de Méduse, un Satyre empressé auprès d'une nymphe sur un disque ayant servi de bosse à un bouclier, un pétase tenu par une main, etc.

Une pâte en verre, gravée en creux, représente, avec le plus beau style grec, Persée qui coupe la tête de Méduse. Une tête d'Apollon est gravée en creux sur une jade verdâtre. Une jolie calcédoine offre une trirème. Deux bagues en or ont pour chatons, l'une, deux têtes de poisson, et l'autre, deux de serpens. Des bagues sont en argent et en bronze ciselés.

On n'a découvert en peinture que quelques fresques, et des restes de tableaux où l'on voit des draperies bleues et blanches sur un fond rougeâtre.

On n'a aussi que des fragmens de mosaïque, assez bien conservés.

Des vases en bronze, en verre et en terre ont une forme et des dessins d'une grande élégance, tantôt les symboles les plus bizarres de la religion païenne, tantôt des chasses d'animaux, soit réels, soit fantastiques. Un vase en verre, artistement taillé, porte à sa base une tête forte et presque barbare, peut-être celle de Magnence. Les coupes en terre sont d'une couleur rouge, très brillante ; il en est sur lesquelles on a écrit, probablement dans le cours des repas, des inscriptions, telles que AUDENTIUS, HECTOR, DEO BONO, DEO INVICTO ; d'autres portent la marque du fabricant, ou son nom qui est parfois un nominatif, parfois la première ou la troisième personne du présent, de l'imparfait, du prétérit, du futur. C'est ainsi qu'à Paris et dans plusieurs parties de la France, les noms de descendans de propriétaires, artistes ou ouvriers romains, restés dans les Gaules après la conquête des Francs, se retrouvent dans Turnus, Valerius, Carus, Bona, Dea, Populus, Gloria, Aureas, Silva, Victor, Collis, Constans, Cor, Cornu, Marcellus, Fabricius, Malus, Mala, Malchus, Caron, Prosper, Felix, Fortis, Pâris, Clément, Fortune, Rosa, Sanctus, Stella, Panis, Malo, Amat, Monet, Solvet, Manet, Dat, Dabo, Genuit, Paulus, Amans, Caylus, Hortus, Juvenis, Mars, etc.

Une amphore avait la couleur rouge du vin, dont on a cru encore respirer l'odeur. Deux autres étaient de huit centimètres de hauteur sur six de diamètre ; la plus belle contenait des ossemens et une bouteille de verre blanc où se trouvaient des cendres et du sel. Dans beaucoup de maisons, presqu'à fleur de terre, étaient des urnes et fioles lacrymatoires ; j'y ai vu des restes, des souvenirs, qui étaient sans doute d'un grand intérêt pour les survivans.

On en a exhumé d'autres dans un vaste champ, au midi de la ville et à l'extrémité de la plaine, sur la rive droite de la Malaise. Les sépultures y sont à un mètre l'une de l'autre ; un grand nombre y recèle, à une profondeur de cinquante centimètres, des os calcinés, du charbon de bois, de la terre noirâtre, onctueuse, et quelquefois d'une odeur désagréable, des objets en or, en argent, en bronze, en fer, chers aux défunts, ou qui montraient leur religion, leurs professions, leurs tribus, et les uns bien conservés, les autres ayant été déformés par l'action du feu lorsqu'on avait brûlé les corps. Des ossemens humains d'une forte dimension gisaient dans un château qui dominait Mons-Seleucus.

Pour ne pas abuser des momens de l'Institut, énonçons rapidement divers objets que nous avons découverts :

Des instrumens de culture, faux, faucilles, serpes, forceps, pioches, pointroles de fer, couteaux, ciseaux de jardinier : ils sont peu différens des nôtres.

Des instrumens de fonderie ou de forge, qui étaient auprès de l'usine, consistant en pinces, ringardes, tenailles, tenettes, haches, masses, scories cuivreuses, ferrugineuses, barres et tuyaux de plomb, vieux cuivre passé à l'état d'oxide rouge ou brun et de carbonaté vert.

Des instrumens de ménage, marteaux, couteaux à deux manches et autres, cuillers de fer, crochets, sonnettes de fer battu ou de bronze, chaînes de puits, gonds, clefs, ornemens de meubles ou de portes, anneaux, meules de moulin à bras en lave poreuse, poids en terre cuite, etc., etc.

Des objets de toilette, de bain, de bureau, d'autres relatifs aux arts; ils sont en argent, en cuivre, en os, tels que bracelets, pendans d'oreilles, miroirs métalliques, cœurs émaillés sur bronze, petits masques du même métal, pinces épilatoires, *idem;* boutons, agrafes, épingles, aiguilles, alènes, fuseaux, strigilles, styles de diverses grandeurs, flûtes; des ornemens en cuivre doré et en bronze, comme bas-reliefs et palmettes. Un cylindre vide et renflé dans son milieu, ouvert tant à sa partie supérieure qu'à ses deux extrémités, et qui avait été suspendu par deux attaches à des chaînes, paraît avoir été un niveau d'eau : la longueur de son tonneau est d'un décimètre sur un diamètre de moitié.

Nous avons trouvé des instrumens militaires, comme tronçons d'épées, poignards, fers de lances, javelots et piques, casques mutilés, fragmens d'un bouclier en fer recouvert de cuivre et doublé en argent, dont la circonférence est d'un mètre, et l'épaisseur de quatre millimètres.

Des instrumens religieux, en bronze, fer ou ivoire, patères, couperets, haches, couteaux, surtout le couteau de sacrifice auprès de l'autel principal, des cuillers, amulettes, chaînes, encensoirs, caissons pour les parfums, trépieds, lampes, candélabres, piédestaux, préféricules, de petits autels votifs.

Des objets d'histoire naturelle, entassés dans un magasin et consistant en divers minéraux, en coquilles marines de parages éloignés, en dépouilles d'animaux terrestres, surtout du genre *félis* : il y a beaucoup de dents de lion.

Une partie des objets que nous avons recueillis a été adressée, pour le cabinet des médailles, à M. Millin, que le ministre de l'intérieur avait chargé de venir reconnaître nos fouilles; une autre a été remise à l'impératrice Joséphine; le plus grand nombre a été réservé pour le musée qu'on va former dans les Hautes-Alpes.

A l'appui des détails qu'on vient de donner, les notes prises sur les lieux par M. Janson, ingénieur des ponts-et-chaussées, et les dessins faits avec soin par lui, par M. Magdelaine son collègue et par M. Laffrey, professeur, servent à prouver que Mons-Seleucus était une ville romaine. Les découvertes, dues à deux ou trois mois de recherches, les puits qu'on a ouverts çà et là dans la plaine, et qui ont manifesté des vestiges de bâtimens, nous garantissent des résultats bien précieux, lorsqu'au moyen de fouilles faciles, puisqu'elles ont lieu par déblai et remblai, on exploitera régulièrement les places publiques et les rues, les édifices et les maisons particulières.

L'Institut avait demandé la continuation des fouilles de Mons-Seleucus; l'empereur Napoléon l'avait ordonnée; Joséphine y avait destiné des fonds : diverses circonstances étrangères ont retardé l'effet d'aussi heureuses dispositions. L'auteur de cette notice s'étant éloigné de la colonie de *Constantin* en 1809, lorsqu'il fut envoyé dans la ville de *Charlemagne;* les champs où l'on avait exécuté des recherches ayant cessé en 1810 d'être affermés, et le surveillant ne recevant plus de salaire, la terre a peu à peu recouvert les ruines de la ville romaine, au grand regret de tous les amis des arts; mais les plans qu'on en a dressés, l'archéologie que M. de Thury en a rédigée et qui a paru en 1806, enfin la description qu'on vient d'en lire, serviront un jour à les faire retrouver.

Il y a quelques années, j'engageai la Société royale des Antiquaires de France à presser le ministre de l'intérieur de reprendre les fouilles de Mons-Seleucus; mais on y consacra si peu de fonds, que l'administration crut devoir ne les considérer que comme un secours aux malheureux. Les ouvriers ne furent pas suffisamment surveillés, et l'on n'obtint pas tous les résultats qu'on avait droit d'en attendre. Entr'autres objets, on y découvrit une forge antique, et près d'elle des scories et des médailles, de grandes amphores maçonnées, qui furent remises par le gouvernement à divers musées départementaux. Les objets envoyés au ministère, emballés avec peu de soin, y arrivèrent en débris.

Si l'on se décidait à affecter en trois ans une somme de 30,000 fr. à l'exploration d'une partie de la plaine de Mons-Seleucus, et à acheter ou affermer le terrain qu'occupent les ruines, on aurait ainsi dans le midi de la France une ville Romaine. On m'a envoyé récemment une médaille en or, exhumée dans cette localité, et d'une conservation parfaite : elle est à l'effigie de *Constantinus Augustus*, et présente au revers une double couronne.

FIN DE LA NOTICE SUR MONS-SELEUCUS.

RUINES DE MONS-SELEUCUS,

VILLE ROMAINE.

ODE.

Dans ces lieux où jadis planait l'aigle romaine
Quels sinistres accens font retentir la plaine ?
C'est l'oiseau de la nuit, qui dès l'aube du jour
Prend son vol loin des jeux et des chants des bergères,
Et fuit avec regret de tant d'ombres légères
      Le lugubre séjour.

Fille de la nature, honneur de nos montagnes,
Dont la joie innocente anime ces campagnes,
Vos guérets, autrefois protégés par Plutus,
Brillaient de tout l'éclat des villes florissantes ;
Ces marbres, ces tombeaux, sont les traces parlantes
      Du vieux Mons-Seleucus.

Le temps a dévoré ces portiques superbes ;
Bienfaisante Cérès, ta main couvre de gerbes
Ce temple que Neptune engloutit sous les flots.
L'onde des noirs torrens, en son cours suspendue,
Par un limon fangeux dérobe à notre vue
      L'aspect de ces tombeaux.

Ces remparts écrasés, ces ruines immenses,
Ces javelots rompus, ces casques et ces lances
Mêlèrent leurs débris à ceux des ossemens.
Du Créateur ainsi se transforme l'ouvrage ;
Tout ce qui naît revient par le torrent de l'âge
      Au sein des élémens.

O restes immortels de ces lieux si célèbres,
Je vous vois entourés de dépouilles funèbres :
Souvent ainsi le mal est à côté du bien !
Marbres froids, vous parlez un langage durable,
Et vous nous apprenez que, toujours implacable,
      Le temps n'épargne rien.

Sous ces monceaux de cendre où la Parque effroyable
Fit taire des guerriers la haine impitoyable,
La voix de Ladoucette appelle les savans.
De deux puissans rivaux du Tibre et du Bosphore,
Les horribles exploits épouvantent encore
      Les regards des vivans.

Là, les fiers bataillons du rebelle Magnence,
Rival audacieux de l'empereur Constance,
Périrent en un jour, victimes des combats ;
La gloire des guerriers n'est donc qu'une fumée
Que laisse dissiper la vaine renommée,
      Dans l'ombre du trépas !

Quel objet de douleur se présente à ma vue !
C'est une vierge, hélas ! qui, tremblante, éperdue,
Sous la main d'un barbare, accuse en vain les Cieux !
Le prophétique esprit de la belle Cassandre,
Sa jeunesse, ses pleurs, rien ne peut la défendre
      Contre Ajax furieux.

Sous ces pompeux débris de l'art est-ce un modèle ?
Cet athlète indompté, dont l'œil vif étincelle,
Tient de son bras nerveux un taureau menaçant.
En vain sous le héros le fier taureau s'irrite ;

Sous l'arène fumante il écume, il palpite
    Et meurt en mugissant.

Ici j'admire encor ces colonnes antiques
Qui du temple sacré décoraient les portiques,
Un autel renversé par la main des chrétiens,
Des urnes, des trépieds, un couteau victimaire,
Reste affreux et sanglant de l'aveugle chimère
    Des crédules païens.

O pensers douloureux ! image attendrissante !
J'aperçois le cercueil d'une beauté touchante,
Morte dans son printemps sans connaître l'amour !
Et la main de son père a gravé sur sa tombe :
« *Corinne eut la candeur de la douce colombe,*
    » *Et ne brilla qu'un jour.* »

Telle une tendre fleur, au lever de l'aurore,
Avant la fin du jour tombe et se décolore ;
Telle on vit la beauté s'éteindre, sans jouir
Des instans les plus doux de son adolescence,
Et préférer la paix de la simple innocence
    Aux attraits du plaisir.

Plus loin, quel sentiment, quelle tristesse aimable
Respirent dans les traits de ce groupe admirable !
A la Parque inhumaine un vieillard généreux
Arrache un faible enfant dont la bouche expirante
S'ouvre au dernier baiser de sa mère tremblante,
    Qui le demande aux dieux.

Arrêtons nos regards sur ce groupe d'albâtre !
C'est un satyre épris d'une nymphe folâtre,
Qui saisit les rameaux du lierre protecteur !
Sous un voile discret la nymphe se repose ;
Le satyre survient, il le soulève, il ose
    Aspirer au bonheur.

Parmi tant de beautés, monumens du génie,
S'élève triomphant le dieu de l'harmonie,
Dont les brillans accords pénètrent jusqu'aux cieux.
Par les sons de sa lyre et ses nobles cantiques,
Il semble célébrer les merveilles antiques
   De ces augustes lieux.

Venez, amis des arts, reconnaître les ombres
Qui gémissent au sein de nos vastes décombres ;
Célébrons ces beaux lieux dont on ne parlait plus.
Une Vénus, peut-être échappée à l'histoire,
Sortira de ces champs, pour éclipser la gloire
   De l'antique Vénus.

  FARNAUD, le jeune. (Extrait *des Mélanges littéraires de la Société d'émulation des Hautes-Alpes. — Gap*, 1807.)

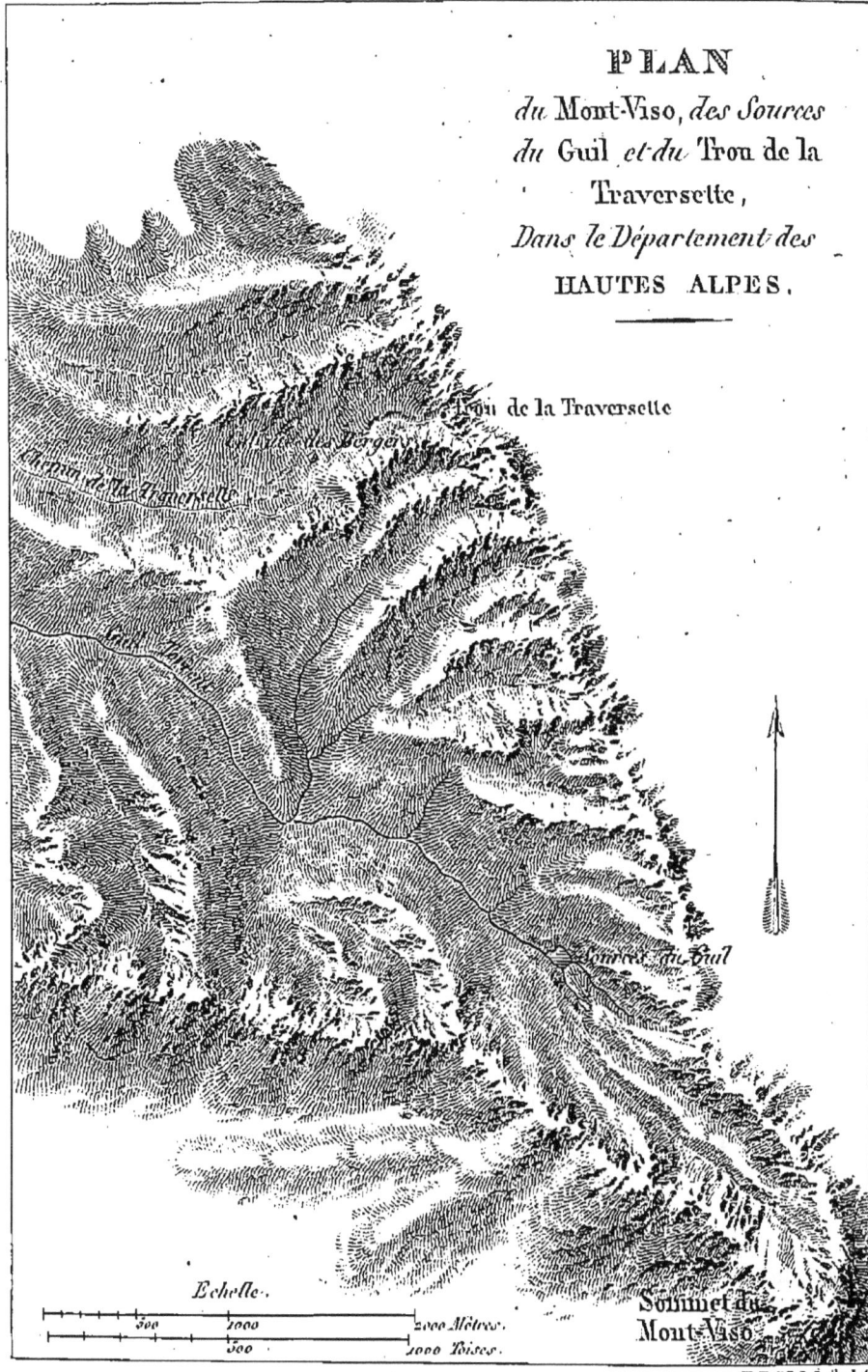

DU MONT-VISO

ET

DE SON SOUTERRAIN.

Notice adressée à l'académie des inscriptions et belles lettres, en 1810, par le baron Ladoucette, préfet du département de la Roër.

Le Mont-Viso (*mons Vesulus*) a été regardé, par plusieurs auteurs anciens et modernes, comme la montagne la plus élevée des Alpes. Cependant on suit jusqu'à présent la mesure de Schuckburgh, qui ne porte son col qu'à 3045 mètres d'élévation ; le pic, qui est inaccessible, a, d'après Villars, 4219 mètres.

Pline a écrit : « Le Pô sort du sein du Mont-Viso, qui s'élance dans la partie la plus élevée des Alpes, aux limites des Ligures-Vagiens ; sa source est visible ; il coule ensuite dans un canal étroit, etc. (1). » On peut voir dans la Flore de Villars, et dans la Minéralogie de Guettard, à quel point cette contrée mérite d'être étudiée sous les rapports de la botanique et de la lithologie.

Dans la chaîne qui forme le Viso, sous une pointe de rocher nommée Visolotto ou Visulo, de l'est à l'ouest, un souterrain traverse la montagne. Le roi de Sardaigne l'avait fait combler, lorsqu'en 1743 il rompit le chemin, à un lieu resserré qui se trouve à la descente

---

(1) « Padus e gremio Vesuli montis celsissimum in cacumen Alpium elati, finibus Ligurum Vagiennorum visendo fonte profluens condensque sese cuniculo, etc. »

du côté de l'Italie. J'étais préfet des Hautes-Alpes, lorsqu'en 1805 j'engageai les habitans à déblayer ce fameux passage ; ils s'y portèrent en foule, sous la conduite de M. Chaix, sous-préfet de Briançon.

On a beaucoup varié sur les dimensions du souterrain ; je me suis assuré que sa longueur est de 72 mètres, sa hauteur de 2 mètres 5 décimètres, sa largeur de 2 mètres 47 centimètres : un coude s'y trouve à 44 mètres, en allant vers le Piémont. Ce pertuis, si remarquable, si peu connu, est à 2900 mètres au-dessus du niveau de la mer, et à la distance du pic de 5200 mètres, mesure horizontale. A la sortie du monument, le Pô, qui prend sa source au-dessous, Saluces, Pignerol, Turin, Milan, plus de cinquante lieues de l'Italie frappent l'observateur ; c'est un des spectacles les plus imposans et les plus magnifiques qui puissent se dérouler sous les yeux.

Des auteurs qui ont parlé du souterrain.

Pour connaître l'époque de la construction du souterrain, on consulterait en vain Strabon, Polybe, Pline, Ammien Marcellin, l'Art de vérifier les dates, etc. Le premier auteur qui en parle est Aimar Rivallius, compatriote et contemporain du chevalier Bayard. Un manuscrit intitulé *De Allobrogibus* renferme ce passage : « Sur le Mont-Viso il y a un souterrain qui offre la voie la plus courte pour aller à Château-Dauphin et à Saluces ; le chemin est plus long par les cols de la Croix et de l'Agneau (1). »

Paul Jove, en 1558, s'exprime ainsi : « Ce qu'il y a de plus remarquable, c'est qu'auprès du Mont-Viso, il y a un souterrain continu, creusé dans la montagne, et qui conduit à Saluces : conservant aujourd'hui son nom, elle donne naissance au Pô ; la direction opposée qu'y prennent les eaux de ce fleuve et celles du Guil la fait regarder comme la plus haute (2). »

---

(1) « In monte Vesulo est foramen quod breviori itinere, quadratio ad Delphini Castrum et Salatias ducit ; cum per Crucis et Agni colles longius iter pateat. »

(2) « Illud imprimis admirationis habet plurimum, quod juxta *Vesulum perpetuo specu perfossi montis* in Salassos hodie penetratur. Vesulus, Eridani pater, nomen adhuc retinet, et ab ipso aquarum divortio montium editissimus existimatur. »

Josias Simlerus écrivit, en 1633 : « Jove prétend que l'on passe dans le pays des Sa'asses par un long souterrain, creusé dans la montagne (1). »

On lit dans l'extrait du monde, par Pierre Davity, publié en 1643, tome III, page 8 : « On trouve encore un autre merveilleux passage qu'on a percé, joignant le Mont-Viso, de la longueur d'un trait d'arc. On vient à ce pertuis en tirant de Queyras à Ristolas, puis on entre par là au val du Pô et marquisat de Saluces. »

Chronique de Savoie, extraite de l'histoire de M. Guillaume Paradin, continuée jusqu'à la paix de 1601 : « Près le Mont-de-Vis, qu'on nommait anciennement *Mons Vesulus*, auquel il y a un pertuis dedans le roc, passant de Gaule en Italie; d'iceux col et pertuis sortent deux chemins, etc. »

On trouve dans le grand Dictionnaire de Moreri : « Les marquis de Saluces ont fait creuser dans le roc, à force de fer et de feu, une voûte longue de demi-mille, sous laquelle on peut faire aisément passer les mulets qui portent des marchandises d'Italie en France. »

Thomas Corneille, en 1708, a copié ce passage.

Le Dictionnaire géographique universel de Maity porte : « Le Mont Viso ou le Mont-Vésule, *Vesulus mons*. C'est une célèbre montagne des Alpes. Elle est sur les confins du Dauphiné et du marquisat de Saluces et Piémont. Pour faciliter le transport des marchandises de France en Italie, on a taillé dans un roc, au travers de cette montagne, une voûte longue de 500 pas géométriques, et assez haute et large pour le passage des mulets chargés. »

Le Dictionnaire géographique et historique de Baudran (en 1705) a répété cette description, ainsi que le Dictionnaire de Trévoux.

Encyclopédie méthodique, géographie moderne : « Quelques-uns, mais sans beaucoup de fondement, prétendent que c'est par cette montagne (Viso) qu'Annibal pénétra en Italie. La route qui a été creusée entre les rochers est affreuse, et les rayons du soleil ne peuvent y pénétrer. »

Feu M. de Saluces, directeur de l'académie impériale de Turin, a retrouvé dans les archives de cette ancienne capitale du Piémont, et dans celles de sa maison, des documens précieux ; il n'y est pas

---

(1) « Illic perpetuo specu perfossi montis in Salassos penetrari Jovius scribit. »

question de la tradition locale, laquelle attribuait le souterrain à André Dauphin, qui possédait le marquisat de Saluces en 1228. Ces archives contiennent : 1° un traité passé en 1475 entre le Dauphin et Louis Ier du nom, dixième marquis de Saluces, pour l'exécution du projet formé par celui-ci de percer le Mont-Viso par une galerie afin d'abréger le passage en Italie sur ce point ; traité qui n'a pas été représenté ; 2° un diplôme de l'empereur Frédéric, accordé au même prince le 21 février 1480, et dont on a transcrit l'article suivant :

« Nous reconnaissons, marquis de Saluces, que pour le bien-être et la prospérité de l'Italie et des peuples circonvoisins, tu as entrepris avec audace, adresse et persévérance un ouvrage indestructible, que depuis le commencement du monde tu as sans contredit seul osé exécuter, dont la construction, l'idée même surpassent toute imagination ; tu as fait un noble emploi de ton rare génie, en perçant, à l'aide du feu, de l'eau, des acides, et de divers expédiens ingénieux, ce mont, ce rocher qui par son élévation domine les autres montagnes de l'Italie, et que l'on nomme vulgairement le Mont-Viso (1). »

3° Les lettres patentes des 27 novembre 1495 et 9 novembre 1499, par lesquelles Charles VIII et Louis XII permettent au marquis Louis Ier, conformément au traité fait avec lui, d'exporter du sel et autres marchandises par ce pertuis du Mont-Viso.

On avait parlé de recherches ordonnées par Charles VIII et Louis XII au parlement de Dauphiné, relativement à la demande formée par le marquis ; on assurait que les résultats en étaient déposés aux archives de Grenoble ; mais, malgré une perquisition exacte, on n'a pu les y découvrir.

D'après un manuscrit, daté de 1720, qui a fait partie de ceux du maréchal de Saxe, et qui est entre mes mains, François Ier aurait percé la montagne, sur 55 toises de long et 4 pieds de large. M. de

---

(1) « Te marchionem prælibatum ad jucunditatem et commoditatem totius Italiæ et finitimorum populorum opus inextructibile atque inexcogitabile animo audaci aggressum fuisse, quod a protoplasto citra dubium nullus hominum præter te ausus fuerit indagare, et hoc tua vigilantia et studiositate solus disposuisti assumere grande, laboriosum, subtile ac decens ; videlicet quod ingenio tuo præclaro magnum jam dedisti principium ad perfo randum ferro, igne, aceto, ac variis aliis ingeniis saxeum atque altissimum montem illum, qui præeminet altitudine cæteros Italiæ colles, vulgariter Vesulus nuncupatum, etc. »

Bourcet répète cette erreur dans ses mémoires militaires. François Ier aura seulement déblayé le souterrain et reconstruit en tête une voûte pour soutenir l'effort des neiges. Cette voûte en maçonnerie, de la longueur de 25 mètres, sur 3 de largeur, a été reconnue en 1805, lors des travaux dont nous avons parlé; elle était presque entièrement détruite.

Doutes sur l'époque de la construction du souterrain.

Ayant parcouru le souterrain, j'ai reconnu gravé sur le rocher, presque à fleur de terre et du côté de Saluces, un millésime dont on ne peut plus lire le premier chiffre. On suppose qu'il offrait 1, puisque les autres sont 480, et que la date 1480 se rapporte avec celle du diplôme. Je possède des pierres de la galerie et d'autres de la chaîne même du Viso, qui ont été examinées à Gap. On y a reconnu une roche serpentineuse, qui fait effervescence avec l'acide nitrique, étincelle sous le briquet, raie le verre, et qui est sensiblement douce au toucher; elle paraît accidentellement composée de chaux carbonatée, de quartz et de stéatite; sa contexture est lamelleuse; sa dureté, moyenne. Cette roche semble être de formation primordiale; on aperçoit dans sa composition des grains d'une apparence cristalline; elle ne contient pas de corps organisés.

Des expériences qui ont récemment été faites sur plusieurs points des Hautes-Alpes, par M. Dongois, d'Embrun, auteur d'un mémoire manuscrit qui traite du passage d'Annibal, donnent lieu de penser qu'on a pu faire éclater le rocher avec du vinaigre et du feu, même avec de l'eau bouillante, et l'ouvrir ensuite avec le fer; mais on a peine à se persuader qu'un prince dont les États étaient peu considérables ait pu subvenir aux dépenses qu'entraînait un travail si long et si pénible. Les termes consignés dans le diplôme sont bien d'un homme qui a lu les historiens d'Annibal. Mais si le marquis Louis avait connu les procédés des anciens pour frayer un chemin à travers les rochers, comment ensuite ces procédés se seraient-ils subitement perdus, à la veille du siècle où l'on a inventé l'imprimerie? Comment supposer qu'on ait pu se procurer assez de vinaigre pour ouvrir un tel souterrain? Cent trente-quatre ans avant cette époque, c'est-à-dire en 1346, à la bataille de Créci, les Anglais avaient employé l'artillerie; on s'en était servi pour l'attaque des places en 1356, et le fusil avait remplacé l'arc et les flèches. Il semblerait donc que le marquis de Saluces aurait eu plus d'économie d'argent et de temps, s'il eût employé la poudre. Serait-il déraisonnable de penser que les expressions du diplôme *ferro, igne, aceto ac variis aliis ingeniis*, doivent être entendues par les coins et pics à roc dont se servent les mineurs, et par la composition de soufre et de salpêtre mêlés avec du charbon, qui constitue la poudre à canon. Tout cela peut contribuer à laisser dans les esprits quelque incertitude sur ce que ce prince a fait et sur la manière dont il l'a entrepris. Quoi qu'il en soit, on ne lui contesterait pas au moins le mérite d'avoir réparé le souterrain ; tout en laissant aux archéologues à commenter la tradition qui en attribue la construction au grand Annibal, ou à examiner s'il faut l'attribuer aux Sarrasins habitués aux travaux de galeries, lesquels ont exploité les mines des Hautes-Alpes, lorsqu'ils possédaient ce pays ; ou bien à croire que cette époque se perd dans la nuit des temps avec tout ce dont on ignore l'origine.

Utilité du souterrain.

Au pied du Mont-Viso est une bergerie où j'ai obtenu du gouvernement que l'on construisît un hospice [*] : au-dessus de cette bergerie, laissant à droite l'étang de Lestio, où le Guil prend sa source, à une demi-lieue du souterrain, j'ai reconnu des vestiges assez bien conservés d'un chemin d'environ 2 mètres de largeur. Sur une certaine longueur d'acotemens, gisent des pierres posées horizontalement et d'une assez faible dimension : cette espèce de construction ne peut remonter à une époque reculée ; elle semble avoir eu pour objet l'entrée des armées françaises et probablement de François Ier en Italie. Gaillard, dans l'histoire de ce prince, trace un tableau très animé de son passage par le Mont-Viso. Des quartiers de rochers obstruent une partie de cette voie, dont les pentes sont difficiles. En se développant sur la gauche de la montagne, on obtiendrait une rampe assez douce, et l'on n'éprouverait presqu'aucun obstacle dans la belle saison. Pour empêcher l'amoncellement des neiges à l'entrée du souterrain dit *le Trou de la traversette*, j'y ai fait reconstruire une voûte. Ce chemin offre la communication la plus directe de Mont-

---

[*] Après mon départ des Hautes-Alpes, ce projet n'a pas été exécuté.

Dauphin et du fort Queyras avec Alexandrie. Pendant l'été on pourrait passer, même avec de l'artillerie ; ainsi le commerce à dos de mulet en profiterait aisément. En 1788, sur la réclamation des vallées circonvoisines, le gouvernement français avait adressé à la Sardaigne des demandes au sujet de l'ouverture d'une communication sur ce point des Alpes dont il appréciait l'importance. Les habitans les plus éclairés pensent que du côté de l'Italie on pourrait y établir un canal d'arrosage, même de petite navigation, en réunissant les eaux de plusieurs torrens qui en ont toute l'année, et de quelques sources particulières, avec le Pô, dans lequel on conduirait une dérivation de la rivière de la Varayta. On ferait ainsi flotter les mélèzes, et on transporterait divers objets de commerce local, tels que laines, fromages, etc. L'examen de ce projet appartient au Gouvernement ; mais j'ai cru devoir une notice sur le souterrain du Mont-Viso au corps savant qui a déjà accueilli avec tant d'indulgence mon essai sur la ville romaine de Mons-Seleucus.

FIN DU MONT-VISO.

LA JEUNE FILLE

DE LA

VALLOUISE.

> Antiope est douce, simple, sage; on ne trouve en elle ni passion, ni entêtement, ni légèreté d'humeur; d'un seul regard, elle se fait entendre et l'on craint de lui déplaire : son imagination est vive, quoique retenue. Si elle ouvre la bouche, la douce persuasion et les graces coulent de ses lèvres.
> FÉNÉLON. — *Télémaque.*
>
> Lorsque je t'approche, tu ravis tous mes sens. L'azur du ciel est moins beau que le bleu de tes yeux; le chant des bengalis, moins doux que le son de ta voix.
> BERNARDIN DE SAINT-PIERRE.—*Paul et Virginie.*

LETTRE PREMIÈRE.

Le chevalier Ernest de Wallis à Eugène, fils du comte d'Ermance, à Grenoble.

Turin, le 20 juillet 1805.

Oui, mon ami, j'ai perdu cet oncle respectable qui, depuis la mort des auteurs de mes jours, m'avait constamment tenu lieu de père. Le baron de Himmeln était né dans la contrée entre Rhin et

Meuse, l'une des plus fertiles et des plus industrieuses de l'Europe* et connue par l'excellent esprit de ses habitans ; il possédait le courage et la franchise des anciens Germains. Il aimait les Français ; cependant il combattit contre eux, parce que son prince leur faisait alors la guerre, et que servir sa patrie lui parut le premier des devoirs. Lorsqu'elle fut réunie à la France, le baron passa au service de cette puissance, et il fut nommé colonel d'un régiment de cavalerie. Ses exploits lui méritèrent, sur le champ de bataille, des éloges et des distinctions de la part du grand dispensateur de la gloire. Une blessure grave le força de quitter l'armée, et un poste de confiance le fixa à Turin. J'étais orphelin alors, et ton condisciple à Paris, lorsque mon oncle m'appela auprès de lui ; je dois à ses leçons, à son exemple, le peu que vaut ton ami. Le printemps dernier, il prit envie au baron de Himmeln de connaître les Alpes dauphinoises, et il me chargea de soigner ses affaires pendant son absence. Après avoir parcouru les cimes les plus élevées et les gorges les plus profondes, il passa quelque temps dans une vallée voisine de Briançon, et revint précipitamment à Turin. Là, je vis redoubler en lui un fonds de mélancolie dont il était atteint, et qu'il n'avait pu surmonter depuis son départ de l'armée. Comme je connaissais son goût pour les sciences, pour les arts et pour

---

* *Voyage dans le pays entre Meuse et Rhin*, grand in-8°, par J.-C.-F. LADOUCETTE. — Juillet 1818.

l'économie domestique, j'y cherchais des moyens de faire diversion à ses idées chagrines. Tantôt au Musée, à la Bibliothèque ou à l'Observatoire de l'académie, nous allions puiser l'instruction dans les entretiens du savant Vassali Eandi; tantôt à plusieurs lieues de Turin, nous visitions, avec le comte de Lodi, le bel établissement de la Mandria de Chivas et son immense troupeau de mérinos; un autre jour, nous nous rendions au haras de la vénerie; ou bien nous visitions les travaux du pont magnifique que le Piémont doit à l'administration française; ou nous parcourions les châteaux et les jardins de Stupinis et de la vigne de la reine. Mon oncle consentit même, par complaisance, à m'accompagner au théâtre de Carignan, où l'on représentait une scène pastorale des montagnes; mais il se retira bientôt, en me parlant d'une indisposition subite. Souvent il allait seul à la Superga, sépulture des rois de Sardaigne, ou dans l'église de Saint-Laurent, ou au pied de l'élégante coupole du Saint-Suaire. Le baron y restait plongé dans ses réflexions; et lorsque je parvenais à le rejoindre, il me serrait la main, et sortait en soupirant. Enfin, il ne quitta plus son appartement. Quoiqu'il ne fût âgé que de cinquante ans, les fatigues qu'il avait éprouvées, les blessures dont il était couvert, avaient considérablement altéré sa santé, et par de longues souffrances épuisé ses forces. Il mourut bientôt dans mes bras... Je n'ai pas le courage, mon cher Eugène, de te peindre ici le chagrin qui m'accable. Si l'on ne peut voir d'un œil sec la fin d'un être indifférent, juge de ce que le cœur éprouve, lorsque séparés de ce que nous avons de plus cher, nous restons comme seuls dans le monde. Je ne saurais m'accoutumer à cette perte; fallait-il qu'elle m'arrivât, pour me faire sentir à quel point j'aimais mon oncle? Quoi! je ne le verrai plus! je n'entendrai plus ces conseils si vrais, si tendres, si nécessaires à la jeunesse! Écris-moi, cher Eugène; c'est dans les chagrins qu'on a le plus besoin des consolations de l'amitié.

LETTRE II.

Le même au même.

Turin, 28 juillet.

J'ai reçu ta lettre, mon bon Eugène; elle respire la franchise de ton caractère, et j'y trouve l'expression de sentimens semblables à ceux que je conserve pour toi dans mon cœur. En partageant ma peine, tu l'adoucirais, si cela était possible. Combien je serais fâché que des occupations indispensables t'empêchassent de venir me rejoindre à Turin, si je ne devais m'en absenter, pendant quelque temps, pour obéir à un ordre suprême de mon oncle! Tu sais qu'il m'a fait son légataire universel. Il donne seulement une somme de dix mille écus à une personne nommée Germaine, qui doit habiter dans les environs de Briançon. Il exige que je lui porte sur-le-champ cette somme, avec une lettre et avec un diamant qu'un simple nœud attache à un mouchoir blanc. Ces objets se trouvaient dans la même cassette que le testament. J'apprendrai avec un vif intérêt les motifs qui rendaient cette Germaine chère au baron de Himmeln, et je remplirai scrupuleusement les intentions de mon oncle.

Tu veux que je jette un coup d'œil rapide sur tout ce que peut offrir d'intéressant mon voyage dans un pays où la nature se montre grande et belle, quoique sévère; tu exiges même que je t'en adresse le récit. Cherches-tu à me procurer ainsi une légère distraction à de tristes pensées? Je t'obéirai, quoiqu'à regret, et j'espère que rien ne s'opposera à ce que j'aille t'embrasser; je me trouverai à moitié chemin de Grenoble.

LETTRE III.

Le même au même.

Briançon, 2 août.

Je quittai de très bonne heure, avant-hier, la rue du Mont-Viso, où je possédais encore, il y a trois semaines, l'oncle le plus chéri. Par une avenue d'arbres qui, sur une ligne de près de quatre lieues, fait face au dôme majestueux de l'église de la Superga, j'arrivai à Rivoli, ville dont le château, après l'abdication de Victor Amédée II, devint le palais de ce prince, ou plutôt sa prison. De là je me rendis à Suze, l'ancienne *Segusio*, agréablement située à l'embranchement des routes du Mont-Cénis et du Mont-Genèvre. Je laissai à droite le premier de ces chemins, et l'arc de triomphe en marbre blanc, qui a été dédié à Auguste par Cottius, dont ces Alpes ont reçu le nom. Je passai devant la Brunette et Exilles, places démantelées, lieux célèbres par tant de combats. Une voie cahotante, mais assez directe, me conduisit à Césanne, au pied du Mont-Genèvre. Je n'avais pas voulu prendre par le col de Sestrières, qui aurait allongé ma course. Le bourg de Césanne avait fait partie du Briançonnais, avec quelques vallées qui ont été échangées par le traité d'Utrecht contre le pays de Barcelonnette; elles ont conservé les mœurs françaises. Il y a trois mois, mon pauvre oncle m'avait écrit de Césanne une lettre bien affectueuse.

J'appris que le lendemain on devait donner sur la montagne une fête pour l'inauguration d'un obélisque. Les habitans des Hautes-Alpes élèvent ce monument à la gloire de Napoléon, afin de célébrer l'ouverture de la route d'Espagne en Italie; cette voie importante, partant du Pont-Saint-Esprit où elle s'embranche avec plusieurs chemins, traverse dans sa plus grande longueur leur département; elle doit un jour contribuer beaucoup à y favoriser l'industrie. Tu me reprocherais, mon cher Eugène, d'avoir négligé l'ocasion d'assister à une pareille solennité; je ne sais si elle n'eût pas reçu l'approbation de Charlemagne lui-même, quoique le roi conquérant et législateur ait proscrit tous divertissemens sur les montagnes, comme tenant aux usages du paganisme. J'espérais que la curiosité, vertu ou faiblesse qui n'est point étrangère au beau sexe, amènerait Germaine à une grande réunion, où l'on peut si bien voir et être vue. Je quittai Césanne, à la clarté de la lune, et j'arrivai dès la pointe du jour au col du Mont-Genèvre, qui sert de limites au Piémont et au Dauphiné. Le village de ce nom, autrefois qualifié de bourg, est à six mille pieds au-dessus du niveau de la mer. On y a découvert des constructions anciennes, des souterrains, des médailles, des inscriptions, des fragmens de statues, etc. Les Trappistes y occupent depuis peu une maison hospitalière, où j'eus le bonheur de m'entretenir avec le père Augustin, qui joint à un profond savoir une piété douce et tolérante. Les religieux rassemblent des matériaux pour bâtir un monastère; il doit figurer sur l'un des côtés de la place de l'obélisque, place qui aura cent cinquante mètres de circonférence. J'ai vu le plan du monument triomphal; il sera de roche coquillière, polie aux angles des pierres; il aura vingt mètres de hauteur, et l'exécution m'en paraît savante. On se propose d'amener au pied même de l'obélisque les eaux réunies de la Durance et de la Doire, qui prennent leur source à peu de distance : la première, comme tu le sais, se dirige vers la Méditerranée, et la seconde se jette dans le golfe Adriatique.

Mais la montagne s'étant couverte tout-à-coup d'une affluence de monde surprenante, le cortége s'avança par une avenue de mélèzes, plantée aussi subitement que celle de chênes, dont Louis XIV, dans une fête sur les bords de la Seine, avait désiré l'existence, et qui, le lendemain à son réveil, frappa ses regards. On s'assit sur un amphithéâtre de verdure, où l'on m'invita de prendre place. Après une symphonie et plusieurs salves d'artillerie, le préfet* prononça un discours, où il évoquait les mânes des Bellovèse, des Annibal, des César, des Constantin qui ont successivement foulé ce sol antique.

Ayant proclamé le nom des dix-huit communes dont les habitans, à sa voix et à celle du sous-préfet, se levèrent simultanément, il y a deux ans, afin

---

* L'auteur de cette nouvelle.

d'ouvrir le Mont-Genèvre, il posa la première pierre à laquelle on confia une médaille et le procès-verbal de la cérémonie, renfermés dans une boîte de plomb, dont le métal, extrait des fouilles de *Mons-Seleucus* (ville romaine au pays des Voconces, récemment découverte par ce magistrat), retourne au sein de la terre où il était resté enfoui pendant plus de douze siècles. Te raconterai-je les détails de cette solennité, la distribution des prix faite au collége de Briançon, nouvellement institué, les évolutions militaires d'une belle infanterie, des jeux multipliés, le dîner de deux cents couverts, donné dans un temple de verdure, que précédait un péristyle orné de colonnes? Te dirai-je les couplets qui furent chantés, et les strophes harmonieuses d'une ode intitulée : *La Nymphe du Mont-Genèvre?* Te peindrai-je les tableaux qui s'offraient de tous côtés, les champs couverts d'épis, chose remarquable à une si grande élévation; les mélèzes séculaires, couronnant des montagnes qui dominent le col; les tables rustiques, les danses villageoises, l'allégresse qui animait et l'ordre admirable qui semblait diriger un si grand nombre de personnes de tout âge, de tout sexe, de toute condition, et de tant de pays différens. Que n'aurais-je pas donné pour que tu fusses alors auprès de moi, et que j'eusse joui de ce spectacle si nouveau à côté de mon oncle, qui, de chaque circonstance, faisait naguères jaillir pour moi d'utiles observations! Dès que je voyais une jeune fille, je m'informais près d'elle si Germaine n'était pas dans les groupes; je ne sais pourquoi je n'interrogeais pas celles dont les traits n'étaient point délicats. Je m'aperçus que mes questions excitaient peu la curiosité; peut-être les paysannes n'avaient-elles pas assez de sagacité pour les interpréter convenablement; enfin, lorsque je m'assis, se trouva près de moi un maire de la Vallouise, pays où Germaine doit résider. Sans parler encore à ce brave homme du motif de mon voyage, je lui annonçai l'intention de parcourir sa vallée, et nous convînmes de nous mettre, en route, de compagnie, dès le lendemain.

Cette rencontre me fut d'autant plus agréable, que Victor, mon valet de chambre, en voulant s'approcher des quartiers de rochers que les trappistes faisaient sauter avec la mine, n'ayant pas fait attention à la direction du vent, avait été blessé par des éclats de pierre; je le laissai pour quelques jours à l'hospice des Trappistes, où le père Augustin m'a promis d'en prendre soin.

Je descendis le Mont-Genèvre par des rampes faciles qui se développent au milieu d'une forêt de pins; à chacune d'elles, on a tour à tour la vue sur diverses vallées, et l'on est en regard d'un des forts de Briançon. On me montra à droite les carrières d'où l'on extrait les énormes quartiers de marbre gris dont est formé l'obélisque; à gauche, je distinguai la fontaine Cretet [*], que l'on construit et qui

---

[*] Alors directeur-général des ponts-et-chaussées; depuis, ministre de l'intérieur.

fournira une eau dont la limpidité et l'abondance sont remarquables. Notre chemin de Turin à Rivoli n'est pas plus facile que celui qu'on a ouvert à travers le rocher à pic, dit le mur des murs : on ne sait en vérité si l'on monte ou si l'on descend.

Connais-tu Briançon? mon cher Eugène. De ta belle cité de Grenoble, on ne songe guère à faire une excursion dans un pays si montagneux. La ville très ancienne d'où je t'écris, et dont la population est de 3,000 ames, a un château et une enceinte, outre sept forts qui l'environnent et qui croisent leurs feux. Sur la rive gauche de la Durance se trouvent cinq de ces forts, et ils ne communiquent avec le corps de la place qu'au moyen d'un pont construit en 1734, par M. D'Asfeld, qui lui a donné son nom; l'ouverture de son arche est de 40 mètres; ce pont est jeté sur le précipice avec une heureuse témérité. Le fort des Têtes qui a une grande place, de vastes casemates, paraît de loin comme une ville entière ; de Briançon, on jouit d'un aspect très pittoresque. Je profitai du reste du jour pour parcourir les vues que M. Chaix, sous-préfet, a prises à l'aquarelle, avec des crayons qu'il a fabriqués; elles sont au nombre de dix-huit, parmi lesquelles je remarquai celles de Briançon, du Mont-Genèvre, du Mont-Viso, de l'Alle-Froide, de la Vallouise, etc. Toi qui manies le pinceau avec habileté, écoute ce qu'il vient de m'annoncer. Dans le département, plus de cinquante sites différens appellent l'attention des dessinateurs; tu trouverais dans les Alpes fran-

çaises à faire une moisson presqu'aussi abondante dans la Suisse, si souvent observée, si souvent mal décrite. J'examinai ensuite des antiquités, dont je te ferai passer la note.

Enfin l'heure du bal arriva. La façade de l'Hôtel-de-ville était ornée de festons auxquels on avait attaché des coquilles remplies d'huile; elles répandaient une lumière douce et agréable. Tu seras étonné, mon cher Eugène, si je te dis que j'attendais avec certaine impatience un amusement qui n'en est pas un pour ton ami, surtout d'après l'événement funeste qu'il vient d'éprouver. Occupé jusqu'alors de mes études, du soin de plaire à un oncle qui vivait fort retiré, je ne connaissais encore ni les plaisirs du monde, ni même le pouvoir du dieu qui inspira Tibulle. Tu imagineras que Germaine devait m'offrir une occasion facile de remplir les ordres du baron de Himmeln, en se trouvant au bal de Briançon; mais je pouvais d'autant moins l'espérer, que déjà je l'avais cherchée en vain à la fête du Mont-Genèvre. Ma curiosité se porta sur la pyrrhique, dite le Bacchu-Ber, qui s'est conservée dans le hameau du pont de Cervières. Suivant la tradition, elle y aurait été transmise par un Romain qui venait y travailler avec les tisserands du lieu, et qui faisait partie de la garnison du château de *Brigantium* (Briançon). Elle a peut-être une origine plus ancienne, puisque des Grecs fugitifs ont été, dit-on, les fondateurs de cette ville. Quoi qu'il en soit, onze danseurs, du pont de Cervières, débarrassés de la veste et de l'habit, portent une épée gauloise; au chant des femmes, qui placent au milieu d'elles la plus âgée, ils décrivent avec un sérieux solennel douze figures, dont la description me sera remise avec la musique notée ; je compte bien te les communiquer. Cette pyrrhique me paraît avoir quelqu'analogie avec celle dont j'ai été témoin, il y a plusieurs années, à Saint-Pé, petite ville des Hautes-Pyrénées. Si les Maures ne sont pas les inventeurs de la danse de l'Adour, ils lui ont probablement donné l'empreinte de leur galanterie. Chaque cavalier y croise l'épée, ayant auprès de lui sa dame, généreuse émule de son courage ; et chaque couple semble ainsi s'associer mutuellement à la gloire et au plaisir.

Dans une réunion qui respirait la gaîté, je portais, je l'avoue, la froideur d'une ame abattue par le chagrin. Permets que je cesse un récit qui n'a pour objet que de t'intéresser par la singularité même de ses détails. Adieu, mon bon ami.

LETTRE IV.

Ernest à Eugène.

Ville-Vallouise, le 4 août.

J'avais passé une partie de la nuit à t'écrire, et je commençais à m'endormir, lorsque le coq saluait l'aurore de son chant matinal. Le maire de Ville-Vallouise, qui devait me servir de guide, entra brusquement dans ma chambre ; il prenait l'heure des visites dans son pays. C'est un homme de taille moyenne, bien proportionnée, fort et robuste ; ses cheveux sont blonds, sa barbe peu fournie. Il portait l'habit à taille carrée et la cravate noire ; comme je le remarquai depuis, le portrait que je te fais de lui est en général celui des Vallouisiens ; son costume est la parure de leurs grands jours. Il s'exprimait à voix haute, avec facilité, et non sans politesse. Je lui fis des questions sur la vie active et pénible de ses compatriotes ; il me donna des détails curieux qui méritent d'être décrits*. Mon Vallouisien aime son pays natal à la passion. Je crois pourtant qu'il est rare d'y voir compter à la fois dix mille écus. Lui parlerai-je de Germaine? Non, il est marié, et j'obtiendrai plus de renseignemens de son épouse. Ne prends pas cela pour une plaisanterie; le sexe, dans tous les états, est doué d'une expansion si aimable, qu'on serait fâché de lui trouver trop de discrétion. Cette femme connaîtra sans doute celle que je suppose avoir réuni toutes les qualités du cœur et de l'esprit.

Avant de quitter Briançon, nous visitâmes l'atelier où le nommé Fine fabrique des bijoux avec le cristal de roche, que l'on extrait des montagnes voisines, et avec la variolite que les ravins détachent du vallon de Bourget et entraînent dans la Durance. Nous partons, et nous suivons les bords de cette rivière, qui, les couvrant d'une écume bouillonnante, se précipite avec fracas par un lit entièrement taillé dans des rochers d'une hauteur perpendiculaire. « C'est ainsi, dit mon guide, qu'elle prélude aux ravages qu'elle cause dans les plaines où elle n'est pas contenue par les digues de l'art ou de la nature. Lorsqu'au contraire on s'oppose à ses dévastations, elle forme des dépôts précieux, avec les attérissemens que des torrens lui apportent; les canaux qu'elle procure portent la fertilité dans les terres. La route

---

* Voyez *Topographie, histoire, antiquités, usages, dialectes des Hautes-Alpes*, par J.-C.-F. LADOUCETTE, chez Carilian-Gœury, libraire.

que vous avez vue à droite conduit à Grenoble par le Lautaret et le mont de Lans. Bien plus courte que celle qui passe par Gap, on la rendra, par des chefs-d'œuvre d'art, praticable à toutes les voitures pendant une partie de l'année. A gauche du chemin que nous suivons, au pied des contreforts de la vallée du Queyraz, à l'extrémité de laquelle vous verriez le célèbre souterrain du Mont-Viso, est le grand Villard, ou l'on exploite des houillères, et l'on fabrique des faux et faucilles ; on y honore Saint-Pannan, dont l'église est remplie d'ex-voto. A votre droite, le clocher de la commune de Saint-Pierre est assis sur une des hauteurs de la montagne dite Notre-Dame, au sommet de laquelle le mois dernier avait ramené un bon nombre de pélerins. Le village que nous allons traverser se nomme Saint-Martin de Queyrières ; vous y remarquez des gisemens de houille, et vous y reconnaissez les mineurs à leur figure noircie.

Je continuais à m'entretenir avec mon Vallouisien, lorsque j'arrivai à une montagne qu'on appelle l'Abessée ; j'admirai les rampes savamment tracées, les rochers coupés à pic, les murs de soutènement aussi forts que ceux de Pélasges, et d'une courbe qui est probablement plus savante ; ces travaux venaient d'être exécutés, et je doute qu'il y en ait de plus beaux dans les Alpes. En descendant au grand trot l'Abessée, mon guide me montra Rame ; on y voyait autrefois une station romaine, qui fut ensevelie sous les eaux ; il n'y reste qu'un château où les Dauphins faisaient battre monnaie. Au-dessus est le camp de Pallons, qu'avait formé Catinat lorsque, décrivant la corde, et forçant ses ennemis à suivre l'arc, il fit, avec des troupes fort inférieures en nombre, une campagne si glorieuse. Je me souviens que mon oncle me la citait comme un modèle de l'art. Dans les montagnes de l'Argentière, sont des mines de plomb argentifère.

Tout à coup le visage de mon brave maire rayonna de joie. « Voilà, s'écria-t-il, l'entrée de mon pays, il n'en est pas de meilleur sur la machine ronde.

— A tous les cœurs bien nés que la patrie est chère!

répondis-je; mais je ne connais pas cette contrée; s'est-elle toujours nommée la Vallouise? — Autrefois on l'appelait vallée de la Gyronde, et dans le douzième siècle, ce fut la *Vallis Putea*, par corruption du mot celtique *puy*, qui signifie montagne. En 1477, Louis XI lui donna le nom de Vallouise, lorsqu'il y envoya des missionnaires pour convertir les Vaudois qui, chassés de Lyon, vivaient depuis trois siècles dans nos retraites. Dans cette chaîne de montagnes qui renferme d'énormes glaciers, vous voyez dominer la cîme de Pelvoux à 4,500 mètres au-dessus de la mer; dans une caverne du Pelvoux s'étaient réfugiés nombre de ces religionnaires; voilà que des soldats de Louis XI y pénétrèrent, et.... Dispensez-moi de vous retracer ces horreurs. » Je lui serrai la main, en frémissant.

Mon cher Eugène, puisse l'hydre du fanatisme être étouffée à jamais !

Cependant nous arrivons à une muraille flanquée de tours en ruine, et m'adressant à mon obligeant *cicerone* : « Qu'est-ce, lui demandai-je, que ce rempart jeté d'une montagne à l'autre ? — L'époque de sa construction se perd dans la nuit des temps. D'après nos archives, que j'aime à consulter, on le répara, en 1587, pour s'opposer aux incursions des huguenots, commandés par Lesdiguières ; ce grand capitaine y fut arrêté pendant deux mois par un seul régiment que les habitans appuyaient. Vous voici sur un beau chemin vicinal que les Vallouisiens viennent d'ouvrir ; s'il se termine, il nous donnera quelque commerce, en facilitant nos relations avec le reste du département. — Votre vallée est-elle considérable ? — La Vallouise, qui fut jadis un lac immense, a une étendue de trente mille mètres, une population de quatre mille ames, dix-sept villages ou hameaux. Presque toutes les habitations y sont groupées. — Un climat austère, des communications difficiles vous font une loi de vous rapprocher ? — Nous tenons à honneur l'homogénéité du sang ; il est des villages entiers où trois à quatre noms seulement distinguent les familles. Mais examinez le pays où vous vous trouvez; nous venons de suivre une gorge encaissée entre des montagnes d'une hauteur prodigieuse. La vallée, en s'élargissant, présente une forme triangulaire. Débouchons par l'angle qui est à l'est;

seul, il est accessible. Vous voilà au milieu de prairies riantes, entourées du Gy et de la Ronde, qui sortent des deux angles opposés et qui se réunissent sous le nom de Gyronde. — Ces aspects sont variés et pittoresques ; des massifs de bouleaux, de vernes, de peupliers, bordent vos ruisseaux. Tandis que tout montre ici la force de la végétation, et que près de nous sont des vignes, à gauche s'élèvent perpendiculairement des rocs nus et décharnés. Mon œil se perd, par l'angle qui est au nord, dans une gorge encore plus horrible. Quelle est en face, au couchant, cette montagne en amphithéâtre, dont la base demi-circulaire s'avance dans la vallée? — Elle se nomme les Blanches ; au pied, vous voyez le village dont je suis maire ; je suis flatté d'y recevoir un étranger tel que vous. » Tu remarques là, mon cher Eugène, la courtoisie dauphinoise. A peine avait-il fini de parler que nous arrivâmes à Ville-Vallouise.

Nous nous arrêtâmes à la maison de mon guide ; sa famille, composée de quinze personnes, formait trois générations, qui habitaient sous le même toit. Sa femme, jeune encore, était d'une grande blancheur et d'un embonpoint trop marqué. Si la perte douloureuse que j'ai éprouvée n'eût réprimé ma gaîté naturelle, j'eusse ri de bon cœur en voyant son costume que je compte dessiner. Au reste, je me plais à le dire, je fus accueilli avec la même cordialité qu'éprouvaient les dieux et les héros dans la vallée de Tempé. Mais je me retirai discrètement pour laisser mes hôtes causer entre eux et successivement avec tout le village de la fête du Mont-Genèvre.

J'ouvris la fenêtre de ma chambre : au sud-ouest, deux montagnes forment l'entrée d'une gorge : sur l'une j'aperçois des bouquets d'arbres, des pâturages, une forêt ; sur l'autre, des hameaux, des châlets épars, des jardins et des vergers ; sous mes yeux le mélèze, le noyer, même la vigne, sont comme pêle-mêle ; au-dessus du village de Puy-Près un lac ne gèle, dit-on, jamais ; il a un grand nom, *le Lac du Monde*, et son circuit compte à peine trente-cinq mètres ; sur notre terre les titres illustres ne supposent pas toujours la vraie grandeur.

La maison où je me trouve, l'une des plus belles du village, te paraîtrait peut-être une cabane. Quel genre d'architecture! Croirais-tu qu'elle va en s'élargissant depuis la base jusqu'au toit? des balcons en font le tour, et le milieu est en grande partie occupé par la provision de bois, de paille et de foin. On vint enlever le lit de ma chambre, c'est-à-dire une peau de mouton que mon hôte tient de ses pères; il couche et dort paisible dans sa laine native, sans jamais songer à la laver. Le curé voulut bien me prêter pour couverture une toison mi-préparée, et y joindre un matelas, objet rare dans le canton, mais dur comme le granit. Notre souper consista en une bouillie dont chacun mangea trois à quatre grandes écuellées; on servit ensuite du pain de seigle, des pommes de terre et une bouteille de Provence qui mit mon Vallouisien en belle humeur. Je remarquai que les vins du midi gagnent beaucoup à être transportés à une grande élévation ; le Bourgogne ne s'y conserve pas. Notre hôtesse, sans se faire trop prier, chanta une montagnarde assez joviale. Je m'excusai sur un prétendu rhume, de ce que je ne faisais pas chorus avec toute la famille; si je chantais, ce seraient de funèbres accens. Je supporte avec peine la joie que les autres éprouvent; je m'étais déjà vu obligé de quitter à Briançon la société la plus aimable, dès qu'on eut dansé le bacchu-ber ; le même motif me fit prendre congé de mes hôtes. On supposa que je cédais au besoin de me reposer ; je ne tardais pas en effet à dormir, et sans rêver de Germaine.

LETTRE V.

Ernest à Eugène.

Du châlet de Germaine, le 5 août.

Mon ami, toi qui sais quels devoirs sacrés me portent à la recherche de Germaine, et qui as pu prévoir combien il était difficile de la trouver, tu seras surpris de recevoir une lettre écrite dans le châlet qu'elle habite en été ; je vais même te donner déjà sur elle quelques détails intéressans. Dès mon arrivée à Ville-Vallouise, j'en avais demandé des nouvelles à l'épouse du maire ; celle-ci m'avait engagé à consulter le secrétaire qui, suivant elle, est au courant de tout ce qui concerne le beau sexe de la vallée. La visite du secrétaire fut aussi matinale que celle de son chef l'avait été dans Briançon. Du balcon, il me montra la montagne, d'une pente douce, qu'il appela le grenier de la Vallouise ; j'ai peine à croire qu'elle soit aussi fertile que notre Piémont et que ton Graisivaudan. A l'aide de plusieurs questions assez adroites sur ce qui pouvait me plaire davantage dans ces montagnes, il tâcha de s'informer du véritable objet de mon voyage. Le nom de Germaine n'était guère connu dans le pays ; le secrétaire se souvenait néanmoins qu'à la dernière fête du village, il avait distingué la figure gentille, malgré certain air de réserve, même de sévérité, d'une jeune personne de ce nom, laquelle, après avoir été employée à quelques travaux rustiques chez l'adjoint de la commune, garde maintenant les troupeaux d'un homme du pays qui passe presque toute l'année au-dehors. Ce dernier pourrait m'en dire davantage ; mais il est depuis quelque temps à Grenoble. Que penses-tu, mon cher Eugène, de ces indications ? Est-ce bien à une personne de ce genre que mon oncle eût fait un legs considérable ? Si elle l'intéressait, si elle était sa parente, ou alliée à sa famille, pourquoi la laisser dans une condition aussi obscure ? La suite peut-être nous donnera le mot de cette énigme. En tout cas, le secrétaire me vantant les beautés de la montagne qu'habite cette bergère, je me décidai à l'y suivre.

Les paysans ont ici de l'esprit naturel ; mon homme possédait de plus quelque instruction ; tout en causant, il me fit monter jusqu'à une hauteur qui me paraissait extraordinaire ; à mesure que nous avancions, je me trompais sur les distances ; ainsi que les enfans, je me croyais près d'atteindre les objets les plus éloignés. Enfin nous arrivâmes à des baraques éparses sur la Vallousée. « N'allons pas plus loin, dit mon guide, voici le châlet du propriétaire de nos meilleures brebis. Si nous y trouvons Germaine, elle nous donnera du lait, du fromage, du pain, qu'hier vous avez peut-être trouvé noir, dur, un peu amer, et qui, après cette longue course, va vous paraître excellent. » Nous entrons en haussant un loquet, seule fermeture de la porte ; il n'y avait personne dans la cabane. Le secrétaire alla chercher aux environs quelques provisions. Lorsque nous eûmes apaisé la faim, il nous restait à peine assez de jour pour revenir à Ville-Vallouise, et n'être pas surpris par la nuit ; mon guide parlait de partir : il m'en coûtait, à moi, d'avoir atteint en vain le col de la Vallousée ; cédant à je ne sais quelle idée intérieure, je veux attendre Germaine ; je le laisse donc s'en aller : on ne pouvait se passer de lui au village, où, le soir même, il était attendu pour tenir la plume dans une délibération importante. Tout est relatif en ce monde, et le brave homme se croyait aussi nécessaire que le ministre contresignant un édit, ou le diplomate rédigeant un traité de paix.

Resté seul, je me promenai sur ce plateau, qui offre de si bons pâturages ; j'admirai le nombre infini, les formes et les couleurs variées des fleurs dont la terre, couverte de verdure, est élégamment tapissée. Je rencontrai quelques Vallouisiennes ; mais quoique je fusse pour elles l'objet d'une assez vive attention, elles m'intéressaient peu ; je ne leur trouvais ni la figure, ni les manières que je désirais dans Germaine. Si, cependant, elle était laide et maussade ! la Vénus d'un paysan ne ressemblerait guère à la reine d'Amathonte. « La jeune fille, dis-je à l'une d'elles, connaissez-vous Germaine ? » Celle à qui je parlais me regarda avec quelque surprise, me fit une espèce de moue et se retira brusquement. Je me décidai à en aborder une autre, et je commençai par lui demander son nom. Elle me salua, et me répondit : « Je suis Marie pour vous servir. — Je l'aurais deviné à cet air virginal. Vous êtes sans doute bonne amie de Germaine? » Mon cher Eugène, je ne lui aurais pas conseillé d'avoir de la haine contre la protégée de mon oncle, je me serais mis en colère La paysanne me dit avec un soupir : « Pourquoi ai-je promis, tant qu'elle serait parmi nous, de ne pas révéler ce que nous lui devons? » Après ce peu de mots, elle me quitta, pour éviter sans doute une indiscrétion. Cherchons ailleurs à qui parler de cette fille mystérieuse. Apercevant, au pied d'une roche moussue, un berger dont la mine était assez avenante, j'allai à lui, et je vais te transcrire fidèlement sa réponse : « Monsieur, c'est la plus belle de la vallée, de mon pays natal, de tout ce que je connais ; elle est si bonne pour tous les malheureux, si aimable envers chacun, si vertueuse ! quelquefois je suis fâché qu'elle ait autant d'esprit. — As-tu connu le baron de Himmeln? — Non ; je ne suis d'ailleurs que depuis peu de temps dans les pâturages de la Vallouise. — Sais-tu où Germaine se trouve maintenant? — Ce matin, elle a conduit son troupeau sur le revers de la montagne, où, de cet été, l'herbe n'a pas encore été touchée par le bétail. — Veux-tu m'y conduire? — Cela me ferait grand plaisir d'y aller ; mais je ne peux en ce moment quitter mes brebis; et puis il est trop tard; voyez-vous le soleil? il dore la hauteur de ces neiges, et bientôt il ira se coucher, au moins pour nous. Je n'ai plus qu'un moment pour le voir et faire ma prière. » Ce jeune pastoureau, s'étant agenouillé, croisa les mains, et remplit un pieux devoir. « Est-ce que tu adores le soleil? lui dis-je. — Pas tout-à-fait; mais, voyez-vous, je l'aime de tout mon cœur. Dans mon village des Andrieux, qui est du Val-Godemard, nous sommes privés pendant cent jours des rayons de ce bel astre; et, le dix février, nous célébrons son retour par une fête, où nous faisons des offrandes au soleil, et nous exécutons des farandoles. » Quelle chose remarquable, mon ami, que de retrouver ici un culte et des danses qui appartiennent à l'antiquité orientale !

LETTRE VI.

Ernest à Eugène.

Du châlet, le 7 août.

Le berger ayant terminé son récit, comme la nuit arrivait, il m'offrit de coucher dans sa hutte. Malgré ma réputation faite d'homme raisonnable, tu vas me traiter de tête romanesque, si je t'avoue que je voulus revenir dans le châlet de Germaine; qu'après y avoir pénétré, j'en fermai avec empressement la porte, et que ce fut pour moi une vraie jouissance de m'en trouver un moment le maître. Quel est donc cet instinct secret, qui, sans aucune combinaison, surpasse notre intelligence, et nous dirige souvent vers des résultats imprévus? Moi, qui n'ai porté jusqu'à présent dans la société des femmes que cette distraction inséparable de la vivacité du jeune âge, cette politesse, qui est le fruit de la bonne éducation, cette galanterie dont notre sexe, aux dépens de la franchise, fait volontiers les frais, sous peine de passer pour incivil et mal appris; moi, qui n'ai jamais recherché les amusemens d'une intrigue, l'honneur d'une conquête ; dis-le-moi, Eugène, la singularité de ces lieux si nouveaux pour moi; un fonds naturel de curiosité; le désir bien légitime de connaître celle dont mon oncle s'occupa même au lit de la mort, suffisent-ils pour m'expliquer cette force d'entraînement qui me retient dans une habitation si dépourvue des commodités de la vie? quel mérite en aurai-je auprès de Germaine? et que m'importe qu'elle m'en sache gré? je puis bien t'annoncer l'intention de la traiter comme une sœur; mais la beauté, qui, dans les livres divins, est marquée pour toucher un cœur jusqu'alors insensible, n'habite pas sans doute la Vallouise! c'est dans les contes moraux, dans les idylles, que les Alpes offrent aux voyageurs des amantes et des épouses.

Telles étaient les réflexions que je faisais, après un repas très frugal, et appelant en vain le sommeil sur la simple natte où j'étais étendu. Il semble que je devais agir d'une manière tout opposée à mes principes; car, dès l'aube du jour, l'idée me vint de voir ce que contenait un coffre, qui était à peu près le seul meuble de cette demeure rustique. J'osai l'ouvrir : j'y trouvai des crayons et des paysages assez bien dessinés, plusieurs ouvrages de broderie, des livres de piété, quelques-uns de littérature, qu'on s'étonnerait de trouver en tel lieu, et une Imitation de Jésus-Christ, à laquelle était attaché un paquet de lettres, serré par un joli ruban rose. J'en pris une qui était tombée et s'était détachée: tu croiras que je la remis de suite avec les autres; c'était ma seule pensée; mais des mots sur lesquels mes yeux s'arrêtèrent involontairement fixèrent mon attention, au point que je commis l'indiscrétion de tout lire. Je t'en adresse une copie. M'excuseras-tu, cher Eugène, en considération de ce que cet écrit révèle, et de ce qu'il fait soupçonner? Germaine n'est donc pas une paysanne? mais comment se trouve-t-elle dans la Vallouise? quels sont ses parens? quelle est son existence? par quels liens le baron de Himmeln?..... Il n'avait pas de frère, de nièce! D'ailleurs, par quel enchaînement de circonstances supposer?....En vérité, je m'y perds. Cherche à acquérir sur elle des lumières; parle-m'en du moins : heureux si je pouvais voir le cours tumultueux de mes idées fixé par mon ami!

LETTRE VII.

La mère de Germaine à sa fille.

Ville-Vallouise.

Ma bonne Germaine, toi qui, depuis la mort de ton pauvre père, m'attachais seule à la vie, toi qui me prodiguais tant de soins, et te privais de tout pour me nourrir du fruit de ton travail, comme si tu n'avais pas été faite pour une existence plus heureuse, c'est en vain que tu espérais le retour de mes forces; elles m'abandonnent. Que Dieu soutienne ta vertu; qu'il te récompense de ton amour pour moi !...... Pourquoi faut-il que je ne puisse te recommander à mon beau-frère? son cœur est fermé par la haine qu'il nous porte, et dans laquelle tu es injustement enveloppée. Jusqu'à ce qu'il revienne à des sentimens plus modérés, plus humains, reste dans la Vallouise! Cette retraite profonde te garantit au moins la tranquillité...... Ma chère fille, je te vois accablée par le chagrin et par la fatigue; ton sommeil agité n'est que de l'épuisement; je n'ose te réveiller. Cependant je sens la présence de l'ange de la mort; je vais paraître devant le Dieu que j'implore pour toi. Conserve ces derniers caractères, tracés d'une main défaillante; reçois le dernier baiser et la bénédiction de ta mère.

Stéphanie.

LETTRE VIII.

Ernest à Eugène.

Du châlet, le 6 août.

Je l'ai vue! Je vais te faire un récit fidèle, et tu jugeras si je dois me féliciter ou me plaindre. J'étais dans une sorte d'état intermédiaire entre l'assoupissement et le réveil, lorsque le pasteur du Val-Godemard entra familièrement, et, sans préambule, me parla de celle qui occupait ma pensée. « Germaine n'a pu revenir hier, me dit-il, parce qu'une roche supérieure s'étant détachée, et ayant entraîné avec violence tout ce qui s'opposait à sa chute, elle a couvert le chemin que Germaine aurait dû suivre. — Ah! m'écriai-je, pourvu qu'elle n'ait couru aucun danger! — Elle aura été du moins forcée à un long détour. Afin de pouvoir la secourir au besoin, j'ai confié mon troupeau à ma voisine. Voulez-vous que nous allions ensemble? à deux, nous serions plus utiles à la bergère. » Le jeune homme me persuada sans peine. Je sortis du châlet avec tant de précipitation, que j'y laissai la lettre de mon oncle.

Nous voilà courant comme des chamois, dans des lieux qu'ils doivent bien connaître. Nous rencontrâmes un lynx qui avait enlevé un jeune agneau, et qui, effrayé du bâton ferré que mon compagnon levait sur lui, fut contraint d'abandonner sa proie. Ce pauvre agneau nous suivit, sans que j'y fisse beaucoup d'attention. Nous arrivâmes au lieu du désastre. L'éboulement était prodigieux, et avait formé un précipice : heureusement rien n'y annonçait une victime. Nous jetâmes cependant de grands cris, auxquels personne ne répondit, et nous nous décidâmes à nous aventurer dans ces ruines de la nature. Lucas (c'est le nom du berger) vit tout à coup sauter une chèvre blanche, qui portait au cou une sonnette. Lui-même sautait de joie, en me faisant remarquer ce guide du troupeau, lorsque Germaine parut auprès de nous. Elle portait le costume vallouisien, et laissait percer quelque chose d'élégant dans son extrême simplicité. Des cheveux châtains s'échappaient en boucles d'un chapeau de feutre. De longs cils ombrageaient des yeux noirs dont l'extrême vivacité était tempérée par la plus aimable douceur. Son teint était hâlé par le soleil; mais elle avait le cou et les bras d'une blancheur éclatante. Lucas l'aborda franchement; il l'accabla de questions, et je remarquai, non sans quelque dépit, qu'il y mettait plus que de l'intérêt. Il y eut, si je ne me trompe, beaucoup d'empressement de la part de Germaine pour dissiper les craintes du jeune homme. J'admirai les graces de sa jeunesse, la noble décence de ses manières; elle demanda qui j'étais; je m'inclinai aussitôt, et Lucas lui ayant assuré qu'il ne me connaissait point, et que j'arrivais en ce moment de son châlet, j'annonçai que j'étais chargé pour elle d'un message; sur un signe de Germaine, Lucas sentit qu'il serait indiscret de rester, et il alla garder le troupeau de la bergère; elle fit quelques pas en avant, et m'indiqua un petit tertre où nous nous assîmes.

« C'est vous, lui dis-je, que je viens chercher dans la Vallouise; c'est vous que j'attendais sur cette montagne; je quitte, en effet, votre demeure, où j'ai passé la nuit. Des ordres auxquels je dois obéir m'ont envoyé près de vous. » Ici je fus forcé de m'arrêter, soit effet de la précipitation avec laquelle j'avais marché, soit émotion involontaire. Elle paraissait frappée de mes paroles, et ne sachant si elle devait désirer ou craindre d'apprendre l'objet réel de mon voyage. Je continuai ainsi, non sans un peu de trouble et d'hésitation : « Cette contrée m'est inconnue, et je n'y aurais peut-être paru jamais sans le devoir que j'ai à remplir. Vous me regardez comme un étranger; mais votre étonnement cessera bientôt, lorsque vous m'entendrez prononcer un nom qui m'est aussi respectable que cher. » Je m'arrêtai un instant pour voir ce qu'elle allait répondre; mais comme elle gardait le silence, et qu'elle montrait tout à la fois quelque confiance et quelque crainte : « J'ai laissé, repris-je, dans votre châlet la lettre et des effets que mon oncle m'a prescrit de vous remettre. — Votre oncle, Monsieur! Vous vous présentez à moi avec tant de convenance que je me suis trouvée disposée à vous écouter. Mais je ne vous dissimulerai pas ma surprise. Je n'ai aucune relation au dehors, et rien à en recevoir. C'est à un autre sans doute.... — Non, non, je n'ai pas commis d'erreur ; c'est bien à vous qu'écrivait une main mourante. Je suis ici l'interprète des sentimens du baron de Himmeln. » A ces mots, Germaine poussa un cri qui suspendit, pour ainsi dire, la parole sur mes lèvres; elle me parcourut d'un coup-d'œil, marcha un moment vers Lucas en lui montrant ses brebis, comme pour les lui recommander ; jeta encore un regard sur moi et disparut bientôt dans une combe, derrière un bouquet de bois. J'essayai, mais inutilement, de la rejoindre. Sa course était si légère; la biche évite moins promptement le chasseur. Ne concevant pas les motifs de sa fuite, et sans espoir de découvrir où elle s'était réfugiée, je ne dis rien à Lucas qui pût lui laisser apercevoir mon dépit, et tandis qu'il donnait ses soins au troupeau de Germaine, je revins au tertre; je m'y assis de nouveau, en proie à mille idées contraires. Enfin, je retournai au châlet.

J'y retrouvai les dix mille écus, le mouchoir, le diamant de mon oncle; mais non ce qu'il avait écrit à Germaine, soit que la lettre se fût égarée, ou qu'on l'eût prise, ou que, par un effet de mon trouble, elle échappât à mes recherches. Le coffre était ouvert ; il renfermait encore la plupart des livres ;

mais il est certain qu'on en avait retiré le paquet de lettres. Germaine m'aurait-elle précédé dans la cabane? Pour mieux m'en assurer, j'y examinai tout avec soin, et déplaçai le coffre sous lequel j'aperçus un portrait. Je m'en saisis; il représente un officier décoré de plusieurs ordres qui attestent sa valeur. Peut-être suis-je dupe de mon imagination; frappé de l'idée de Germaine, je vois partout ses traits. On dirait que ceux qui excitent mon attention ont quelque ressemblance avec les siens. Les derniers adieux de la malheureuse Stéphanie feraient présumer que sa fille n'était pas née pour garder les troupeaux, et qu'elle a un oncle dans l'aisance. Serait-ce d'un frère, élevé par suite de quelques actions d'éclat? si c'était d'un amant! je ne sais pourquoi cette idée m'est désagréable. Eh! que m'importe après tout? n'est-il pas naturel que son cœur ait parlé? Elle a tant de candeur et de retenue qu'elle ne sera pas sortie des bornes du devoir, et quelles prétentions aurais-je sur les affections de Germaine? A peine je l'ai vue; si elle doit m'inspirer quelque sentiment, c'est celui de l'admiration; je ne dois me livrer qu'au regret de n'avoir pas bien rempli une mission sacrée.

Je t'envoie ce portrait, Eugène; il m'agite, il me plaît, il me fait mal; ne le garde pas longtemps. Vois si à Grenoble, si dans tes souvenirs, quelqu'un a cette figure noble et intéressante, ce front qui est empreint de mélancolie et de sensibilité. Prends pitié de l'état où je suis; il est si nouveau pour moi!

Je te montre mon cœur à nu ; c'est à toi d'en juger ; s'il était possible qu'une passion sans espérance fût de nature à embraser mon cœur, ne devrais-je pas tout faire pour l'éteindre dès sa naissance ?

LETTRE IX.

Le même au même.

Du châlet, le 8 août.

J'avais à peine fait partir ma lettre, que je me mis à parcourir la montagne afin de chercher Germaine. Je l'appelai souvent, espérant qu'elle répondrait à ma voix. Lorsque je traversais des lieux ombragés ou que je passais à travers une chaîne de rochers, je parlais tout haut, afin de lui faire comprendre par mes discours qu'elle ne pouvait appréhender de se présenter à ma vue. D'autres fois, j'aurais voulu retenir jusqu'au souffle, afin qu'elle ne m'entendît pas et n'eût point l'idée de me fuir. Est-ce moi qui lui ai inspiré cet effroi subit? Je ne lui parlais qu'avec politesse, ne lui montrais que de la confiance et du respect. Elle n'a pu concevoir de haine contre le baron de Himmeln? quelle apparence, puisqu'il l'a comblée de ses dons! Incertain, perdu dans mes réflexions, je ne cessai ma poursuite qu'à la nuit fermée, et je regagnai péniblement son châlet. Je m'y plaçai ou je tombai sur la natte. L'obscurité dont j'étais entouré convenait à la tristesse de mon ame. Je cherchais à m'étourdir; j'avais grand besoin de repos; excédé de fatigue, je m'endormis.

Les songes, ils disposent de la nature entière, m'amenèrent Germaine; je la vis courroucée; je voulus calmer sa colère, et lui fis mille protestations de la pureté de mes sentimens; je désirai connaître l'origine de ses rapports avec mon oncle; elle refusa de me satisfaire. J'insiste; elle écrit ce qu'elle ne veut pas me dire; je vais y jeter les yeux; elle me lance un regard expressif, et bientôt je ne la vois plus.

Je voulus m'écrier, courir après elle. Je m'éveillai dans un transport inexprimable, et ne pouvant plus rester sur ma couche, je sortis du châlet pour respirer l'air frais et pour calmer mes esprits. Après avoir erré quelque temps, le jour commençait à poindre; je promenai mes regards sur tous les objets, et je crus remarquer qu'une lettre avait été posée sur le coffre. Ce n'est point une illusion; l'adresse est d'une main exercée. Une épingle y sert de léger cachet; je l'arrache, et je trouve d'abord la lettre du baron de Himmeln, elle avait été ouverte, et je te l'envoie; l'autre est signée de Germaine. O rêve fatal et précurseur! serait-elle à jamais perdue pour moi? Quoi! elle m'a écrit! Je t'adresse copie des caractères qu'elle a tracés et qui ne me quitteront jamais.

LETTRE X.

Le baron de Himmeln à Germaine.

Turin.

Non, Germaine, vous n'êtes pas née pour l'humble condition où je vous ai rencontrée. Je vous voyais livrée au travail, sachant pourvoir à tout, n'agissant qu'à propos; je trouvais dans votre conversation l'esprit joint à la bonté; ils me touchèrent plus que les grâces mêmes qui vous distinguent. Vous paraissiez sans défiance; je m'accuse d'avoir éprouvé pour vous une affection, des désirs dont je me croyais affranchi; vous en étiez la cause innocente; j'aurais dû les maîtriser; j'aurais dû mettre à vos pieds ma fortune, ma main et ma vie. Aujourd'hui, près de quitter cette terre, ma pensée se porte vers Germaine; je souffre de la crainte qu'elle ne ressente des privations. Je charge le chevalier Ernest, mon neveu chéri, de vous voir, et de vous remettre de ma part un faible don; personne n'en fera un plus noble usage que vous. Me permettrez-vous d'y joindre, ô Germaine, ce mouchoir, ce diamant?

Vous ne l'avez malheureusement pas oublié ; je vous les jetai, lorsque je n'étais plus à moi-même, et en me repoussant, vous les laissâtes avec indignation. Dans cet état de l'ame où je me trouve et où l'on ne déguise plus rien, je vous l'avouerai, j'espérais alors que vous viendriez les prendre; dans ce dessein, je restai, deux heures entières, caché derrière les mélèzes. Que je connaissais mal votre vertu! Une bergère, ayant trouvé par hasard ces objets, vous les rapporta, et par vos soins ils me furent rendus à Turin. Recevez-les sans dédain, Germaine; que mon aveu expie ma faute! Cette idée adoucit pour moi l'horreur des derniers momens de l'existence. Puissiez-vous conserver de moi un souvenir qui ait quelque douceur!...

Nota. Cette lettre n'était point achevée.

LETTRE XI.

Germaine à Ernest.

Monsieur le chevalier,

Le besoin de subvenir à mon existence m'avait mise dans la nécessité d'entrer au service de gens honnêtes, qui me traitaient comme leur enfant. Elle n'autorisait point votre oncle à me rendre l'objet d'un odieux caprice, à vouloir employer avec moi des moyens qui répugnent à la délicatesse, et m'humilier, m'avilir à mes propres yeux. Je me flattais que cet égarement ne serait que passager, et que la pauvre bergère aurait été entièrement perdue de vue par M. le baron de Himmeln. Aussi je suis demeurée dans des montagnes, où nous n'avions que bien rarement la visite d'étrangers, et où, suivant mon vœu, je pouvais rester ignorée. J'avoue avec mon inexpérience que j'ai eu tort de ne pas conduire ailleurs mes brebis, lorsque ce voyageur distingué parut au milieu des pâturages où je les gardais ; mais les connaissances variées qu'il développait dans ses entretiens portaient avec elles l'intérêt et l'instruction ; je me blâme de lui avoir répondu parfois comme à mon égal ; certes, je n'aurais point dû oublier, en lui parlant, l'extrême inégalité qui existait entre le rang, la fortune de votre oncle, et l'état dépendant où je vivais dans la Vallouise. Je fus rassurée par la différence d'âge, par l'air de loyauté que respiraient habituellement les manières du baron de Himmeln. J'osai le regarder comme un ami, comme un père. Peut-être aurais-je épanché dans son sein toutes mes peines, et eussé-je imploré ses conseils ! Comme il s'abusa sur la nature de mes sentimens ! Avec quelle barbarie il m'arracha à mon illusion flatteuse ; et que de larmes il m'a fait verser !... Il n'est plus ; la charité chrétienne m'ordonne de lui pardonner. Mais si je n'appréhendais de blesser sa mémoire, je vous dirais, monsieur, qu'on m'outragerait en voulant me faire accepter des dons qui me rappellent de pénibles souvenirs. D'ailleurs ces dons ne peuvent m'être offerts ; ils appartiennent à sa famille. Si elle est dans une situation assez brillante pour les dédaigner, qu'on les répartisse entre les indigens ; il n'en manque pas dans ces montagnes.

Monsieur le chevalier, il me reste à me justifier du parti que j'ai pris de vous fuir. Je suis bien loin d'avoir à me plaindre de votre conduite envers moi ; j'ai cru lire dans vos yeux que vous saviez ce que l'on doit à une femme, quelqu'obscure que soit sa condition, et vous m'avez paru touché de la pitié qu'inspire naturellement une malheureuse orpheline. Mais vous êtes neveu du baron; je n'ai rien à entendre pour lui de votre bouche, et je vous prie de ne pas trouver mauvais que je vous renvoie sa lettre; elle ne peut demeurer entre mes mains. Dans notre position respective, monsieur le chevalier, il n'existe aucun rapport entre vous et moi. Je n'ai pour tout bien que mon honneur; ce serait m'exposer à y manquer, peut-être, que de vous écouter, ou tout autre qui viendrait au nom de votre oncle parler à la pauvre Germaine; cela n'ajouterait rien pour vous au plaisir que la Vallouise procure au voyageur curieux. Que ma résolution ne vous empêche pas d'y prolonger votre séjour tant qu'il vous sera agréable! C'est à moi de m'éloigner; quand vous lirez ma lettre, j'aurai quitté ces montagnes, j'aurai élevé une barrière entre vous et moi; j'espère bien que vous n'aurez pas l'idée de chercher à la franchir. Nul motif raisonnable ne peut vous porter à songer à moi! Au nom de la franchise qui a dicté mes expressions, ne troublez pas le repos dont Germaine sent le pressant besoin; ne troublez pas son ame; Germaine ne vous a vu qu'un instant; c'est pour la vie; et plaise au ciel que, loin de vous, elle ne s'en souvienne jamais!

LETTRE XII.

Ernest à Eugène.

Du châlet, le 10 août.

Je reçois la réponse que tu as faite à mes cinq premières lettres; j'y vois l'enjouement aimable de ton caractère, qui contraste péniblement avec la triste situation de mes pensées. Tu me fais compliment de l'intérêt répandu sur mes descriptions; je les avais écrites sans prétention, en cédant à ta demande, et en laissant courir ma plume au hasard.

Lorsque tu m'engageais à me rendre sans retard à Grenoble, tu ignorais les événemens qui me retiennent dans cette haute région. Tu me parles d'un cercle, où, chez ton père, il a été question de mon bon oncle, des bienfaits dont il m'a comblé, du caractère qu'il s'est plu à former en moi, des personnes dont ton ami pourrait devenir l'époux, et parmi lesquelles on cita l'une de tes cousines. Tu me demandes ce que je pense de cette idée. Je serais sans doute flatté d'appartenir à ta famille, mon cher Eugène; mais je rechercherais bien moins les convenances de la fortune que les rapports du cœur et de l'esprit, pour lesquels il faut se bien connaître réciproquement. D'ailleurs je n'irai pas porter aux pieds d'une autre un cœur qui n'est plus libre. Revenons à ce qui m'est arrivé, depuis ma dernière lettre.

J'ai cherché Germaine dans toute l'étendue de la vallée; mes informations ont été inutiles; Germaine a voulu me quitter pour toujours. Ah! je dirai comme elle, et avec plus de raison : « Plût au ciel que je ne l'eusse jamais vue, j'aurais encore la tranquillité et le bonheur ! » Tu me plaisantes à son sujet. Tu me demandes ironiquement si bientôt je ne serai pas son chevalier; ou si, portant sa pannetière, je ne m'établirai pas, la houlette en main, à la garde de son troupeau. Combien il est facile de prendre le ton railleur quand on a le cœur libre! Je te l'ai mandé, Eugène, et je ne cherche pas à me le dissimuler; je ne suis plus l'indifférent Ernest qui se vantait de braver constamment le pouvoir de la beauté : arrivé au moment où je devais aimer, il a suffi d'un regard de Germaine pour me subjuguer. Elle est donc destinée à mon tourment, comme à celui de mon oncle! Tu te persuaderas peut-être que, sûre et fière de l'empire qu'elle exerce, elle veut par ses feintes rigueurs se faire adorer des hommes, et se jouer ensuite de ceux dont elle a causé le malheur. Eugène, repousse avec soin de semblables pensées. Irais-tu jusqu'à croire que dans mon erreur j'aie créé à Germaine des perfections imaginaires? non, mon ami; cesse de lui faire injure. Ce n'est point ici la coquette ou la prude du grand monde, mais le chef-d'œuvre de la simple nature; personne ne peut la voir sans la chérir. Son ame est noble; elle ne distinguera jamais que celui auquel elle aura reconnu des droits à son estime. Pourquoi n'ai-je pu lui prouver que je méritais au moins ce sentiment? Je me suis retiré dans son châlet; j'y parcours ses livres, ses dessins; j'y relis sa lettre; j'y cherche les traces de ses pas; j'appelle en vain le repos sur la natte qui lui a servi de couche; il me semble que l'image de Germaine est dans toute la nature comme dans mon cœur; en chaque lieu je l'aperçois; je crois que chaque souffle du zéphir m'apporte sa parole... Vaine illusion ! elle m'a dit un éternel adieu.

> Je me complais en ma souffrance;
> Mon cœur se livre au souvenir;
> Mais si faible est mon espérance,
> Et si triste est mon avenir !
> Ce châlet, ces monts, cet ombrage
> Ont vu s'éteindre mon bonheur,
> Et les oiseaux dans leur ramage
> Semblent soupirer ma douleur.

LETTRE XIII.

Le même au même.

Du châlet, le 11 août.

Ce matin, j'errais sur la Vallousée, et je sentais que la solitude me permettait mieux de m'occuper uniquement de Germaine. Cependant ayant rencontré Marie, cette bergère à laquelle j'avais parlé, le jour même où j'étais arrivé sur la montagne, je n'hésitai point à l'aborder. La première fois, elle avait refusé de m'apprendre quels services Germaine lui avait rendus. Aujourd'hui, elle me témoigna vivement combien elle regrettait de ne plus voir sa bienfaitrice. « C'est moi, dit-elle, qui soigne maintenant son troupeau. Elle est venue me trouver avant-hier, en m'apportant une lettre pour vous; elle m'a priée de la remettre à son châlet, en épiant le moment où vous en seriez sorti, et si vous le quittiez tout-à-fait, de veiller aux objets qu'elle y avait laissés. Germaine m'a recommandé ses brebis, sa chèvre blanche favorite; elle m'a quittée en m'embrassant, sans me dire quand je la reverrais. Il paraît qu'elle a ressenti un violent chagrin; car ses yeux étaient tout rouges de larmes.—Pauvre Germaine! Ma bonne Marie, ne soupçonnez-vous pas où elle se sera retirée? Je ne vous le demande que dans la vue de lui être utile.—Je le crois; vous avez l'air bien honnête; mais est-ce que son départ afflige tout le monde? Vous n'étiez pas triste comme cela, la première fois que je vous ai vu. — Ne parlons pas de moi, je vous prie, et répondez à ma question. —Je n'ai pas osé m'informer du lieu où elle allait. Mais comme elle m'a entretenue des intérêts de son maître, peut-être l'aura-t-elle rejoint à Grenoble! — Quel est le nom de cet homme? — M. Richard. — Où demeure-t-il dans cette ville? — Près de l'auberge des Trois-Clefs. (Prends, cher Eugène, des informations à cet égard.) — Est-il jeune, aimable? — Sa tête est blanche comme la cime de notre Pelvoux. — Germaine est-elle parente de M. Richard? — Je ne le crois pas; car elle n'est point née dans la Vallouise.—Connaissez-vous son origine? ce qui l'a amenée ici? — Tout ce que je sais, c'est qu'elle y est venue avec sa mère, et lorsque celle-ci est morte, Germaine était déjà au service de M. Richard. (Tu vois, Eugène, comme il importe de voir promptement ce M. Richard.)—Vous ne possédez aucun autre détail sur elle? — Puisque vous l'aimez bien, je n'ai d'intérêt à rien vous cacher. — Grand merci de cette franchise, Marie; vous n'avez pas oublié que vous me faisiez un mystère des obligations que vous lui aviez. L'absence de Germaine ne vous dispense-t-elle pas de me les céler? Parlez-moi d'elle, parlez-m'en sans cesse; c'est le moyen d'adoucir un peu votre douleur et la mienne. » Marie alors me conta qu'ayant perdu la plus belle de ses chèvres, son maître voulait la renvoyer. Cherchant partout la fugitive qui aura été la pâture de quelque animal féroce, elle ne put se trouver à un rendez-vous qu'elle avait donné à son fiancé. Elle revenait, bien fatiguée de sa course, et fit rencontre d'un pâtre qui l'accompagna. Ce hasard excita la jalousie du jeune garçon qui allait l'épouser, et sa mère, qui s'intéressait à ce mariage, s'irrita contre elle. Tout était perdu, lorsque Germaine apprit qu'il y avait à Clémence-d'Ambel, de l'autre côté des montagnes, une chèvre pareille à celle qui s'était égarée; elle l'acheta du fruit de ses épargnes, et la conduisit, un beau matin, à Marie. «Elle ressemble beaucoup à l'autre, dit-elle, vous laisserez croire qu'elle est la même; ne pas détruire cette erreur-là peut être regardé comme un mensonge; du moins il est innocent, car il doit empêcher le mal, et Dieu vous le pardonnera. » « Ce n'est pas tout, ajouta Marie; Germaine fit si bien auprès de ma mère, de mon maître et de mon fiancé, qu'elle me réconcilia avec eux, et que mon mariage aura lieu au printemps prochain. Elle exigea seulement le secret sur sa belle action; vous pensez, comme moi, que j'ai été relevée de ma parole par son départ, et vous me paraissez un si brave homme que je ne me repentirai pas de vous avoir confié le sujet de ma reconnaissance.» Tu vois, Eugène, combien il y a de sens jusque dans les dernières classes du peuple de cette contrée.

Nous causions encore, et je parlais avec enthousiasme des généreux sentimens de Germaine, lorsque nous aperçûmes un berger, du Val-Godemard, qui traversait rapidement la montagne. S'étant arrêté, il jette les yeux sur nous et nous accoste franchement. Cet homme nous raconte que des avalanches s'étaient précipitées sur cinq hameaux dépendant du village de Guillaume-Peyrouze, et les avaient engloutis. Le maire de cette commune et le curé de Clémence-d'Ambel réunirent sur-le-champ tous les hommes robustes : après trente-six heures consécutives d'un travail pénible et sans relâche, on vint à bout de se frayer, à travers une masse énorme de neige, une issue jusqu'à ces infortunés qui, se croyant déjà séparés du reste des vivans, avaient essayé, mais en vain, de dégager leurs chaumières. Les secours de l'hospitalité leur furent prodigués, et l'on n'eut à pleurer la mort de personne. Ce récit m'électrisa ; l'idée de porter du soulagement au malheur fit, un moment, diversion à ma mélancolie. Tu sais que lorsqu'au spectacle la vertu modeste finissait par triompher, je versai plus d'une fois des larmes délicieuses. Ici, la réalité l'emportait sur la plus heureuse fiction. D'ailleurs ce voyage sera l'affaire de peu de jours, et je puis être de retour avant ta réponse.

Résolu de me rendre dans le Val-Godemard, je me souvins que c'était la patrie de Lucas, de ce jeune homme qui m'avait conduit sur les traces de Germaine. Je demandai de ses nouvelles à Marie. « Il n'est plus sur la Vallousée, répondit-elle. — Serait-il parti avec Germaine? — Non, il ne s'en est allé qu'hier matin, et je le crois dans son pays. — Le ciel lui réservait peut-être la douceur de sauver un père. Mais vous, mon ami, dis-je à celui qui nous avait abordés, ne pouvez-vous me conduire à Guillaume-Peyrouze? — Bien volontiers, monsieur, si cette bergère veut se charger de faire prévenir du désastre de notre vallée les maires de la Vallouise. (Marie y ayant consenti) : il est trop tard, ajouta le voyageur, pour nous mettre en route aujourd'hui. Demain, au point du jour, nous irons par une route des Romains, dont vous avez déjà vu quelques vestiges. C'est maintenant un chemin de chèvres; mais vous devez avoir aussi le pied montagnard. — On ne craint pas de chute, lorsqu'on s'appuie sur le désir du bien. » Nous allons nous reposer quelques heures dans le châlet de Germaine.

LETTRE XIV.

Le même au même.

Clémence-d'Ambel, le 14 août.

Je descendis avec mon guide par les montagnes les plus élevées peut-être de la chaîne des Alpes dauphinoises. Il me montra des villages qui, pendant six mois d'hiver, sont bloqués par les neiges, entre autres celui des *Pennes*, où il faut presque des ailes pour atteindre *. Il me fit observer le torrent de Chamouchet que le courage industrieux des habitans a détourné d'une gorge improductive, où son cours eût été inutile, pour le jeter, par une autre direction, au centre d'une vallée où, reçu dans un grand réservoir qui a été creusé par la nature, il s'en échappe, devient canal d'arrosage, et fertilise une vaste étendue de terres. Chaque hameau a d'ailleurs ses sources. J'ai ramassé, pour ta précieuse collection, des coquilles fossiles, des échantillons de stéatite, de granit blanc, de marbre noir et gris, et d'autre, statuaire. J'y ai cueilli des plantes rares. Tu vois, Eugène, que je continue à t'obéir, en te donnant une idée

---

* *Pennæ*, veut dire ailes, et s'applique à beaucoup de lieux élevés.

des pays que je parcours. Mais j'étais peu sensible à ces beautés sauvages ; dans un autre temps, elles auraient vivement intéressé celui qui a toujours aimé l'histoire naturelle. Je ne songeais qu'à Germaine ; son nom errait incessamment sur mes lèvres. A peine fis-je attention au hameau des Andrieux, alors favorisé par les rayons du soleil, dont il venait d'être privé pendant plus de trois mois ; je t'en ai parlé dans une lettre précédente. Mon guide me montrait l'eau qui d'une hauteur de 200 mètres tombait en nappe. Il m'assurait que le sol du Val-Godemard passe pour le meilleur des Hautes-Alpes. Nous couchâmes, à la chute du jour, dans une chaumière, sur un tas de feuilles sèches, dont le bruit, lorsque je me retournais, aurait suffi seul pour m'empêcher de dormir.

Le lendemain, arrivé à Guillaume-Peyrouze, je m'occupai des infortunés ; celui qui aime et sans espoir sent doublement le prix des consolations et du secours qu'il leur donne. Le digne M. Guilbert, maire de cette commune, était absent ; je me fis conduire chez M. Telmon, curé de Clémence-d'Ambel, village qui n'est séparé du premier que par un pont. Clémence était sœur ou épouse d'un M. de Peyrouze ; mais moins charmante sans doute que Germaine, elle aura joui de toutes les douceurs de la fortune et de la considération publique ; son orgueil aura été flatté de ce que son nom, imposé à une commune, sera répété dans les siècles à venir. Et Germaine ! elle vit ignorée, fugitive, et par un injuste coup du sort, cherchant où traîner sa pénible existence, ignorant où pour jamais elle doit fermer les yeux. Quand elle aura cessé d'être, qui gardera le souvenir de ses vertus? Qui pourra les publier, les offrir aux épouses dont elle serait si justement un modèle? Si, des régions inconnues où l'on va après être débarrassé du fardeau de l'existence, on pouvait jeter un regard sur cette terre, en s'y voyant l'objet de regrets sincères, on aurait quelque compensation pour tant d'abnégations, de sacrifices et de malheurs ; mais le bonheur de l'autre vie doit être assez complet pour que l'imagination ne cherche pas à y ajouter.

Je faisais toutes ces réflexions en me rendant chez le curé de Clémence-d'Ambel. Je me rappelais aussi que c'est de ce village que Germaine tira la chèvre de Marie; que c'est dans un hameau dépendant de Guillaume-Peyrouze que Lucas est né, et j'étais, je ne sais pourquoi, impatient de voir ce jeune homme. Je me l'explique néanmoins. Il ne pouvait manquer de m'entretenir de Germaine, et que ne donnerais-je pas pour connaître le lieu où elle s'est retirée! Cependant j'aborde le curé, et je lui explique le motif de ma visite. « Monsieur le chevalier, me dit-il, ce n'est pas de l'argent qu'il serait bon de faire immédiatement distribuer à ces pauvres gens; nous avons des cabarets au milieu de nos habitations rustiques, et la passion du vin est peut-être plus forte aux lieux où on ne le récolte point. Il nous faut pour mes paroissiens des habillemens, des instrumens aratoires, des bois de construction, de grosses ardoises pour couvrir leurs maisons; car nous ne perdrons pas l'occasion de faire disparaître le chaume, ce conducteur d'incendie. Le maire de Guillaume-Peyrouze et moi, nous vous rendrons bon compte de ce que vous me remettrez. Souffrez néanmoins que je ne me charge de vos intérêts qu'à une condition, c'est que vous resterez aujourd'hui chez moi. Il est trop tard pour songer à vous éloigner, et vous devez être fatigué. D'ailleurs, ajouta-t-il en souriant, j'aurais grande envie de vous garder plus longtemps. Mon neveu aime une jeune fille, orpheline, sans biens, mais un vrai trésor de vertu. Si elle se rend à nos vœux, consentirez-vous à nous servir de témoin? La bienveillance paraît vous être familière, et la preuve que vous en donnerez ici portera bonheur à nos enfans. — N'a-t-elle pas, monsieur le curé, des parens dans la vallée? — Aucun. C'est une étrangère, qui se trouve depuis peu parmi nous; comme le dit un poète allemand[*]: « A son approche, tous les cœurs s'épanouissent. Le vieillard courbé sur son bâton, comme le jeune homme impatient de la vie, chacun s'en retourne content, heureux de l'avoir vue. Elle a en soi une dignité naturelle, qui exclut la familiarité. » — Partage-t-elle l'amour de votre neveu? — Elle est trop réservée pour découvrir ses sentimens; l'air de dignité, dont je vous parlais, perce à travers la simplicité de ses

[*] Schiller.

mœurs. On voit qu'à peine à l'aurore de ses ans, elle a déjà éprouvé des chagrins, qui ont dû mûrir ses idées, mais altérer son bonheur. Ma vieille expérience m'a fait craindre d'autres dangers. Je lui ai représenté que l'innocence, ou la réputation qui est presque aussi précieuse, serait souvent exposée dans sa tendre jeunesse, si elle était privée des soins d'un protecteur; je lui ai offert de lui servir de père; mais après moi, il lui fallait un soutien, et j'ai parlé de mon neveu, qu'elle avait déjà connu ailleurs. J'ai promis de leur laisser tout ce que je possède, cette maison assez commode, son jardin, son verger, son petit pré, deux vaches, trente brebis; il y a là de quoi s'alimenter et se vêtir. Elle m'avait refusé, les larmes aux yeux; mais comme je suis revenu à la charge, elle m'a demandé de réfléchir, et je crois que mon neveu est allé la solliciter de fixer le jour de son bonheur. Restez avec nous, je vous prie; vos conseils en outre ne seront point inutiles à nos pauvres paroissiens. » Tu retrouves là, Eugène, l'hospitalité des montagnards. Ce bon pasteur a le ton si persuasif que je n'ai pu le refuser, quelque pénible que soit maintenant pour moi le spectacle d'un amour heureux. Me voilà donc jusqu'à demain habitant de Clémence-d'Ambel; et logé au presbytère.

LETTRE XV.

Le même au même.

Clémence-d'Ambel, le 15.

Eugène, le croirais-tu? C'était elle-même; oui, c'était elle dont on prétendait que Lucas devînt l'époux! Un autre régner sur le cœur de Germaine! Non, jamais; on m'arracherait plutôt le mien. Comment me posséder assez pour te conter avec calme ce qui vient de m'arriver? Je faisais un tour de jardin en attendant le souper, et je me croyais séparé pour toujours de celle que j'aimais, lorsque le curé m'appelant : « Venez, dit-il, et cherchez à décider notre prétendue. » Je m'avance auprès de la bergère; je reconnais, représente-toi ce que j'éprouve alors, Germaine, mais Germaine excessivement pâle et paraissant avoir versé bien des pleurs. Je voulus lui parler, et je n'articulai que des sons confus; j'avançai la main pour saisir la sienne; elle me jeta un regard vif, qui pourtant n'était point ennemi; je le compare à celui qui pénétra jusqu'à mon cœur, lorsqu'elle crut devoir me fuir dans la Vallouise; elle tira à part le curé; ils passèrent sous un berceau voisin, où je n'osai les suivre;

mais pendant cet entretien, je bouillais d'impatience ; je ne répondais que par monosyllabes aux questions empressées que me faisaient les amis du pasteur. Enfin me dérobant à leur importunité, j'allais commettre l'indiscrétion de troubler l'entretien de mon hôte, lorsque cet homme vénérable parut, et nous apprit que Germaine s'étant trouvée un peu indisposée, il lui avait conseillé de se retirer chez elle. Juge de mon inquiétude, Eugène ; le seul Lucas était peut-être aussi triste que moi. Je ne sais s'il avait quelque soupçon sur la nature des sentimens que Germaine pouvait m'inspirer ; mais il oublia de venir me parler, et ce fût un soulagement dans ma position. Je balançais si j'irais trouver Germaine ; la crainte de compromettre un objet si cher me retint. On annonça au curé qu'il était servi, et il s'appuya doucement sur mon bras jusqu'à la table, où il me fit asseoir auprès de lui. Il chercha à m'égayer, et me présentant des truites excellentes qu'on venait de pêcher dans la Sevraysse, comme je n'y touchais point : « Votre appétit, dit-il, ne répond point à l'air vif de nos montagnes. Je le vois ; avec votre bon cœur vous êtes affligé des désastres qu'ont soufferts nos habitans ; peut-être avez-vous la bonté de vous intéresser à ce que nous réussissions dans nos vues sur Germaine. Je ne désespère pas encore qu'elle devienne ma nièce ; mais à Dieu ne plaise que je veuille exercer sur elle une influence qui contrarie ses penchans. C'est rendre les gens malheureux, que de vouloir faire, malgré eux, leur bonheur à sa manière ! Quoi qu'il en soit, je la reverrai demain matin; promettez-moi de ne pas partir avant d'avoir eu de mes nouvelles. » Il fallut lui donner ma parole; et tandis que les convives tenaient une conversation animée par quelques verres de vin de Provence, ton ami parvint à obtenir la permission de monter dans sa chambre; c'est-à-dire qu'à l'aide d'un escalier en forme d'échelle, il grimpa au-dessus de l'étable, dans une espèce de chenil, où même au cœur de l'hiver l'on ne manque pas de chaleur; je pense que le curé avait quitté pour moi sa couche habituelle.

La solitude m'était devenue d'une nécessité absolue; je réfléchissais sur l'apparition imprévue de Germaine, sur ce regard que je ne savais comment interpréter, sur les prétentions de Lucas, que je cherchais à regarder comme téméraires; on vint demander le pasteur pour des devoirs de son état. Il allait par une nuit obscure dans un de ces hameaux qui semblent suspendus à la croupe des montagnes. Craignant pour son âge, je voulus l'accompagner; il me refusa obligeamment, et il sortit, précédé d'un de ces grands chiens de berger, que je crois de la même race que ceux du mont Saint-Bernard, et dont l'oreille devine et la voix signale le moindre étranger qui, après la chute du jour, marche dans la vallée. M'étant jeté sur mon lit, je retombai dans la mélancolie, et je laissai flotter mon ame entre des résolutions diverses. La fatigue enfin ferma ma paupière, et je sommeillais, lorsqu'à la première lueur du jour, une voix inconnue m'appela par mon nom; un vieux berger me remit une lettre et se retira, sans répondre à mes questions; mon cœur sut, avant mes yeux, que cette lettre était de Germaine.

LETTRE XVI.

Germaine à Ernest.

Clémence-d'Ambel.

La vallée retentit déjà de vos bienfaits ; il est digne d'une belle ame d'adoucir tant d'infortunes. Elles vous ont attiré dans des retraites presqu'inconnues au monde, et il a fallu votre courage, votre bonté pour franchir des passages qu'on pourrait regarder comme impraticables aux gens de la plaine. Je croyais avoir trouvé ici un asile impénétrable ; je fus bien surprise de vous y voir. Mais que devins-je, lorsque le curé m'apprit le dessein qu'il avait formé de me faire conduire par vous à l'autel ? Je n'avais pas supposé à Lucas de tendres sentimens pour moi ; je n'ai point promis au respectable pasteur de devenir sa nièce, et je ne la serai jamais. Pour vous, monsieur le chevalier, vous n'avez pas à vous occuper de mon existence. Je vous l'ai déjà dit ; notre sort est de vivre dans des lieux différens ! Je vous en conjure par tout ce que vous avez de plus cher ; dès que vous aurez rempli l'heureuse tâche de la charité, quittez ce canton qui ne peut être le séjour d'un habitant de la ville; ne retournez pas non plus dans la Vallouise; abandonnez les Alpes! je vous serai reconnaissante de rester éloigné de moi; ne me contraignez pas encore à vous fuir! Eh! que deviendrait alors la malheureuse Germaine?

LETTRE XVII.

Ernest à Eugène.

Saint-Bonnet, 18 août.

Après avoir lu, à plusieurs reprises, la lettre de Germaine, je m'habillai promptement, et je pris un guide pour me conduire dans le hameau où le curé s'était rendu. Tantôt je voulais lui ouvrir mon cœur, tantôt je sentais qu'il serait mal de révéler un secret qui pourrait compromettre la réputation de mon oncle, et l'existence de Germaine dans la vallée. Après tout, ce vénérable ecclésiastique était oncle de Lucas, et n'aurait pas vu de bon œil ce qui pouvait ternir le bonheur de ce berger; il y a de l'homme jusque dans les êtres qui, par leurs vertus, paraissent appartenir à un meilleur monde. Je trouvai le curé auprès du grabat de la misère, implorant la bonté de la Providence avec une ferveur et une onction qui devaient attirer ses faveurs. Je tombai involontairement à genoux, et j'adressai au ciel des prières pour ces infortunés; j'en joignis d'autres encore plus ardentes peut-être, où il n'était question que de Germaine. Après avoir secondé le pasteur dans les soins qu'il donnait aux vieillards, je dus le laisser seul pour la partie sainte de son ministère, et je me tins à l'entrée d'un petit bois. Au bout de quelque temps, j'aperçus Germaine qui venait pour parler au curé ; elle voulait m'éviter. « Oh! je vous en supplie, lui dis-je, souffrez un moment d'entretien, le dernier peut-être qu'il me sera permis d'avoir avec vous. Mes intentions ne sont pas faites pour m'attirer votre haine. Pourquoi ne pas approuver la pureté de ces vues? (Une rougeur involontaire anima aussitôt ses traits; puis la pâleur lui succéda.) Il y a peu de jours, Germaine, je ne connaissais pas encore l'amour ; maintenant il brûle dans mon cœur. (Elle voulut m'interrompre.) Le sentiment qui m'anime n'a que le but le plus louable. (Elle fit un signe d'incrédulité.) Vous n'êtes pas née pour habiter un pays sauvage, pour être la compagne d'un villageois : sous l'habit d'une bergère, j'ai connu celle que je voudrais voir l'ornement de la société. Mais au nom de ma tendresse, au nom de votre bonheur, avouez-moi qui vous êtes. Expliquez au plus sincère ami le secret de la lettre de votre mère. »

Elle soupira péniblement et me dit : « Quoi! cette lettre est connue de vous?... — Je n'ai pas oublié, répondis-je, les mots qu'une indiscrétion que je n'ai pu vaincre m'a porté à lire : « *Comme si tu n'avais pas été faite pour une existence plus heureuse!* » Germaine, les plus beaux jours peuvent luire pour nous..... Vous persistez à garder le silence? Serait-il vrai que le curé va réussir dans son projet et que vous consentez à recevoir de sa main Lucas pour votre époux?— Monsieur, je suis loin d'y penser. — Pour le moment, Germaine : à la longue, vous céderiez peut-être à l'idée de trouver un protecteur dans le père des malheureux. — Croyez-vous que ce motif suffise pour enchaîner à jamais ma vie?—Germaine, confiez-moi le soin de votre bonheur? — Je suis touchée, monsieur, de tout l'intérêt que vous me témoignez; vous m'accordez assez d'estime pour ne pas attendre de moi un autre sentiment et pour me laisser à ma destinée.— Vous en aimez donc un autre!— Je veux bien vous avouer qu'il n'en est rien. Pour vous, ne concevez aucune espérance, et permettez-moi de finir cet entretien. — Mais il doit offrir la ressemblance de quelqu'un qui vous intéresse vivement, ce portrait que dans votre châlet de la Vallouise!... — Se peut-il? mon Dieu, il se serait détaché du paquet de lettres que j'ai emporté avec précipitation? Vous posséderiez l'image de celui dont la perte me causa tant de chagrin!—Germaine!—Ah! par pitié! son image me retraçait les doux momens de mon existence; je la contemplais; elle me donnait le courage de supporter mes maux. Vous n'auriez pas dû prendre ce portrait. Si vous l'avez emporté avec vous, rendez-le moi, sinon renvoyez-le à Marie, près de laquelle je viens de le réclamer. » Saisissant la main de Germaine, je lui demandai vivement le nom d'un mortel si regretté. Elle répondit en soupirant : « Ce portrait-là est tout ce qui me reste de mon père. » Un long silence s'en suivit. Plein d'attendrissement, je m'engageai à lui faire remettre le médaillon qui lui est si cher. Elle me remercia dans les termes les plus vifs; et comme je craignais qu'elle ne s'éloignât, je crus devoir profiter du moment, et j'osai exiger pour condition à un prompt départ qu'elle acceptât le legs de mon oncle. Elle me regarda avec émotion et fierté; je ne crus pas devoir insister. » Si vous êtes libre, repris-je, je puis disposer de moi, et votre consentement.... — Encore une fois, monsieur, laissez tranquille la pauvre Germaine; elle sera sensible au soin que vous apporterez à lui rendre le portrait de son père. Pour vous, il vous sera facile de m'oublier, de plaire à une autre qui vous donnera des parens dignes de vous, et qui, favorisée des dons de l'esprit, de la beauté, de la fortune.... — Non, jamais! » Pour m'empêcher d'en dire davantage, Germaine allait me quitter. Cet instant devait faire éprouver quelque embarras à tous deux; je tombai aux genoux de Germaine; je la suppliai, au nom du plus respectueux, du plus tendre amour, de m'accorder la permission de lui écrire et la grace de quelques mots de réponse; elle y consentit, mais seulement lorsque je serais arrivé à Turin. « Germaine, continuai-je, j'implore de vous une nouvelle grace, et vous ne la refuserez pas aux sacrifices que vous m'imposez; ne contractez point d'autres nœuds avant le délai d'une année. » Elle réfléchit un moment; ensuite elle s'y engagea, à condition que je respecterais le lieu de sa retraite. Je saisis avidement une de ses mains, qu'elle me disputait encore, et que je couvris de mille baisers; elle ne put dissimuler une sorte de trouble, et je vis quelques larmes s'échapper de ses yeux. Dois-je les attribuer au malheur qui l'opprime, ou a-t-elle pitié des tourmens dont elle est la cause? Elle avait retiré sa main dont elle me salua en prononçant le fatal adieu, et se dirigea vers la maison où le curé l'attendait. Celui-ci en sortit bientôt; j'allai à sa rencontre, je l'embrassai; et, faisant effort sur moi-même, je tins ma parole et je partis.

Agité d'une foule de pensées contraires, tantôt j'étais accablé, privé de toute espérance, tantôt je ne pouvais me résoudre à croire que Germaine fût insensible à tant d'amour ; puis je me reprochais de l'avoir quittée. Je voulais revenir sur mes pas, choisir dans la vallée une demeure sûre, où, respirant le même air qu'elle, pouvant connaître toutes ses actions, me trouver même sur ses pas..... Mais je lui ai fait une promesse qui doit être inviolable; il faut qu'elle apprenne que je mourrais plutôt que d'y manquer! Avec quelles délices je remplirais celle que je prononcerais pour Germaine au pied des autels! J'étais ainsi livré à des idées tumultueuses, lorsque j'entrai dans la vallée du Drac ; au débouché du Val-Godemard, je fus assailli par un combat terrible que se livraient les vents; celui d'ouest, qu'en Provence on nomme le mistral (1), fit le plus de ravages. Je vis enlever les toits des maisons et dé-

¹ Maître des vents.

raciner les plus gros arbres ; je ne gagnai qu'avec peine le bourg de Saint-Bonnet. Tant de chagrins et de fatigues ont abattu mes forces; c'est avec peine que j'ai écrit cette lettre souvent interrompue. Mon sang est brûlant, ma tête pesante. Je serai forcé de rester à Saint-Bonnet jusqu'à ce que je me trouve mieux. J'ai besoin de tes nouvelles, mon ami ; tes conseils me sont indispensables. Donne ta lettre à l'exprès que je t'envoie ; peut-être avant son retour mes maux auront fini.

LETTRE XVIII.

Eugène à Ernest.

Clémence-d'Ambel, le 19.

Tu seras surpris en recevant une lettre datée de Clémence-d'Ambel ; écoute avidement tout ce que je vais t'apprendre. Je ne te parlerai pas de Richard, propriétaire du châlet de Germaine ; le brave homme ne se trouvait point à Grenoble. Rappelle-toi qu'après m'avoir fait connaître les derniers adieux de la mère de Germaine, tu m'avais envoyé le portrait de l'auteur de ses jours. Je fus frappé, en le voyant, de quelques traits de ressemblance avec mon père, et je le lui portai en riant. Il m'interrogea, d'un air grave ; je ne lui dissimulai rien. Il exigea que je lui confiasse ta correspondance, sur laquelle il me promit d'avance un secret inviolable. Sans doute, Ernest, tu me pardonneras de ne pouvoir rien refuser à celui que le penchant de mon cœur, plus que les conseils de la raison, rend l'arbitre de mes actions. Naturellement absolu, il a néanmoins été toujours si parfait pour son fils ! Tes lettres excitèrent son attention ; les descriptions lui en paraissaient fidèles, et il en répétait plusieurs passages avec intérêt. Le nom de Stéphanie, les sentimens qu'elle exprimait à sa fille, lui causèrent quelque trouble. Il voulut continuer sa lecture; tout à-coup il tomba dans la rêverie, y resta quelque temps, puis se releva avec impétuosité, et s'adressant à moi : « Mon cher Eugène, dit-il, apprends que le père de Germaine était mon frère, d'un premier lit. Des disputes politiques, dès 1788, les injustices d'une marâtre, un mariage inégal, sous les rapports du rang et de la fortune, nœuds qu'il contracta pendant ses voyages, et qu'il nous cacha longtemps, l'intervention de faux amis, les ruses d'hommes de loi, qui semblaient vouloir tout arranger, mais qui ne songeaient qu'à profiter de nos querelles : tout cela nous entraîna dans des scènes violentes, scandaleuses, où j'eus peut-être quelques torts, et à la suite desquelles nous jurâmes de ne plus nous revoir. Depuis, je ne reçus jamais de ses nouvelles. Seulement, l'année dernière, j'appris, par voie indirecte, que mon frère avait péri au champ d'honneur. Je ne savais s'il avait laissé des enfans; je supposai que sa veuve se serait retirée à l'étranger, dans le sein de sa famille. Puisqu'elle était venue jusque dans la Vallouise, elle aura voulu y chercher un parent éloigné, ancien chanoine d'Embrun, qui, par piété, desservait une cure dans cette vallée, et qui avait toujours eu pour mon frère une grande prédilection ; ce prêtre vertueux a cessé de vivre, il y a plusieurs mois. Quoique ma belle sœur se trouvât si près de Grenoble, la frayeur que lui avaient causée nos débats l'aura détournée de l'idée de me voir, de m'écrire, de m'envoyer Germaine. Stéphanie a succombé au chagrin, et ses derniers momens auront été troublés par l'incertitude du sort de sa fille. Eugène, j'espère que tu ne blâmeras point l'action que je vais faire; elle m'est dictée par mon devoir; la nature parle à mon cœur; je ne puis oublier que Germaine est ma nièce; l'infortunée ne sera point victime des fautes de son père; je ne l'abandonnerai pas dans l'état où elle se trouve, exposée aux piéges de la séduction. Je partirais sur le champ pour la Vallouise, si la goutte dont j'ai ressenti, ces jours derniers, une forte atteinte, m'en laissait la possibilité. C'est à toi de me remplacer et de m'amener ta cousine. »

Charmé de la résolution de mon père, je lui en témoignai la plus vive satisfaction; mes préparatifs de départ furent faits dans un moment; et, dès le lendemain matin, je me mis en route, espérant te trouver dans un châlet, soupirant pour ta bergère et justement chéri; d'avance, je jouissais de toute la joie que j'allais te causer. J'arrive, et je vous cherche en vain tous les deux. Enfin mon bon génie m'ayant fait rencontrer le pâtre qui t'avait conduit dans le Val-Godemard, je me hasardai à y descendre par un chemin pour lequel il faut être, sinon habitant de ces lieux horribles, du moins excité par l'amour ou soutenu par l'amitié. J'avais avec moi ton fidèle Victor, qui était sorti de l'hospice des Trappistes, ayant fait une partie du chemin avec le supérieur qui se rend en Suisse, et tellement rempli de respect pour ce père, que, sans son attachement pour toi, je crois en vérité qu'il aurait endossé le froc.

Arrivé à Clémence-d'Ambel, je m'adressai au brave curé. Il fut bientôt au fait, et me conduisit chez sa sœur où je trouvai Germaine. Je t'écris auprès d'elle. Je l'avais priée, je l'avoue, de joindre un mot à ma lettre; elle n'y a point consenti; mais je lui en ai donné lecture, et je ne crois pas qu'elle se refuse à revoir l'ami de son cousin. Tu n'as sans doute pas encore dépassé la ville de Gap, et peut-être même Saint-Bonnet. Je suis tellement fatigué de ma course rapide dans les montagnes, que je ne saurais espérer de t'atteindre, quoiqu'un amoureux qui s'éloigne ne marche pas bien vite. D'ailleurs, je remplis ici les fonctions de tuteur d'une jeune beauté, qui ne doit jamais s'écarter de mes ailes protectrices. Je t'envoie ton Victor; il fera grande diligence; et, puisque je suis avec Germaine, je puis sans témérité compter bientôt sur toi.

LETTRE XIX.

Victor à Eugène d'Ermance.

Saint-Bonnet, le 20.

Monsieur le comte, avant d'entrer au bourg de Saint-Bonnet, j'ai rencontré des jeunes filles qui dansaient dans la prairie, et dont le teint était aussi frais que la plus limpide des fontaines de ce pays. Je leur ai demandé si elles avaient vu M. le chevalier. L'une d'elles m'a dit que le matin il s'était promené dans le vieux château, où est né un grand général, nommé Lesdiguières, et où, tout brave qu'il était, ce protestant n'a pu échapper à la mort. De là, mon maître a erré tout seul sur les bords du Drac, et l'on présumait qu'il voulait traverser la rivière pour aller au bourg de Lesdiguières voir le caveau de feu le général ; ce genre de visite n'est pas trop de mon goût. Mais mon maître, ajoute-t-on, paraissait livré à une grande tristesse, et ne marchait qu'avec peine. Il s'est assis alors sous un chêne touffu ; le père de ma petite jaseuse, passant par là, s'en est approché ; et comme M. le chevalier était saisi d'une fièvre violente, le bon homme, qui est robuste, l'a chargé sur ses épaules, et l'a déposé dans son auberge. On l'a mis au lit, où je l'ai trouvé. Je crois devoir vous faire tout ce récit pour justifier de mon exactitude.

Mon maître a été quelque temps à me reconnaître; il a des momens de délire, et je n'ai pu encore lui donner votre lettre, qu'il faudra peut-être lui lire moi-même. Je viens d'envoyer à cheval le garçon d'auberge chercher à Gap, à trois lieues d'ici, un M. Michel, médecin, qu'on dit avoir du talent et un fort bon caractère. J'espère, Monsieur le comte, que vous n'abandonnerez pas votre ami dans un état si alarmant; le plus pressant secours lui est certainement nécessaire.

LETTRE XX.

Eugène au comte d'Ermance.

Clémence-d'Ambel, le 21.

Mon père, ayant fait grande diligence pour remplir vos intentions généreuses, j'ai quitté la route de Briançon au Monêtier, et je me suis rendu dans la Vallouise par l'Échauda, passage si dangereux, que, pour le franchir, il ne faudrait pas avoir une jambe goutteuse. Germaine et Ernest n'étaient plus dans cette vallée; jugez de ma surprise. D'après des renseignemens exacts, j'allai pour les rejoindre par le plus difficile des chemins dans le Val-Godemard et à Clémence-d'Ambel, chez la sœur du curé; Germaine me parut belle, comme l'avait vue Ernest, et l'objet de l'admiration de tous les habitans du village. A l'instant, j'ai partagé ces sentimens qu'elle inspire, même sans s'en douter. Je lui laisse, mon père, le soin de vous raconter l'histoire touchante de sa vie, la mort de ses parens, et je vous en préviens, l'amour respectueux d'Ernest. Mon ami l'avait suivie dans ce canton, où il a marqué tous ses pas par la bienfaisance. Il y a retrouvé Germaine; elle a exigé qu'il s'éloignât; et il l'aimait au point d'obéir à cet ordre rigoureux. Mais sa santé n'a pu soutenir les combats qu'il a éprouvés, et il est tombé malade dans une petite ville voisine. Quelque désir que j'aie de vous revoir, vous excuserez l'amitié, si je me rends d'abord auprès d'Ernest; je serai ce soir au chevet de son lit. Dès que son état ne présentera plus de danger, je vous conduirai votre charmante nièce, qui est dans ce moment occupée à vous écrire.

LETTRE XXI.

Germaine au comte d'Ermance.

Clémence-d'Ambel, le 21.

Monsieur le comte, mon bienfaiteur, comment vous exprimer la vive et respectueuse reconnaissance dont je suis pénétrée pour vos nobles procédés? Vous avez jeté un regard bienveillant sur la solitaire de la Vallouise, qui n'osait même vous faire connaître son existence! L'abandon dans lequel elle était menacée de vivre va cesser, grace à vous. Vous ne balancez pas à l'avouer pour votre nièce! Vous daignez offrir de lui tenir lieu des êtres qu'elle a perdus! et cette bonté est d'autant plus touchante, que vous ignorez encore quels événemens ont présidé à ma naissance, à ma triste vie. Je vous en dois un récit sincère.

Vous l'aurez probablement su dans le temps, monsieur le comte; votre frère avait épousé en Allemagne la fille d'un homme peu riche, mais jouissant de l'estime publique, et qui avait été assez heureux pour lui sauver la vie dans une affaire délicate. Ma mère, restée de trop bonne heure orpheline, n'eut que moi pour enfant, et je fus élevée par elle avec autant de soin que si elle eût été favorisée des dons de la fortune. Nous étions en Prusse, à quelque distance du quartier-général de l'armée française, lorsqu'elle apprit que, vers la fin d'une bataille glorieuse, mon père avait péri en s'emparant de batteries formidables. Elle réussit à retrouver son corps, et, après lui avoir rendu les derniers devoirs, elle voulut se réfugier avec moi dans la maison où elle était née. Mais les ennemis ayant réduit en cendres cet héritage, il ne lui restait aucun asile. Ma mère sollicita une pension, et malheureusement ne s'adressa pas au général en chef, qui était le protecteur des braves. Elle n'osa écrire qu'au colonel du régiment où mon père avait été capitaine. Quoique son compatriote, cet officier se montra son ennemi; c'était contre les avis de mon père qu'il avait engagé ses soldats dans une fausse position, où presque tous avaient péri. Le colonel mit en pièces les titres qui prouvaient les droits de ma mère. Ah ! si elle avait eu un fils, celui-ci eût bien fait reconnaître ses droits; malheureusement elle n'avait donné le jour qu'à Germaine.

Nous étions sans appui, et nous pleurâmes ensemble. Déchue de ses justes espérances, ma mère se décida, par amour pour moi, à se rendre en Dauphiné chez un parent de mon père, de qui l'âge et le caractère religieux la rassuraient; elle se flattait, monsieur le comte, je le confesse, qu'il pourrait me faire trouver grace auprès de vous. Elle fut si accablée de son chagrin, de son voyage, des inquiétudes que lui causèrent la maladie, la mort de ce parent, que bientôt.... Mes larmes vous disent ce que ma plume ne peut tracer.

Les auteurs de mes jours n'étaient plus; je restai sans ressources. J'avais été obligée, d'après les avis de ma mère, d'accepter des gages chez un cultivateur, où l'on m'employa aux plus pénibles travaux; je gardai ensuite les troupeaux dans les hauts pâturages. Mais mon cœur fut toujours pur, mon ame resta indépendante. Si vous l'exigez même, je pourrai vous raconter, jour par jour, et sans rougir, quelle fut ma vie dans ces montagnes, où j'avais pour toujours renoncé au bonheur. Vous voulez que je le connaisse encore, monsieur le comte! Ah! le bonheur serait-il fait pour moi? je crains que le sort ne m'ait pas encore porté tous ses coups.... Veuillez du moins croire que j'attacherai sans cesse du prix à vos bontés; que travailler à s'en rendre digne sera pour Germaine moins un devoir de reconnaissance qu'une satisfaction. Il lui tarde de pouvoir vous en offrir de vive voix la respectueuse assurance.

LETTRE XXII.

Le comte d'Ermance à son fils.

Grenoble, 22 août.

Je reçois à l'instant ta lettre, mon cher fils ; si j'ai d'abord été surpris que Germaine eût quitté sa paisible retraite, et qu'Ernest l'eût suivie dans le Val-Godemard, j'ai été rassuré par les détails dans lesquels tu es entré, et je vois avec satisfaction que ma nièce, malgré l'abaissement où le malheur l'a réduite, te paraît digne du sang des Ermance. Peut-être aurais-je dû me fâcher de ce que, malgré les ordres que je t'avais donnés, aussitôt que tu étais parvenu à la rejoindre, tu ne l'avais pas amenée à Grenoble. Je pardonne à ton ancienne liaison avec Ernest, si tu es parti pour Saint-Bonnet en apprenant sa maladie. Mais as-tu laissé Germaine à Clémence-d'Ambel? Je ne le crois pas ; tu n'auras point voulu te séparer d'un dépôt si précieux. T'aura-t-elle accompagné? Cela serait inconvenant, mais devrait finir bientôt ; j'approuverais d'autant moins qu'elle restât auprès du chevalier, qu'elle connaît la folle passion dont il brûlait pour la jeune fille de la Vallouise, et qu'elle peut, avec une imagination vive et un cœur sensible, se trouver trop émue d'un mal dont elle se regarderait comme la cause innocente. Je t'envoie une femme sûre, qui désormais lui sera attachée comme gouvernante. Ruinée par la révolution, mais d'une bonne famille, elle disposera Germaine aux sentimens que doit avoir ma nièce, et à la conduite qu'elle aura à tenir dans le monde, d'après sa naissance.

J'écris à ta cousine; j'exige que tu la fasses partir une heure après avoir reçu ma lettre. Pour toi, mon cher fils, je ne m'oppose pas à ce que tu rendes des devoirs à ton ami. Profite aussi de la beauté de la saison, afin de suivre ton goût pour la science botanique, et de reconnaître les lieux qu'a parcourus ce J.-J. Rousseau, dont tu es enthousiaste, comme tous les jeunes gens, et ceux où est né, où s'est formé de lui-même l'estimable auteur de la Flore du Dauphiné (1). Dès que le chevalier sera hors de danger, je compte que tu lui laisseras reprendre la route de Turin, et que j'aurai le plaisir d'embrasser mon fils.

* Le docteur Villars. (Voyez sa Notice, chez MM. Dauvin et Fontaine.)

LETTRE XXIII.

Le comte d'Ermance à Germaine.

Grenoble.

Ma chère nièce, votre lettre m'a fait éprouver une vive émotion; j'ai souffert de voir une d'Ermance obligée de se vouer à des soins indignes du nom qu'elle porte. Les qualités heureuses dont vous me paraissez douée me feront bien vite oublier une époque de votre vie, sur laquelle nous étendrons pour jamais le voile. Les sentimens que vous manifestez ont redoublé en moi le désir de vous connaître. Eugène ne pouvant être votre compagnon de voyage, il va vous confier aux soins d'une personne dout je fais cas, et qui sera pour vous moins une gouvernante qu'une amie. Afin de ne pas différer son départ, je me borne à vous prier de vous rendre sans retard auprès d'un oncle qui déjà vous chérit tendrement.

LETTRE XXIV.

Eugène d'Ermance à son père.

Saint-Bonnet, 24 août.

Je vous ai obéi, mon père, et Germaine va partir. Après avoir porté ses dernières consolations dans l'hospice qu'elle visitait plusieurs fois le jour, elle voulait aller dans la Vallouise pour s'acquitter d'un pieux devoir avant de quitter ces montagnes. Craignant de vous offenser, j'ai résisté avec obstination à toutes ses prières; je suis trop esclave de la vérité pour vous dissimuler qu'elle a paru désespérée du refus que je faisais avec bien du regret. Je dirai plus, mon père; je la crois chagrine de laisser Ernest avant d'être entièrement sûre de sa guérison. Elle l'a vivement recommandé à mes soins, comme si je ne me devais pas à un ami si fidèle. Il venait de s'assoupir; elle est entrée dans sa chambre, est restée quelque temps en silence auprès de son lit, a levé les yeux au ciel, qu'elle implorait pour lui, et s'est retirée précipitamment. Elle a exigé de moi que je ne lui révélasse jamais combien il en avait reçu de soins attentifs et précieux dans les momens de délire où, ne reconnaissant personne, il prononçait souvent le nom de Germaine.

Je n'ai point cherché à pénétrer les secrets de ma cousine. Mais si elle n'avait pu résister au mérite, à la tendresse d'Ernest? Si elle répondait à son amour? Vous ne voudriez pas désunir deux cœurs si bien faits l'un pour l'autre! Vous n'éloigneriez pas pour jamais de votre nièce le neveu, le fils adoptif de celui qui vous avait inspiré tant d'estime! Quel bonheur pour moi de lui voir remettre le sort de Germaine!

Vous semblez me défendre d'amener Ernest à Grenoble quand ses forces lui permettront ce voyage. Mais s'il a distingué la pauvre orpheline, combien ne doit-il pas adorer la nièce du comte d'Ermance! La réflexion a de bonne heure tempéré en lui une impétuosité naturelle, et ses anciens camarades, le désignant sous le nom du philosophe, pensaient que son ame était à l'abri du choc des passions. Germaine eut son premier amour; en voyant ce qu'il lui fait éprouver, on peut juger qu'Ernest n'en ressentira jamais d'autre. D'ailleurs sa naissance, ses talens, sa fortune ne laissent rien à désirer; et vous n'aurez pas oublié qu'après la mort de son oncle vos propres amis semblaient, dans l'abandon d'un entretien familier, le désigner comme pouvant prétendre à la main d'une autre de mes cousines. Ces observations ne vous frapperaient-elles pas, ô mon père ? Me blâmeriez-vous de vous les soumettre, et d'insister sur le désir de vous présenter mon ami? Ce désir, le rejetteriez-vous contre mon attente, et malgré mes supplications? Ernest irait passer à Turin une triste et pénible convalescence, sur laquelle l'amitié voudrait pouvoir veiller en paix auprès de vous! Ah! mon père, daignez plutôt consentir à mes vœux les plus chers, en me permettant d'amener avec moi celui qui me paraît si digne de devenir votre neveu.

LETTRE XXV.

Le comte d'Ermance à son fils.

Grenoble, 26 août.

Je te remercie, mon cher Eugène, de n'avoir pas différé le départ de ma nièce, malgré les prétextes que lui avaient suggérés ou sa timidité naturelle, ou une certaine inquiétude qu'on éprouve, à son âge, de changer de demeure et d'état. Tu n'avais pas flatté son portrait. Son air de décence l'embellit encore; les malheurs qu'elle a éprouvés et qu'elle verra se dissiper si heureusement lui ont donné un fond de mélancolie qui annonce un cœur sensible. Elle est jolie, sans avoir cette régularité qui fatigue à la longue; mais un charme particulier nous attache à elle dès son premier regard. J'ai jugé qu'elle avait des graces, sans afféterie; de l'esprit et de l'instruction, sans amour-propre; de la raison, sans verbiage. Son ame est fière; cependant elle n'est pas hautaine envers ses inférieurs; elle me parle avec respect, mais sans ces manières flatteuses, ce genre d'adulation qu'on prodigue d'ordinaire à ceux dont on espère quelque fortune, et qui m'ont toujours éloigné des gens assez bas pour déguiser leurs pensées, feindre ou exagérer des sentimens. Le flatteur est ordinairement un ennemi secret et dangereux; retiens cette maxime, fondée sur mon expérience des hommes. Germaine n'a pas l'orgueil de son père, qui ne voulait pas reconnaître mes droits d'aînesse, et me regarder comme la tige de la famille; elle n'a pas les emportemens irréfléchis qui annonçaient en lui un esprit tyrannique, que l'éducation n'avait pu faire plier. Quand elle recevra un époux, je crois qu'elle lui sera soumise, et qu'elle se plaira à le rendre heureux. J'avais hier une nombreuse société qui a été enchantée d'elle. N'es-tu pas d'avis, Eugène, que je lui donne des marques de la plus profonde estime? Toi qui aimes ton père, voyons si tu sauras suppléer ici à son silence, et interpréter justement ses intentions. C'est pour te les confier que je t'engage à prendre congé d'Ernest, si le chevalier, une fois délivré des fortes crises de sa maladie, peut bientôt se passer de tes soins; dans tous les cas, je te recommande de ne pas caresser ses idées sentimentales. Ce ne sont pas des romans que les événemens de la vie.

A peine a-t-il connu Germaine. Il croit l'aimer, parce que la jeunesse devient quelquefois éprise dès une première entrevue; heureusement elle oublie avec la même facilité. Les lieux et les circonstances où Ernest a trouvé Germaine disposent aux affections tendres; le bon baron de Himmeln n'en a pas été lui-même exempt. Tu soupçonnes que la petite Vallouisienne, qui a été si offensée de sa conduite par trop légère, n'a pu se dispenser de voir plus favorablement son neveu. Elle m'a très peu parlé du chevalier. Cependant il est possible qu'il ait fait quelque impression légère sur son cœur, sa tête ou son imagination; on ne sait souvent ce que c'est dans les femmes, ni duquel des trois elles reçoivent leur direction. Supposons que ce soit le cœur qui ait éprouvé un de ces mouvemens vagues que développe la solitude, et que Germaine ait pris cette émotion pour un penchant décidé, tant qu'elle n'a pu comparer Ernest qu'aux êtres dont elle était alors entourée; la voix de ses devoirs, les conseils de sa gouvernante, mon influence et le ton de la société qu'elle fréquentera, feront évanouir des idées qui se rattachent pour elle à des circonstances pénibles, et la raison dirigera dans ses inclinations l'intéressante Germaine. J'ai même remarqué qu'elle recherche plus particulièrement les personnes d'un certain âge.

Quant à ton Ernest, qui, sous un air de franchise et d'abandon, me paraît avoir de la légèreté et de la présomption, ce poison du jeune âge, ne t'afflige pas de ses douleurs; laisse le soin de les calmer, dans cette grande ville de Turin, à la douceur bienveillante de quelque Française, ou à la vivacité d'une piquante Italienne; je ne cherche pas avec laquelle des deux il ferait le plus de chemin. Pour toi, Eugène, qui as le bon esprit de te diriger toujours d'après les conseils de ton père, n'abuse pas de la permission que je t'avais donnée de rester à Saint-Bonnet, et empresse-toi de revenir dans mes bras.

LETTRE XXVI.

Ernest à Germaine.

Saint-Bonnet, 26 août.

Vous que j'aimais bergère, dont les simples attraits m'avaient séduit, dont l'esprit et le caractère m'ont fixé, vous à qui il m'eût été si doux de donner un rang, lequel seul est peu de chose, un rang qui du moins vous mettait à votre place, Germaine, tout en vous félicitant, dois-je m'applaudir du changement rapide, imprévu, qui s'est opéré dans votre existence? La comtesse d'Ermance sera t-elle pour moi plus sensible que la jeune fille de la Vallouise? On sait moins aimer dans l'éclat du grand monde, qu'au sein de l'humble pauvreté, et je le sens, partager avec vous une solitude, ne vivre que pour vous seule, eût été pour moi le comble de la félicité. Mais pourquoi ne vous entretenir que de ce qui me touche? Je ne devrais penser qu'à ce qui peut faire votre bonheur. Appartenant à une famille respectée, vous n'avez plus besoin de la protection des hommes.

Germaine, quelle force d'ame est la vôtre! Connaissant votre origine, et la célant à tous, vous aviez embrassé un genre de vie obscur, et que vous sembliez ne pouvoir abandonner sans regret. Pour résister à mon amour, auriez-vous été jusqu'à consentir à donner votre main au berger Lucas? Quel souvenir! N'est-ce pas, Germaine, vous ne m'aviez pas trompé? vous ne m'eussiez point préféré un autre amant! Vous ne condamniez pas ma tendresse! Pardonnez ici à ma sincérité! Que penser des confidences que m'a faites le médecin Michel? Il m'a assuré que la présence de Germaine retenait sur mes lèvres le souffle prêt à s'échapper à jamais; suivant lui, Germaine ne quittait pas mon chevet dans ces momens d'inquiétude, et elle l'arrosa souvent de ses larmes; le bras de Germaine soutenait ma tête défaillante; Germaine cachait la sienne derrière les rideaux de ma couche, lorsque sa main me tendait le breuvage qui devait me rendre à la santé; ses secours ont été plus actifs, plus utiles que ceux de mon médecin; le docteur va même jusqu'à ajouter qu'en s'éloignant d'un malheureux, elle manifesta un vif chagrin. N'a-t-il pas flatté ma passion pour rappeler mes forces par l'espérance? Lorsque les soins de son art ont calmé mon délire, je vous ai vue bien rarement à mes côtés. Germaine; encore choisissiez-vous le moment dans lequel Eugène, ou le médecin, ou la garde s'y trouvait. Je vous parlais; vos réponses étaient courtes, froides, évasives. Je voulais continuer la conversation; vous me faisiez recommander par le docteur un absolu silence, ou vous sortiez sous un vain prétexte. Un cœur sensible prendrait-il assez sur lui pour ajouter à la rigueur des lois de la bienséance?

J'interroge maintenant Eugène; il n'a point partagé les remarques officieuses du docteur; je l'entretiens de mon amour; il ne peut déguiser son trouble, garde le silence, et cependant redouble ses témoignages d'amitié. Dans mon état, n'ose-t-il pas m'avouer la triste vérité? J'ai eu de la peine à tirer de lui le serment qu'il vous remettrait particulièrement cette lettre. Germaine, je vous ouvre mon cœur; laissez-moi sans crainte lire dans le vôtre; si vous m'aimiez, nul mortel ne serait aussi heureux sur la terre. Si vous ne répondez pas aux sentimens que vous avez inspirés, j'irai finir dans les larmes une vie à laquelle je ne tiens plus que pour vous.

LETTRE XXVII.

Fanny à Ernest.

Grenoble, 30 août.

Ernest, vous allez juger si mon ame ne rend pas justice à la vôtre, et si ma conduite envers vous n'est pas le fruit des plus constans efforts. Un autre blâmerait peut-être les aveux que je vais vous faire. Mais dans la position délicate, extrême, où je me trouve, je n'ai plus à balancer et je ne mettrai point de bornes à ma confiance envers celui dont les sentimens sont remplis de délicatesse. Cette lettre nous donnera à tous deux de funestes consolations.

Dans le pays où m'avait reléguée l'infortune, j'étais parvenu à en imposer à la légèreté d'un sexe et à l'indiscrétion d'un autre. On me témoignait de l'estime, je n'étais pas heureuse, mais je vivais tranquille. Survint tout à coup la fatale passion que j'allumai involontairement dans le cœur du baron de Himmeln; mais lorsque je fus certaine qu'il était retourné à Turin, et qu'on lui avait remis son diamant et son mouchoir, je devins calme; mes sens reprirent leur sérénité. Deux mois s'étaient écoulés, et je venais d'échapper comme par miracle, avec mon troupeau, à une convulsion de la nature; vous parûtes, Ernest; l'événement que j'avais vu et qui semblait pour moi le prélude de choses extraordinaires, l'intérêt que vous me montriez, votre air de modestie, un seul regard disposèrent du sort de la jeune fille de la Vallouise! Elle oublia ses projets d'indifférence; oui, elle ne vous le taira point; oui, elle vous aima dès le premier instant. Accoutumée à interroger son esprit et son cœur, elle fut effrayée en se rendant compte du trouble qui les agitait, et elle pensa que la fuite seule pouvait la soustraire au danger. Le désir de servir Marie l'avait un jour conduite à Clémence-d'Ambel; elle y avait vu le digne pasteur auprès duquel, dans ce nouveau tourment, elle alla solliciter un asile, ne pouvant penser que vous parvinssiez jamais à découvrir sa retraite. Germaine intéressa la sœur du curé par son adresse dans les ouvrages de main; elle la devait aux soins d'une mère à jamais regrettée, et dont la perte lui devenait de jour en jour plus dure et plus accablante. L'excellent prêtre venait nous voir souvent; il m'appelait sa nièce chérie, il me priait de me regarder comme de la famille; vous savez combien, dans sa sollicitude pour mon bonheur, il me pressait d'en faire partie. Pouvais-je lui dire que mon cœur n'était plus à moi, lors même que ma raison me conseillait de rejeter vos vœux? Je fus bien surprise de vous trouver chez lui ; je désirais autant que je craignais un entretien ; il convenait que je vous éloignasse ; je l'exigeai, et votre conduite dans cette circonstance ajouta encore à mon estime, à mon amour.

Jugez de ce qu'éprouva Germaine, au moment où Eugène, en lui remettant le portrait qu'il tenait de vous, m'apprit que son père était le propre frère du mien ! L'arrivée de votre ami, en me rendant une famille, fit cesser la distance qui semblait me séparer de vous. Germaine ne le niera point, elle se flattait d'être sincèrement aimée ; jamais tourment ne fut pareil au sien, quand elle apprit que vous étiez malade à Saint-Bonnet. Elle s'accusa de vos souffrances, qui lui donnaient la mort. Combien elle fut sensible à la proposition que lui fit Eugène de l'accompagner, et quelle douce tâche pour elle de pouvoir partager les soins qui vous furent prodigués !

Le sentiment des convenances, non moins que les ordres du comte d'Ermance, la forcèrent de vous quitter. Mais du moins elle vous laissait presqu'entièrement rétabli ; et les circonstances de cette maladie et ce qui vous était échappé dans vos momens de délire, ne lui laissaient aucun doute sur la vivacité de vos transports, sur l'étendue de votre amour. Germaine parut devant son oncle, et ne put s'empêcher de frémir, quelque bonté qu'il voulût mettre dans son accueil. Chaque attention, chaque prévenance du comte la rappelaient involontairement à l'idée de ses mauvais traitemens envers les êtres chéris auxquels je dois le jour. Il ne me quittait pas, moi qui aurais voulu pouvoir pleurer dans la solitude. Je vous voyais sur un lit de douleur, affligé de mon absence ; et je n'avais personne avec qui j'osasse prononcer votre nom. Le ciel qui me poursuit me réservait encore d'autres tourmens.

Je ne vous cacherai rien, Ernest, et ces secrets resteront comme ensevelis entre vous et moi. Pourrait-on se le figurer? Cet homme si froid, si absolu, devait être un jour sensible! Celle qu'il persécuta sans la connaître était destinée à une telle métamorphose! Lorsqu'il me déclara ses vues, c'était du ton d'un despote qui prétend être obéi. Me voyant interdite, il me pressa de répondre, et irrité de mes excuses, de ma résistance, ses yeux semblèrent briller de la fureur qui le rendit l'ennemi de son frère. Tous les malheurs que nous avons soufferts se présentèrent en foule à ma pensée, et ne pouvant en soutenir l'affreux tableau, je m'évanouis. Le comte m'aida à reprendre mes esprits, et me montra même de l'intérêt. Il continua ensuite à me parler de son affection prétendue, et me crut assez lâche pour céder à la perspective d'un brillant avenir. Abusant de l'ascendant que lui donnent ses richesses, il m'offrit de m'en reconnaître en dot la moitié, à moi qui ne possède au monde que ma vertu et mon amour. Je gardais le silence; il s'en étonna ; enfin ne pouvant calmer mon effroi, il m'accorda un jour pour réfléchir sur ses propositions, et me quitta avec des menaces capables de m'indisposer plus que jamais contre lui; il y joignit des promesses que je redoutais bien davantage. Demain je dois lui faire une réponse décisive; il l'aura.

Je vous jure, chevalier, que jamais votre ami ne me saluera du nom de belle-mère. La noblesse, l'opulence du comte ne me séduiront pas plus que la simplicité du jeune berger Lucas; mon cœur ne peut pas être à l'un plutôt qu'à l'autre; et s'il m'avait fallu faire un choix, je serais restée peut-être au milieu des rochers du Val-Godemard. Mais ne nous abusons point; jamais vous ne pourrez m'appeler votre épouse. Mon cher Ernest, ne vous fâchez pas contre Germaine, elle est assez malheureuse. N'allez pas croire qu'elle soit détournée par la pensée qu'elle ne vous apporterait aucun bien. Votre ame est trop noble pour ne pas apprécier entièrement la délicatesse de la sienne.

Songez-y bien; le comte d'Ermance qui, après tout, m'a accueillie sans me connaître personnellement, est mon parent le plus proche, celui que les lois de la nature et de la société m'ordonnent de respecter. Si je rejetais ses vœux pour écouter les vôtres, il me reprocherait une sorte de rébellion; d'après la singularité des rapports qui se sont établis entre vous et moi, le public me jugerait sévèrement. Se bien conduire n'est pas tout pour une femme; sa réputation est perdue si l'on peut la soupçonner, et une secrète voix m'empêcherait d'aller réclamer votre appui. Le comte serait d'ailleurs en droit, ainsi que je l'ai dit, de s'opposer à l'union qu'il n'aurait pas approuvée.

Ernest, mon sort est consommé. Je ne puis plus appartenir qu'à celui à qui je dois compte de mes actions, de mes pensées, de mes sentimens. Que l'Être-Suprême daigne verser, s'il est possible, un peu de calme et de consolation dans cette ame déchirée, et ne pas me frapper de sa vengeance, si l'image d'Ernest vient me suivre jusqu'au pied des autels ! Ne m'interrogez pas sur le lieu de cette retraite éternelle ; il vous serait impénétrable ; ne troublez pas le mystère qui doit exister entre Dieu et sa faible créature. Soyez heureux, Ernest, soyez aussi heureux que vous en êtes digne; c'est, pour tous les jours de ma vie, le plus cher et le plus ardent de mes vœux ! Mais quelque sort qui vous soit réservé, quelle que puisse être celle qui aura le bonheur de devenir votre épouse, mon ami, mon unique ami, réservez pour vous, conservez jusqu'à votre dernier soupir cette lettre que j'arrose de mes larmes, cet aveu d'amour, le premier, le dernier que Germaine prononce à jamais.

LETTRE XXVIII.

Eugène à Ernest.

Grenoble, 30 août.

J'espère, mon ami, que tu as repris assez de forces; c'est pourquoi je ne balance pas à t'instruire de ce qui s'est passé chez mon père, dès le lendemain de mon arrivée. Fatigué de la route, j'étais encore au lit, où, persuadé de la sincérité de ta flamme, et du retour dont elle était payée par Germaine, je m'occupais des moyens de servir vos communs intérêts. J'examinais comment je pourrais en faire l'ouverture à mon père. J'établissais un colloque entre lui et moi; je lui prêtais des motifs plus ou moins forts d'incertitude, même de refus. Pour moi, après avoir épuisé toute l'éloquence du sentiment, je le voyais convaincu, entraîné, ne pouvant enfin éviter de me donner la réponse favorable que j'implorais avec de si vives instances. Ainsi je rêvais tout éveillé, lorsque lui-même entra brusquement chez moi. Ses traits étaient altérés, ses yeux hagards; sa bouche articulait à peine des mots entrecoupés. « Lis, me dit-il... la perfide! l'eussé-je imaginé?... ah! j'en aurai vengeance! »

Effrayé de ce début auquel j'étais si peu préparé, je pris la lettre des mains de mon père ; elle était de Germaine. Quelle est parfois la destinée de ces cœurs si fiers, de ces esprits si dominateurs ! Le comte d'Ermance, qui ne devait se regarder que comme le tuteur de sa nièce, celui qui était destiné à lui choisir un époux, à leur servir de père à tous deux, il brûle d'amour pour elle ; il veut la forcer à s'unir à lui ! Germaine lui annonce que, puisque, malgré ses prières et le retour d'un fils, il persiste dans la résolution qu'il a prise, le respect qu'elle doit au chef de sa famille, ce respect auquel ne peut succéder aucun autre sentiment, et dès lors l'impossibilité d'accepter l'honneur de son choix, en outre la crainte de se voir une cause de divisions, de querelles, de malheurs domestiques, l'obligent à un acte de désespoir, le seul qui puisse la soustraire à un péril aussi imminent. Elle nous fait un éternel adieu ; elle demande mille fois pardon à son oncle ; et n'ayant aucune ressource, elle va dans une retraite pieuse, où sans cesse elle priera pour nous ! elle va expier le malheur d'avoir inspiré au comte un amour qu'elle le supplie de ne pas changer en haine.

Combien cette lettre de Germaine me parut touchante ! la candeur y respirait à chaque ligne ; chaque mot y semblait dicté par la raison. Livré aux réflexions les plus pénibles, et cependant affligé plus que surpris d'une telle perte, je restais comme anéanti; mon père, me saisissant le bras et me regardant fixement, s'écria: « As-tu protégé sa fuite? si je le savais, rien ne te soustrairait à ma colère. Dis-moi, défenseur insensé de cette téméraire fille, où peut-elle être? » Je répondis que je l'ignorais entièrement. « Je le vois, continua-t-il; elle se sera rendue auprès de son amant; ils avaient déjà trouvé dans ces hautes Alpes le moyen de se rejoindre. — Gardez-vous de le penser, mon père; Germaine est encore plus sage que belle; Ernest a des sentimens trop élevés! — Ernest est un séducteur, digne neveu du baron de Himmeln! — (Mon ami, excuse celui qui parle, il ne se possède plus; excuse, il est mon père.) — Pourriez-vous croire à une conduite aussi coupable? — Je me défie de tout dans la nature. Toi-même, en ce moment tu n'es pas à l'abri de mes soupçons. Rends-moi Germaine, ou disparais de ma présence! » Le comte s'arrêta un moment, comme étourdi de ce qu'il venait de me dire; puis reprenant d'un ton moins courroucé: « Tu sais jusqu'où Germaine porte l'exaltation pour les malheureux, pour les infirmes; elle se sera peut-être réfugiée dans quelque maison hospitalière ou religieuse, chez des sœurs de la Providence. Je vais trouver les dépositaires de l'autorité, intéresser en ma faveur tous ceux qui pourraient faciliter mes poursuites. De ton côté, prends des informations sûres, et ne me laisse rien ignorer de leurs résultats. » Mon père sort. Je quitte précipitamment mon lit;

je m'habille; mon premier soin est de t'écrire; le second est de voler à la recherche de Germaine. Si je suis assez heureux pour la retrouver, crois qu'elle ne sera pas remise en la puissance de celui qui, emporté par la passion, veut s'établir son tyran. Lui désobéir, ce sera lui être utile; et un jour il en remerciera son fils.

LETTRE XXIX.

Le même au même.

Grenoble, le 30, à midi.

Je sortais pour découvrir où Germaine avait pu se réfugier, dans le dessein de se soustraire aux poursuites de son oncle, lorsque je fus abordé par un homme dont l'extérieur était simple et la figure distinguée. Il me demanda si je n'étais pas Eugène d'Ermance, et il m'assura qu'il avait besoin d'être présenté au comte pour une affaire très pressante. Je lui dis que mon père ne se trouvait pas à l'hôtel; il manifesta le désir de l'y attendre. Je rentrai avec lui; après quelques instants, il me témoigna la crainte d'être indiscret, et il hasarda l'expression du désir qu'il avait de rester seul. Sa vue commande le respect, ses manières inspirent la confiance. Je l'établis dans ma bibliothèque; la porte n'en étant pas bien fermée, je crois l'avoir vu à genoux, et priant avec humilité. Que veut-il au comte d'Ermance? Pourrait-il nous donner des nouvelles de Germaine? S'il voulait l'encourager dans ses idées de renoncement au monde, s'il connaissait son asile, j'irais l'en arracher pour la rendre à la société où elle doit donner l'exemple de toutes les graces, de toutes les vertus. Mais sa piété est douce et sincère ; son air m'impose tellement, que je n'ose lui adresser la moindre question. Je respecte son secret, sa solitude; et cependant je t'informe de ces détails, sans savoir encore quelle en sera l'issue. Espérons que Dieu, qui lit au fond de nos cœurs, détournera les coups dont sa main invisible semblerait vouloir nous frapper.

31 août.

Mon père étant rentré, je lui fis demander la permission de le voir et de lui conduire l'inconnu. Après le lui avoir présenté, j'allais me retirer; mais il m'obligea de rester dans l'appartement; il déclara même qu'il ne s'expliquerait qu'en ma présence. Adressant ensuite la parole à mon père : « Monsieur le comte, lui dit-il, j'ai à remplir auprès de vous une mission délicate, et je compte pour le succès sur vos principes religieux. A l'hospice où je venais de descendre, j'ai reçu la visite d'une jeune personne, que son extérieur recommande, et dont les traits offrent l'innocence. — Son nom? Monsieur, s'écria impétueusement le comte. — Germaine d'Ermance. — Vous connaissez mes droits sur elle; vous allez me la rendre sur l'heure. — Monsieur, nous devons parler avec calme pour arriver aux résultats que prépare la Providence. — Qui êtes-vous pour me tenir un pareil langage? vous hésitez de me répondre. — Je m'afflige du trouble de vos sens. Mais j'espère que vous finirez par suivre les conseils désintéressés du père Augustin. » A ce nom vénéré, le comte resta confus et muet. Le religieux continuant : « Je vous parlerai, dit-il, sans nul détour. Germaine m'a prié de la faire secrètement conduire dans un couvent de femmes trappistes que nous avons à la Val-Sainte, auprès de Fribourg. Étonné de sa résolution dans un âge si tendre, et ne pouvant concevoir qu'une personne pleine de beauté fût livrée à elle-même et sans guide, j'ai dû lui faire des questions; elle m'a permis d'exercer mon saint ministère; et, quelque discrétion qu'il m'impose, je suis forcé d'avouer à son oncle qu'il m'a semblé voir un ange sur la terre. — J'honore votre caractère, monsieur ; mais prétendriez-vous enlever Germaine à la maison des Ermance? — Il m'est facile de vous répondre, et par un franc aveu des principes que je professe. Autant nous devons de soins pour amener à Dieu les âmes qui se perdraient dans le monde, autant nous sommes obligés de repousser ces prétendues vocations dont une circonstance violente a produit la pensée, et que dissiperaient le retour de la tranquillité et l'amour d'une estimable famille. Accueillir une telle novice, serait probablement lui préparer jusqu'au tombeau des regrets dont nous deviendrions éternellement responsables. — Je vous vois avec plaisir, mon père, dans ces dispositions sages, et j'en attends le plus heureux succès. Conduisez-moi à l'instant vers elle, ou je vais... — Arrêtez, monsieur le comte; j'ai prévu cet emportement; au moment où je vous parle, Germaine est à l'abri de vos poursuites; et, puisque vous n'avez pas encore renoncé à vos desseins, Dieu me donnera la force de vous faire entendre la vérité. Répondez-moi, vous dont Germaine a cherché à excuser auprès de moi la conduite, vous que les passions agitent comme la feuille mobile du tremble; ne devez-vous aucun compte à notre commun maître? « Ici le religieux s'approcha de mon père, et lui dit à demi-voix : « Qu'avez-vous fait d'un frère, d'une sœur? Vous les avez repoussés de votre sein dans une haine aveugle, et vous devez appréhender d'être la cause de leur mort. Vous êtes-vous du moins informé s'ils avaient des héritiers de leur infortune? N'est-ce pas le hasard ou plutôt Dieu même qui vous a rendu votre nièce?... Vous devriez la regarder comme l'orgueil de vos vieux jours. Mettriez-vous le sceau à vos persécutions en la contraignant à vous donner la main? Ne craignez-vous pas qu'instruits des faits, l'autorité des magistrats ne s'oppose, aussi bien que les règles de l'église, à cette union, qui blesse les lois divines et humaines? »

Mon père contenait à peine les emportemens de sa fureur. « Homme à conseils funestes, s'écria-t-il, vous exigeriez que je la cédasse pour satisfaire à la folle passion d'Ernest? — J'ai vu le chevalier de

Wallis, à la fête du mont Genèvre; j'y ai eu occasion de m'entretenir avec lui. Il m'est revenu depuis des renseignemens sur son compte; et si quelque expérience acquise met à même de juger les hommes, le chevalier est bon, vertueux, digne de votre Germaine. »

Alors le père Augustin, se tournant vers moi, me demanda si je te connaissais depuis longtemps. Je répondis à cette question que j'étais ton ami à la vie et à la mort. Je racontai comment s'était formé et nourri ton amour; j'insistai sur ton rare désintéressement, et je crus remarquer que le religieux était sensiblement ému. Comme mon père s'était jeté dans un fauteuil, l'abbé de la Trappe s'avança vers lui; et lui ayant adressé plusieurs fois la parole en vain, il finit par lui dire qu'il allait s'éloigner; mais que si le comte ne voulait pas changer de résolution, il perdrait Germaine pour toujours. Mon cher Ernest, je ne puis te peindre toutes les sensations diverses auxquelles mon père fut en proie. Transporté d'une fureur entremêlée de menaces, de prières, de reproches, tout servit à exprimer l'excès de son désespoir. Enfin, ne pouvant plus soutenir une crise si violente, il nous quitte avec impétuosité et s'élance dans son cabinet; je veux l'y suivre, mais il s'enferme.

Le père Augustin plaignit le comte avec sensibilité, et me recommanda de ne pas profiter de ses torts momentanés, pour manquer au respect que je dois à l'auteur de mes jours. « Il faut, au contraire, ajouta-t-il, redoubler pour lui d'égards et d'attentions dans l'agitation où il se trouve. » A ces mots, il me quitta en promettant de revenir, afin de ne pas abandonner le comte à lui-même. Resté seul, je m'empresse de t'écrire, et calculant ton impatience, je t'envoie un courrier. Je t'instruirai des événemens qui auront suivi cette scène affligeante, et du résultat de notre entretien, à condition que tu me promettras de songer à ta santé, et de ne pas la compromettre, soit par un voyage inutile, soit par un désespoir irréfléchi. Je n'ose espérer encore la fin de nos chagrins. Le comte d'Ermance passe pour le plus obstiné de tous les hommes ; et cependant c'est déjà beaucoup de connaître où est Germaine, et d'avoir pour toi un tel défenseur.

LETTRE XXX.

Ernest à Eugène.

Saint-Bonnet, 1er septembre.

Ton courrier avait fait si grande diligence, qu'exténué de fatigue, il lui est impossible de se remettre de suite en route. Je t'expédie par Victor une lettre adressée à ton père. Je te prie de la lire avant de la lui remettre. J'ai cherché à me modérer; j'ai dû prendre le ton le plus tranquille, les termes les plus mesurés; j'ai renfermé, tant que je l'ai pu, mon trouble et mon inquiétude; ma lettre n'offre qu'une bien faible image des sentimens et des pensées qui se pressent en moi. C'est dans cette situation difficile qu'il m'est doux de reconnaître le prix de ton inaltérable amitié; je suivrai ton conseil, en restant ici jusqu'à la réponse du comte; je cède aussi à la crainte de compromettre Germaine. Mais ne me laisse rien ignorer; chaque heure, qui se passera sans m'éclairer sur sa destinée, accroîtra encore mes tourmens.

Tu exiges que je m'occupe de ma santé. Devenu par sa pénétration mon confident, le docteur m'engage à écrire, et il prétend que la crise opérée par l'arrivée de tes lettres peut tourner à mon avantage. Mais si Germaine est perdue pour nous, pleure sur ton Ernest.

LETTRE XXXI.

Ernest de Wallis au comte d'Ermance.

Saint-Bonnet.

Monsieur le comte, je n'ai jamais eu l'honneur de vous être présenté; mais j'ai été habitué à prononcer votre nom avec respect. Vous n'aviez point désapprouvé la liaison qu'Eugène et moi nous avons formée dès l'école Polytechnique, et qui n'a fait que se fortifier avec l'âge. Cette liaison m'attachait à vous; je regardais comme un père celui de mon condisciple. Des circonstances, qu'on ne pouvait prévoir, ont fait naître en moi le désir de vous appartenir par d'autres nœuds. Vous n'ignorez pas quels sentimens j'ai voués à une personne de votre famille, sans connaître le secret de sa naissance; ils redoublèrent naturellement quand je fus instruit que Germaine était votre nièce. Lorsque je dus m'adresser à vous pour obtenir l'objet de mes vœux, j'osai espérer que l'ami de votre fils unique, le neveu d'un de vos anciens frères d'armes, vous paraîtrait, à ce double titre, mériter la main de mademoiselle Germaine d'Ermance, et je n'attendais que le moment où le retour de ma santé me permettrait d'aller solliciter votre consentement. Le bonheur était encore loin de moi. J'apprends en même temps que vous ne vous êtes pas encore montré favorable à mon amour, et que votre charmante nièce s'étant éloignée de vous, je puis être un obstacle à une réconciliation que vous devez désirer, monsieur le comte, et à l'espoir de laquelle il faut me sacrifier. Pardonnez si j'ose faire des conditions; j'y suis contraint par la position même où je me trouve. Si vous couvrez d'un pardon généreux et d'un entier oubli une démarche de Germaine, que vous condamnez, que d'autres excuseraient peut-être, et sur laquelle je m'interdis toute réflexion, alors je vous promets, je vous jure sur l'honneur, de ne plus l'entretenir de ma passion, de ne vous en parler jamais, et, tant que vous le jugerez convenable, de vivre loin de celle qui m'est chère. Mais aussi je dois vous le déclarer; si, par des motifs que je ne me permets pas de préjuger ici, vous veniez à concevoir l'idée d'une vengeance implacable, à contraindre les inclinations de Germaine, à chercher à abuser de vos droits, je serais forcé, monsieur le comte, de me souvenir que mon amour a précédé la découverte de son rang; qu'elle daigna secrètement y répondre, sans croire que vous pussiez vous décider à la reconnaître un jour; qu'elle ne cessa pourtant pas de m'ordonner d'éviter sa présence, en développant un courage et une vertu dignes de tous nos hommages. J'attendrai à Saint-Bonnet votre réponse pour me retirer à Turin, si Germaine est maîtresse d'elle-même, ou pour voler à son secours, si, à son égard, il vous était possible de déroger aux nobles motifs qui vous dirigent dans toutes les actions de votre vie.

LETTRE XXXII.

Eugène à Ernest.

Grenoble, 1er septembre.

Par suite de la conversation qui devait avoir eu lieu entre le comte et le père Augustin, j'avais passé la nuit dans une anxiété affreuse. Enfin, j'avais résolu d'aller me concerter avec ce respectable ecclésiastique, lorsque mon père l'a fait demander, et m'a intimé l'ordre de ne pas sortir de mon appartement. Ils sont restés fort longtemps ensemble. Un de mes gens était aposté pour prier l'abbé de la Trappe de monter chez moi. Mes soins furent inutiles; cet ecclésiastique avait pris un escalier dérobé qui donne dans la garderobe de mon père. Il vient de m'être permis de circuler dans l'hôtel, avec défense de mettre le pied dehors. Pourquoi cette rigueur? On craint sans doute que je ne réussisse à trouver Germaine; que je ne l'encourage dans sa résistance; que je ne favorise ton amour. Dans quel aveuglement nous plonge une passion insensée! tout ce qui nous entoure nous inquiète; plus de confiance en personne; nous sommes dans un état de guerre continuelle avec nous-même! J'ai fait demander au comte s'il consentirait à me voir; on me répond de sa part qu'une indisposition l'empêche de me recevoir. On lui porte à manger dans sa chambre; il entend être seul. Que je le plains! Pourquoi s'obstiner à rechercher une union qui blesse toutes les convenances, et pour laquelle montre tant de répugnance celle dont il paraît vouloir faire le bonheur? Pourquoi, lorsque nous sommes malheureux, ne point chercher le soulagement de nos peines dans les bras d'un fils qui nous chérit et qui nous révère?

A sept heures du soir.

Le père Augustin vient de rentrer; le comte l'avait prié de rester auprès de lui, et l'on prépare une pièce voisine où il couchera. Quoiqu'on me tienne encore éloigné, cette nouvelle entrevue, ce rapprochement d'intimité me donnent une lueur d'espérance. Puis-je te la faire partager, lorsque mon père montre une si forte opposition au succès de nos vœux? Que ne donnerais-je pas pour être à même de verser demain quelque consolation dans ton cœur!

LETTRE XXXIII.

Le même au même.

Grenoble, 2 septembre.

En me levant, j'ai pris des informations. Le sommeil de mon père a été très agité. Pour le religieux, ayant ôté les matelas et l'édredon de son lit, qui lui paraissaient sans doute une superfluité mondaine, il s'est jeté tout habillé sur la paillasse, où il a goûté le repos du juste. A peine avait-il fini sa prière du matin, que le comte a sonné, et l'a fait engager à passer chez lui. Après une heure d'entretien, le père Augustin est sorti par l'escalier dérobé. Rien ne transpire de ce qui se passe. Je ne puis ni voir le comte, ni voler sur les pas de ton protecteur. Cette incertitude est vraiment cruelle. L'abbé aurait-il cédé à l'influence d'un grand nom? Le comte aurait-il saisi cette circonstance pour faire quelque donation en faveur des trappistes? Une vierge innocente serait donc offerte en sacrifice au prétendu triomphe de la religion! Je ne sais que penser de cette secrète intelligence qui semble s'établir entre eux.

<small>Trois heures après-midi.</small>

Ton Victor arrive à l'instant, couvert de sueur; son cheval est hors d'haleine. Presqu'au même moment, le père Augustin venait de monter chez le comte avec un notaire; ce qui devait confirmer mes soupçons et mes craintes. J'envoie ta lettre au religieux; j'aime mieux qu'il la remette lui-même; car je redouterais sur un esprit violent l'effet des menaces par lesquelles tu la finis, et qui ne seraient propres qu'à irriter mon père.

Un notaire! son arrivée inattendue m'a fait naître de bien fâcheuses idées. Aurait-on cédé à des projets sinistres? dresserait-on le contrat d'un mariage que repoussent la nature et l'amour? Si je le savais, je ne respecterais plus la défense que m'a faite le comte; j'irais déchirer une convention qui mettrait le comble à ton désespoir, et qui plongerait Germaine dans un malheur irréparable. Cette pensée m'oppresse au point que je suis obligé de prendre l'air un moment.

J'ai retrouvé un peu de calme; et je ne puis croire que l'hypocrisie sache ainsi se cacher sous les traits de la vertu! Voyant sortir le père Augustin, j'ai osé l'appeler; il a tourné la tête, et m'a salué d'un signe affectueux que je ne pourrais mal interpréter, et avec un geste qui me prescrit la prudence. Son air est serein, presque satisfait; est-ce qu'il sourirait au chimérique bonheur du comte? je répugne à le penser. Clément, l'homme de confiance de mon père, court après le religieux : ils s'arrêtent, se parlent, et reviennent ensemble. Je n'y tiens plus, et je vais forcer l'entrée de l'appartement du comte; il ne résistera point à la voix de la raison et de l'amitié. Il m'appelle auprès de lui! Ton sort, Ernest, va donc être décidé!

Cinq heures après-midi.

Mon père éprouve un grand abattement; mais on entrevoit que la raison reprend le dessus, et que déjà son ame commence à jouir d'un peu plus de calme. Quel changement heureux! quel triomphe pour la religion! le comte renonce à ses prétentions sur Germaine; il lui donne des biens qui avaient été en litige avec mon oncle; il fait plus; il consent à ton bonheur. Mon Ernest, tes pleurs seront de joie; comme nous avons méconnu, calomnié ce bon père! comme tu vas le bénir! combien nous lui devons de réparations, mon ami! Et ce sage, ce bienfaisant abbé de la Trappe, par quel tribut de reconnaissance payer une conduite si généreuse? Il voulait aller chercher Germaine, la ramener à l'hôtel d'Ermance. Mais, dans ce moment, le comte ne serait pas en état de soutenir la vue de celle qui fit élever de si violentes tempêtes dans son cœur; nous devons respecter cette défiance de lui-même. Germaine, qui était entrée dans une maison hospitalière, auprès de Chambéry, sera confiée aux soins du père Augustin ; il la conduira dans les lieux mêmes où tu l'as connue, et non loin de ceux où tu languis encore dévoré de chagrin. En attendant, je vais expédier un fourgon, porteur de tout ce qui nous sera nécessaire en une contrée où l'on ne jouit pas de toutes les aisances de la vie ; je n'aime pas trop la laine native de la Vallouise et le matelas granitique du curé *. J'engagerai celui de Clémence-d'Ambel à venir aider son confrère dans la célébration du mariage ; Germaine ne deviendra pas sa nièce, il est vrai ; mais il lui a voué une si profonde estime qu'il sera content de contribuer à la rendre heureuse. Au moyen d'une procuration que le notaire vient de dresser, j'aurai l'insigne honneur de représenter mon père, au nom de qui je prie le maire et le curé de Ville-Vallouise de tout préparer pour la cérémonie.

Je t'écris précipitamment, tandis que Victor va commander un cheval à la poste pour te rejoindre en courrier ; dans ses transports, il bondit comme ta chèvre blanche de la Vallousée. Adieu, mon cher Ernest, dans trois jours je te presserai dans mes bras.

* Page 237.

LETTRE XXXIV.

Germaine au comte d'Ermance.

Ville-Vallouise, 5 septembre.

Oncle pour jamais cher à mon cœur, vous voulez mettre un terme à mes infortunes! De quelles expressions vous peindre ma reconnaissance? Tous les jours de ma vie seront consacrés à vous donner des preuves de ce sentiment si respectueux à la fois et si doux. Vous que j'ai pu offenser cruellement, de quels bienfaits vous payez ce qu'il vous est bien permis de nommer ingratitude! Dans tous les instans, j'aurai sujet de me dire: « C'est à mon oncle seul que je dois ma tranquille existence, tout mon bonheur. » Pénétré de vénération pour vous, le père Augustin ne cesse de répéter que vous avez fait un acte de générosité sublime, presqu'au-dessus de toute croyance humaine. Il veut que je sois son interprète; mais comment exprimer, dans un tel désordre d'idées, une si grande abondance de sentimens? Que je suis fière de vous appartenir! Combien la pensée que je vous serai redevable de ce que je vais être ajoute au charme de ma vie! Il n'y manque que de vous voir présider à la solennité, où, d'après votre consentement, je vais engager ma foi. On m'appelle ; nous allons bientôt unir pour vous nos voix, nos prières ferventes au pied des saints autels.

LETTRE XXXV.

Ernest de Wallis au comte d'Ermance.

Ville-Vallouise, 6 septembre.

Elle est à moi ! On ne meurt pas d'amour et de joie, puisque j'existe encore.

Ah! monsieur le comte, tant de bontés vous ont donné deux enfans; ils rivaliseront avec Eugène de respect et de tendresse. Je m'étais rendu de Saint-Bonnet à Ville-Vallouise : j'étais allé couvrir de fleurs la tombe de la mère de Germaine, lorsque j'y fus rejoint par celle que j'aime et par l'abbé de la Trappe. « Ernest, s'est-elle écriée, notre mariage plaît à ceux que j'honore, à ceux que j'ai perdus. Père, mère, oncle, chers objets que je révère, votre image est là; vous êtes tous réunis dans mon cœur. »

Ce matin, nous fûmes unis ! Ah! monsieur le comte, avec quelle noblesse, quel air affectueux Eugène représenta le chef de son illustre famille! Quelle émotion manifesta le père Augustin qui compte ses jours par de belles actions! Le bon curé de Clémence-d'Ambel, le préfet qui l'avait accompagné *, après avoir décerné dans sa vallée des médailles d'encouragement, le maire de Ville-Vallouise, son épouse, son secrétaire, ses voisins, Marie et les autres anciennes compagnes de Germaine, une foule de braves habitans remplissaient l'église.

Germaine ne vous écrit point aujourd'hui; elle est occupée à prendre avec l'abbé de la Trappe et les notables du pays des mesures pour que les infortunés bénissent le jour de notre bonheur; elle a enfin accepté le don que lui a fait le baron de Himmeln; j'y ai joint une somme suffisante, pour que dans un asile appelé Saint-Charles, de votre prénom, les enfans orphelins de ce canton soient, chaque année, arrachés à la misère, à l'ignorance, à l'opprobre, et qu'ils puissent un jour exercer une profession utile.

Elle est à moi, monsieur le comte, et je vous dois plus qu'à personne au monde! Nous allons profiter du beau temps, qui permet encore d'habiter les Hautes-Alpes; nous passerons quelques jours dans l'ancien châlet de la jeune fille de la Vallouise, attendant avec impatience la permission que nous sollicitons à genoux, d'aller vous embrasser, avant

---

* L'Empereur, au sein même de ses triomphes en Allemagne, apprend qu'un maire et un curé du Val-Godemard ont sauvé nombre d'habitants ensevelis sous les avalanches (page 268); il charge aussitôt l'auteur de cette nouvelle d'aller leur remettre en son nom des médailles sur les lieux mêmes du bienfait.

de partir pour Turin. Avec quelle reconnaissance ne recevrions-nous pas de votre bouche la permission de vivre dans la même ville qu'un oncle devenu pour nous un second père !

FIN DES LETTRES.

TABLE DES MATIÈRES.

Avant-propos.	1
Chap. Ier. — Origine, premières années de Guillaume.	9
Chap. II. — Ville romaine. — Rencontre du troubadour Olivier.	15
Chap. III. — Olivier chez le père de Guillaume. — Départ du jeune homme.	21
Chap. IV. — Voyage. — Amphithéâtre d'Arles. — Rencontre.	30
Chap. V. — Bérangère. — La Grotte des Fées.	41
Chap. VI. — Guillaume à Aix. — Le roi Alphonse.	52
Chap. VII. — Anniversaire de la victoire de Marius. — St-Maximin. — La Sainte-Baume.	57
Chap. VIII. — Jeux, chants. — La reine Sancie. — Marguerite.	65
Chap. IX. — Guillaume à la cour de Marseille. — Combat du taureau.	72
Chap. X. — Départ d'Olivier. — Entretien de Guillaume avec Marguerite. — Il quitte le palais.	78
Chap. XI. — Ermitage de la Victoire. — On retrouve le jeune troubadour.	90
Chap. XII. — La reine à Aix. — Bal. — Querelle. — Appel à la cour d'amour de Romanin.	96
Chap. XIII. — Séance de la cour d'amour.	105
Chap. XIV. — Le père de Guillaume est malade; il meurt.	116
Chap. XV. — Guillaume conduit sa mère à Paris. — Il est appelé à la cour de Louis VII. — Noces du roi de France et d'Alix de Champagne.	121
Chap. XVI. — Retour de Guillaume en Provence. — Récit de Baldéric. — Désespoir du troubadour.	132
Chap. XVII. — Guillaume, écuyer de Marguerite. — Son entretien avec elle.	140
Chap. XVIII. — Prise de la ville d'Apt par les Sarrasins. — Victoire de Guillaume.	151
Chap. XIX. — Ce qui se passe au château de Roussillon. —	

Agnès. — Le baiser. 159
CHAP. XX. — Jalousie de Marguerite. — Chants de Guillaume. — Fureur de Raymond. 167
CHAP. XXI. — Évènemens tragiques. 173
CHAP. XXII. — Vengeance. — Chants funéraires. 178
Poésies de Guillaume de Cabestaing. 185
Sur les antiquités de Mons-Seleucus, au pays des Voconces, aujourd'hui la Bâtie-Mont-Saléon, département des Hautes-Alpes. — Rapport fait à l'Institut en 1805, par J.-C.-F. Ladoucette, préfet de ce département 195
Ruines de Mons-Seleucus, ville romaine. — Ode. 205
Du Mont-Viso et de son souterrain. 209

LA JEUNE FILLE DE LA VALLOUISE.

Lettre 1re. 217
Lettre 2me. 221
Lettre 3me. 223
Lettre 4me. 231
Lettre 5me. 239
Lettre 6me. 244
Lettre 7me. 247
Lettre 8me. 249
Lettre 9me. 255
Lettre 10me. 257
Lettre 11me. 259
Lettre 12me. 262
Lettre 13me. 265
Lettre 14me. 270
Lettre 15me. 275
Lettre 16me. 279
Lettre 17me. 281
Lettre 18me. 287
Lettre 19me. 291
Lettre 20me. 293
Lettre 21me. 295
Lettre 22me. 298
Lettre 23me. 300

Lettre 24me..................................	301
Lettre 25me..................................	304
Lettre 26me..................................	308
Lettre 27me..................................	311
Lettre 28me..................................	317
Lettre 29me..................................	321
Lettre 30me..................................	327
Lettre 31me..................................	329
Lettre 32me..................................	332
Lettre 33me..................................	334
Lettre 34me..................................	338
Lettre 35me..................................	340

FIN DE LA TABLE.

PARIS. — Imprimerie et Lithographie de F. MALTESTE et Cⁱᵉ, rue des Deux-Portes-Saint-Sauveur, 18.

www.ingramcontent.com/pod-product-compliance
Lightning Source LLC
Chambersburg PA
CBHW050532170426
43201CB00011B/1391